Fabian Akeret

Verantwortlichkeitsklagen in der Schweiz während den letzten 20 Jahren

Herausgegeben von / Edited from

Prof. Dr. iur. Roland Müller, Universität St. Gallen
Prof. Dr. iur. Thomas Geiser, Universität St. Gallen
Prof. Dr. iur. Kurt Pärli, Universität St. Gallen

Recht in privaten und öffentlichen Unternehmen
Law for Private and Public Enterprises

Band / Volume 16

Fabian Akeret

Verantwortlichkeitsklagen in der Schweiz während den letzten 20 Jahren

DIKE

Bibliografische Information der Deutschen Nationalbibliothek
Die Deutsche Nationalbibliothek verzeichnet diese Publikation in der Deutschen Nationalbibliografie; detaillierte bibliografische Daten sind im Internet über http://dnb.dnb.de abrufbar.

ISBN 978-3-03751-982-0

www.dike.ch

Vorwort

Die vorliegende Masterarbeit wurde am 22. Mai 2017 an der Universität St. Gallen im Rahmen des Masterstudiengangs Rechtswissenschaften mit Wirtschaftswissenschaften (Law & Economics) eingereicht. Literatur und Rechtsprechung konnten bis Ende Januar 2017 berücksichtigt werden.

Meinem Betreuer, Herrn Prof. Dr. Roland Müller, danke ich für die konstruktiven Anregungen und Gespräche während der Niederschrift dieser Arbeit, sowie für die Ermöglichung eines vertieften Einblickes in die Thematik im Rahmen des VR-Lehrgangs der Swiss Board School. Herrn Prof. Dr. Martin Hilb danke ich für die umfassenden Gespräche über das Arbeitsthema und angrenzende Themen, welche mir den Horizont für weitere wichtige Gedankengänge öffneten. Zudem bedanke ich mich bei allen Experten, die im Rahmen der Umfrage oder der Interviews mit ihrem Wissen und ihrer Erfahrung wertvolle Einblicke in die Praxis ermöglichten und dadurch die Basis für die empirische Studie legten.

Ein besonderer Dank gebührt meiner Familie und insbesondere meinen Eltern, Herr Andreas und Frau Pierrette Akeret, die mich in meinem Leben stets unterstützten.

Zürich, Februar 2018 Fabian Akeret

Inhaltsübersicht

Inhaltsverzeichnis

Literaturverzeichnis

AMSTUTZ MARC/BREITSCHMID PETER/FURRER ANDREAS/GIRSBERGER ET. AL. (Hrsg.): Handkommentar zum Schweizer Privatrecht, Art. 752 – 763 OR (2. Aufl., Zürich, 2011) (zit.: BEARBEITER, Handkommentar zum Schweizer Privatrecht).

BAUMANN JOSEPH/VON BLARER CHRISTOPH/TSCHUDIN WALTER: 100 Jahre Papierfabrik Biberist 1865-1965 (Privatdruck, 1965, Zürich).

BAUM OLIVER/VON DER CRONE HANS CASPAR: Durchsetzungsordnung für Verantwortlichkeitsansprüche im Konkurs, Urteilsbesprechung 4A_425/2015, in: Schweizerische Zeitschrift für Wirtschafts- und Finanzmarktrecht (SZW) (2016; S. 232 ff.).

BÄRTSCHI HARALD: Rahmenbedingungen für die Verantwortlichkeitsklage eines Kleinaktionärs, in: SETHE ROLF/ISLER PETER (Hrsg.), Verantwortlichkeit im Unternehmensrecht VII (Zürich, 2014) (zit.: BÄRTSCHI, Rahmenbedingungen).

BÄRTSCHI HARALD: Die Klage aus unmittelbarem Schaden im Verantwortlichkeitsrecht, in: WEBER ROLF/ISLER PETER (Hrsg.), Verantwortlichkeit im Unternehmensrecht V (Zürich, 2010) (zit.: BÄRTSCHI, Schaden).

BÄRTSCHI HARALD: Verantwortlichkeit im Aktienrecht (Dissertation Universität Zürich, 2001 (zit.: BÄRTSCHI, Verantwortlichkeit).

BÖCKLI PETER: Schweizer Aktienrecht (4. Aufl., Zürich, 2009).

BRUGGER DANIEL/VON DER CRONE HANS CASPAR: Gerichtliche Beurteilung von Geschäftsentscheiden, in: Schweizerische Zeitschrift für Wirtschafts- und Finanzmarktrecht (SZW) (2013; S. 178 ff.).

BRUGMANN UWE: Die Verantwortlichkeit der aktienrechtlichen Revisionsstelle im Strafrecht (Dissertation Universität Zürich, 1996).

BUOMBERGER THOMAS: Die Erb-Pleite – Wie die Besitzerfamilie mit Spekulationen ein blühendes Unternehmen ruinierte (Zürich, 2005) (zit.: BUOMBERGER, Die Erb-Pleite).

BÜHLER CHRISTOPH B./HÄRING DANIEL: Décharge im Konzern, in: Schweizerische Zeitung für Wirtschaftsrecht (SZW 81, 2009; S. 103 ff.).

BÜRGI ALEXANDER/VON DER CRONE HANS CASPAR: Haftung für AHV-Beiträge, in: Schweizerische Zeitschrift für Wirtschafts- und Finanzmarktrecht (SZW) (2002; S. 348 ff.).

DASSER FELIX/ROTH DAVID: Ausgewählte prozessuale Aspekte bei gesellschaftsrechtlichen Verantwortlichkeitsklagen, in: SETHE ROLF/ISLER PETER (Hrsg.), Verantwortlichkeit im Unternehmensrecht VII (Zürich, 2014).

DONATSCH ANDREAS: Interaktion zwischen strafrechtlicher und zivilrechtlicher Verantwortlichkeit – aus materiellrechtlicher und prozessualer Sicht, in: WEBER ROLF/ISLER PETER, (Hrsg.), Verantwortlichkeit im Unternehmensrecht IV (Zürich, 2008).

DRUEY JEAN N.: Das Gesellschaftsrecht – Übersicht Gesellschaft, juristische Person, Organisation, Unternehmen, in: GUHL THEO (Hrsg.), Das schweizerische Obligationenrecht (Zürich, 2000).

DRUEY JEAN N./GLANZMANN LUKAS: AG: Der Verwaltungsrat, in: DRUEY JEAN N./JUST EVA/GLANZMANN LUKAS (Hrsg.), Gesellschafts- und Handelsrecht (11. Aufl., Zürich, 2015).

EASTERBROOK FRANK H./FISCHEL DANIEL R.: The economic structure of corporate law (Cambridge, 1996).

FELLMANN WALTER/KOTTMANN ANDREA: Schweizerisches Haftpflichtrecht – Band 1: Allgemeiner Teil sowie Haftung aus Verschulden und Persönlichkeitsverletzung, gewöhnliche Kausalhaftung des OR, ZGB und PrHG (Bern, 2012).

FISCHER WILLI: Vorbemerkungen zu Art. 41-61 OR, in: FISCHER WILLI/LUTERBACHER THIERRY (Hrsg.), Haftpflichtkommentar – Kommentar zu den schweizerischen Haftpflichtbestimmungen (Zürich, 2016).

FLUBACHER RITA: Flugjahre für Gaukler – Die Karriere des Werner K. Rey (Zürich, 1992).

FORSTMOSER PETER: Organisation und Organisationsreglement der Aktiengesellschaft – Rechtliche Ordnung und Umsetzung in der Praxis (Zürich, 2011) (zit.: FORSTMOSER, Organisation und Organisationsreglement der AG).

FORSTMOSER PETER: Die Verantwortlichkeit der Organe – von der Willkür zur Berechenbarkeit? in: Schweizer Treuhänder (ST) (65, 1991, S. 536 ff.) (zit.: FORSTMOSER, Verantwortlichkeit der Organe).

FORSTMOSER PETER: Die aktienrechtliche Verantwortlichkeit (2. Aufl., Zürich, 1987) (zit.: FORSTMOSER, Aktienrechtliche Verantwortlichkeit).

FORSTMOSER PETER/MEIER-HAYOZ, ARTHUR/NOBEL PETER: Schweizerisches Aktienrecht (Bern, 1996).

FORSTMOSER PETER/SPRECHER THOMAS/TÖNDURY GIAN ANDRI: Persönliche Haftung nach Schweizer Aktienrecht, Risiken und ihre Minimierung (Zürich, 2005).

GERHARD FRANK: Business Judgement Rule und Rechtsrisiken, in: Schweizerische Zeitschrift für Wirtschafts- und Finanzmarktrecht (SZW) (2016; S. 254 ff.).

GIGER GION: Corporate Governance als neues Element im schweizerischen Aktienrecht: Grundlagen sowie Anpassungsbedarf in den Bereichen Aktionärsrechte und Unternehmensleitung bei Publikumsgesellschaften (Dissertation Universität Zürich, 2003).

GLANZMANN LUKAS: Die Verantwortlichkeitsklage unter Corporate-Governance-Aspekten, in: Zeitschrift für Schweizerisches Recht (ZSR) (119, 2000 II, S. 135 ff.) (zit.: GLANZMANN, Verantwortlichkeitsklage).

GLANZMANN LUKAS: Der Darlehensvertrag mit einer Aktiengesellschaft aus gesellschaftsrechtlicher Sicht (Dissertation Universität St. Gallen, 1996) (zit.: GLANZMANN, Darlehensvertrag).

GLASL DANIEL: Fall «Biber» – Unmittelbarer Aktionärsschaden in der aktienrechtlichen Verantwortlichkeit; Klärung des Schadensbegriffs - BGE 4C.111/2004 vom 9. November 2004, in: Der Schweizer Treuhänder (ST) (9, 2005, S. 692 ff.).

GRASS ANDREA R.: Business Judgement Rule – Schranken der richterlichen Überprüfbarkeit von Management-Entscheidungen in Aktienrechtlichen Verantwortlichkeitsprozessen (Dissertation Universität Zürich, 1998).

GRONER ROGER: Art. 52 AHVG – Praxis und Zweck der Arbeitgeberhaftung, in: Schweizerische Zeitschrift für Wirtschafts- und Finanzmarktrecht (SZW) (2006; S. 81 ff.).

GROSS KURT J.: Analyse der haftpflichtrechtlichen Situation des Verwaltungsrates, in: Schriftenreihe zum Konsumentenschutz (SKSR) (Bd. 33, Zürich, 1990).

HALLER MAX: Organhaftung und Versicherung, in: FORSTMOSER PETER (Hrsg.), Schweizer Schriften zum Handels- und Wirtschaftsrecht (SSHW) (Band 270, St. Gallen, 2008).

HANKS JAMES J.: Evaluating Recent State Legislation on Director and Officer Liability Limitation and Idemnification, in: The Business Lawyer (43, 1998, S. 1207 ff.).

HOMBURGER ERIC/HARDMEIER HANS ULRICH (Hrsg.): Zürcher Kommentar Aktiengesellschaft – Der Verwaltungsrat, Art. 707 – 726 OR (2. Aufl., Zürich, 1997) (zit.: BEARBEITER, ZK der Verwaltungsrat).

HONSELL HEINRICH/ISENRING BERNHARD/KESLLER MARTIN A.: Schweizerisches Haftpflichtrecht (5. Aufl., Zürich, 2013).

HONSELL HEINRICH/VOGT PETER/WATTER ROLF (Hrsg.): Basler Kommentar Obligationenrecht II, Art. 530 – 1186 OR (3. Aufl., Basel, 2008) (zit.: BEARBEITER, BSK OR II).

HUGUENIN JACOBS CLAIRE: Das Gleichbehandlungsprinzip im Aktienrecht (Dissertation Universität Zürich, 1994).

HÜTTE KLAUS: Besondere Risiken aufgrund des revidierten Aktienrechts im Blickwinkel der Schadenerledigung, in: Die Verantwortlichkeit der Verwaltung nach neuem Aktienrecht (Freiburg, 1993).

ISLER PETER R.: Das Übernahmeverschulden des Verwaltungsrates, in: WEBER ROLF (Hrsg.), Verantwortlichkeit im Unternehmensrecht III (Zürich, 2006) (zit.: ISLER, Übernahmeverschulden).

ISLER PETER R.: Sorgfalt und Haftung des Verwaltungsrates, in: WEBER ROLF (Hrsg.), Verantwortlichkeit im Unternehmensrecht (Zürich, 2003) (zit.: ISLER, Haftung Verwaltungsrat).

ISLER PETER R./FISCHER RENÉ: Warum sind Verantwortlichkeitsklagen der Gesellschaft gegen ihre Organe so selten? in: WEBER ROLF/ISLER PETER (Hrsg.), Verantwortlichkeit im Unternehmensrecht VI (Zürich, 2012).

ISLER PETER/SCHOTT BERTRAND: Haftung von Verwaltungsrat und Geschäftsleitung für nicht Minderkonforme Vergütung, in: SETHE ROLF/ISLER PETER (Hrsg.), Verantwortlichkeit im Unternehmensrecht VII (Zürich, 2014).

JÖRG FLORIAN S.: Stand der Aktienrechtsrevision und aktienrechtliche Gerichtspraxis vom 01. Mai 2009 – 30. April 2010, in: KUNZ PETER/ARTER OLIVER/JÖRG FLORIAN (Hrsg.), Entwicklungen im Gesellschaftsrecht VI (Bern, 2011).

KAUFMANN FRANZ-XAVER: Über die soziale Funktion der Verantwortung, in: LAMPE, ERNST-JOACHIM (Hrsg.), Verantwortlichkeit und Recht (Opladen, 1989).

KELLER SUSANNE: Verantwortlichkeit des Verwaltungsrates – Bedeutung und Entwicklung von zivilrechtlichen Verantwortlichkeitsklagen gegen Verwaltungsräte, (Masterarbeit Universität St. Gallen, 2011) (zit.: KELLER, MA).

KELLER SUSANNE: Verantwortlichkeit des Verwaltungsrates – Bedeutung und Entwicklung von zivilrechtlichen Verantwortlichkeitsklagen gegen Verwaltungsräte, in: Jusletter (24. Oktober 2011) (zit.: KELLER, Entwicklung Verantwortlichkeitsklagen).

KIESER UELI: Der Verwaltungsrat im Sozialversicherungsrecht, in: Schweizerische Zeitschrift für Wirtschafts- und Finanzmarktrecht (SZW) (2006; S. 181 ff.).

KLOPFER RAINER: Fragen der Aktiv- und Passivlegitimation für Verantwortlichkeitsklagen in Konzernverhältnissen, in: ISLER PETER/SETHE ROLF (Hrsg.), Verantwortlichkeit im Unternehmensrecht VII (Zürich, 2016).

KNOBLOCH STEFAN: Das System zur Durchsetzung von Aktionärsrechten (4. Aufl., Habilitation Universität Zürich, 2011).

KUMMER LUKAS: Rechtsprobleme im Zusammenhang mit Verantwortlichkeitsklagen, dargestellt am Fall der Kreditanstalt Grabs (Masterarbeit Universität St. Gallen, 2011).

KUNZ RUDOLF: Die Annahmeverantwortung von Mitgliedern des Verwaltungsrats (Dissertation Universität St. Gallen, 2004).

KURER PETER: Wenn das Paradigma wechselt: Rechtsrisiken in der globalen Welt, in: Zeitschrift für Gesellschafts- und Kapitalmarktrecht (GesKR) (2015, S. 329 ff.).

LUTERBACHER THIERRY: Haftung von Organpersonen und Versicherungsmöglichkeiten, in: LUTERBACHER THIERRY (Hrsg.), Verantwortlichkeits-, Zivilprozess- und Versicherungsrecht (Zürich, 2012) (zit.: LUTERBACHER, Haftung).

LUTERBACHER THIERRY: Wie weit geht der Schutz einer D&O-Versicherung im Verantwortlichkeitsrecht? in: WEBER ROLF/ISLER PETER, (Hrsg.), Verantwortlichkeit im Unternehmensrecht V (Zürich, 2010) (zit.: LUTERBACHER, D&O Versicherung).

LUTERBACHER THIERRY: Verantwortlichkeit und Versicherung, in: BAER CHARLOTTE (Hrsg.), Aktuelle Fragen zur aktienrechtlichen Verantwortlichkeit (Bern, 2003) (zit.: LUTERBACHER, Verantwortlichkeit).

LUTERBACHER THIERRY: Ein wegweisendes Bundesgerichts-Urteil zur Verantwortlichkeit der Revisionsstelle, in: Der Schweizer Treuhänder (ST) (2000, S. 1271 ff.) (zit.: LUTERBACHER, Bundesgerichts-Urteil).

LÜCHINGER RENÉ: Elisabeth Kopp – Zwei Leben – ein Schicksal. Aufstieg und Fall der ersten Bundesrätin der Schweiz (Bern, 2014).

LÜCHINGER RENÉ/WILLMANN BIRGITTA/HAEMMERLI THOMAS: Swissair - Mythos und Grounding (Zürich, 2006).

MEIER ROBERT: Die Aktiengesellschaft – Ein Rechtshandbuch für die praktische Arbeit in der schweizerischen Aktiengesellschaft (3. Aufl., Zürich, 2005).

MEIER-WEHRLI JÖRG: Die Verantwortlichkeit der Verwaltung einer Aktiengesellschaft bzw. einer Bank (Dissertation Universität Zürich, 1986).

MEYER BENEDIKT: Im Flug. Schweizer Airlines und ihre Passagiere, 1919 - 2002 (Zürich, 2014).

MITSUUCHI NORIO: Japan, in: LOOS ALEXANDER (Hrsg.), Directors' Liability: A Worldwide Review (2. Aufl., Alphen aan den Rijn, 2010).

MÜLLER ROLAND: Unsorgfältige Führung eines Verwaltungsratsmandats – aktienrechtliche Verantwortlichkeit, in: MÜNCH PETER/WEBER STEPHAN (Hrsg.), Haftung und Versicherung – Beraten und Prozessieren im Haftpflicht- und Versicherungsrecht (2. Aufl., Basel, 2015) (zit.: MÜLLER, unsorgfältige Führung).

MÜLLER ROLAND: Haftung für Unterschriften im Namen einer Gesellschaft, in: KUNZ PETER V./JÖRG FLORIAN S./HARTLER OLIVER (Hrsg.), Entwicklungen im Gesellschaftsrecht V (Bern, 2010) (zit.: MÜLLER, Haftung für Unterschriften).

MÜLLER ROLAND: Aktuelle Rechtsprechung zur Haftung des Arbeitnehmers, in: Mitteilung des Instituts für Schweizerisches Arbeitsrecht (ArbR) (Bern, 2006) (zit.: MÜLLER, Arbeitnehmer).

MÜLLER ROLAND: Der Verwaltungsrat als Arbeitnehmer (Habil. Universität St. Gallen 2005) (zit.: MÜLLER, Verwaltungsrat als Arbeitnehmer).

MÜLLER ROLAND: Unsorgfältige Führung eines Verwaltungsratsmandats in: MÜNCH PETER/GEISER THOMAS (Hrsg.), Schaden – Haftung – Versicherung (1. Aufl., Basel, 1999) (zit.: MÜLLER, unsorgfältige Führung (1999)).

MÜLLER ROLAND/LIPP LORENZ/PLÜSS ADRIAN: Der Verwaltungsrat – Ein Handbuch für Theorie und Praxis (4. Aufl., Zürich, 2014).

NIGGLI MARCEL ALEXANDER/WIPRÄCHTIGER HANS (Hrsg.): Basler Kommentar Strafrecht I, Art. 1 – 110 StGB (2. Aufl., Basel, 2007) (zit.: BEARBEITER, BSK StGB I).

NIKITINE ALEXANDER: Die aktienrechtliche Organverantwortlichkeit nach Art. 754 Abs. 1 OR als Folge unternehmerischer Fehlentscheide (Dissertation Universität Zürich, 2007).

OFTINGER KARL/STARK EMIL W.: Schweizerisches Haftpflichtrecht – Erster Band: Allgemeiner Teil (5. Aufl., Zürich, 1995).

OSWALD SCHWEMMER: Verantwortung, in: MITTELSTRASS JÜRGEN (Hrsg.), Enzyklopädie Philosophie und Wissenschaftstheorie (Band 4, Stuttgart, 1980-1996).

RASCHEIN ROLF: Die Abtretung von aktienrechtlichen Verantwortlichkeitsansprüchen im Konkurs, in: DALLÈVES LOUIS ET AL. (Hrsg.), Festschrift 100 Jahre SchKG (Zürich, 1989).

REICHMUTH MARCO: Die Haftung des Arbeitgebers und seiner Organe nach Art. 52 AHVG (Dissertation Universität Freiburg, 2008).

REY HEINZ: Ausservertragliches Haftpflichtrecht (4. Aufl., Zürich, 2008).

ROBERTO VITO: Haftpflichtrecht (Bern, 2013).

ROBERTO VITO/GRECHENIG KRISTOFFEL: Rückschaufehler (Hindsight Bias) bei Sorfaltspflichtverletzungen, in: Zeitschrift für Schweizerisches Recht (ZSR) (1, 2011, S. 5 ff.).

ROTH PELLANDA KATJA: Organisation des Verwaltungsrates: Zusammensetzung, Arbeitsteilung, Information und Verantwortlichkeit (Dissertation Universität Zürich, 2007).

RUSTERHOLZ LEO/HELD LUKAS: Ausgewählte Aspekte zur Business Judgement Rule im Licht aktueller Rechtsprechung, in: Zeitschrift für Gesellschafts- und Kapitalmarktrecht (GesKR) (2016; S. 186 ff.).

SCHALLER JEAN-MARC: Finanzanalysten-Recht: Die Berufstätigkeit der Finanzanalysten im Rahmen des Privat-, Straf- und Aufsichtsrechts (Dissertation Universität Zürich, 2004).

SCHENKER URS: Gleichstellung – Ein aktienrechtliches Thema, in: Schweizerische Zeitschrift für Wirtschafts- und Finanzmarktrecht (SZW) (2015; S. 469 ff.) (zit.: SCHENKER, Gleichstellung).

SCHENKER URS: Verwaltungsrat in der Praxis – Rechtliche Anforderungen (Zürich, 2015), (zit.: SCHENKER, Verwaltungsrat).

SETHE ROLF H.: Geschäftsentscheide, Expertenrat und Verantwortlichkeit des Verwaltungsrats, in: SETHE ROLF/ISLER PETER (Hrsg.), Verantwortlichkeit im Unternehmensrecht VII (Zürich, 2014).

UMBACH PATRICK/WEBER ROLF H.: Schadensberechnung in Verantwortlichkeitsprozessen, in: WEBER ROLF (Hrsg.), Verantwortlichkeit im Unternehmensrecht V (Zürich, 2010).

VOGT HANS-UELI/BÄNZIGER MICHAEL: Das Bundesgericht anerkennt die Business Judgement Rule als Grundsatz des schweizerischen Aktienrechts, in: Zeitschrift für Gesellschafts- und Kapitalmarktrecht (GesKR) (4, 2012; S. 607 ff.).

VOLKART RUDOLF: Transparenz, Vertrauen und Kommunikation: «In der Kürze liegt die Würze», in: Der Schweizer Treuhänder (ST) (2008; S. 993 ff.).

VON BÜREN ROLAND: Verantwortlichkeit des Verwaltungsrats von Banken, in: WEBER ROLF/ISLER PETER (Hrsg.), Verantwortlichkeit im Unternehmensrecht (Zürich, 2002).

VON BÜREN ROLAND/STOFFEL WALTER A./WEBER ROLF H.: Grundriss des Aktienrechts (3. Aufl., Zürich, 2011).

VON DER CRONE HANS CASPAR: Aktienrecht (Zürich, 2014) (zit.: VON DER CRONE, Aktienrecht).

VON DER CRONE HANS CASPAR/BLOCH BENJAMIN: Was kann die aktienrechtliche Verantwortlichkeit leisten? in: WEBER ROLF/ISLER PETER (Hrsg.), Verantwortlichkeit im Unternehmensrecht VI (Zürich, 2012).

VON DER CRONE HANS CASPAR: Haftung und Haftungsbeschränkung in der aktienrechtlichen Verantwortlichkeit, in: Schweizerische Zeitung für Wirtschaftsrecht (SZW) (78, 2006) (zit.: VON DER CRONE, Haftungsbeschränkung).

VON DER CRONE HANS CASPAR: Verantwortlichkeit, Anreize und Reputation in der Corporate Governance der Publikumsgesellschaft, in: Zeitschrift für Schweizerisches Recht (ZSR) (119, 2000, S. 239 ff.) (zit.: VON DER CRONE, Anreize).

VON DER CRONE HANS CASPAR/BUFF FELIX: Ist die aktienrechtliche Verantwortlichkeit noch zeitgemäss? in: Schweizerische Zeitschrift für Wirtschafts- und Finanzmarktrecht (SZW) (2015; S. 444 ff.).

VON DER CRONE HANS CASPAR/CARBONARA ANTONIO/HUNZIKER SILVIA: Aktienrechtliche Verantwortlichkeit und Geschäftsführung – ein funktionaler und systematischer Überblick (Basel, 2006).

VON DER CRONE HANS CASPAR/DOBLER SARAH: Aktivlegitimation zur Geltendmachung von Verantwortlichkeitsansprüchen? in: Schweizerische Zeitschrift für Wirtschafts- und Finanzmarktrecht (SZW) (2005; S. 211 ff.).

WATTER ROLF: Bemerkungen zum Entscheid des Eidgenössischen Verwaltungsgerichts vom 15. September 1993, in: Aktuelle Juristische Praxis (AJP) (3, 1994; S. 511 ff.).

WEBER ROLF H.: Schweizerisches Verantwortlichkeitsrecht – Stolpersteine heute Potential morgen, in: WEBER ROLF/ISLER PETER (Hrsg.), Verantwortlichkeit im Unternehmensrecht VI (Zürich, 2012; zit.: WEBER, Verantwortlichkeitsrecht).

WEBER ROLF H.: Verantwortlichkeit der Unternehmensorgane für regulatorische Interventionen, in: WEBER ROLF (Hrsg.), Verantwortlichkeit im Unternehmensrecht IV (Zürich, 2008) (zit.: WEBER, Interventionen).

WEBER ROLF H.: Beurteilung der neueren Rechtsprechung zur Verantwortlichkeit in Unternehmen, in: WEBER ROLF (Hrsg.), Verantwortlichkeit im Unternehmensrecht III (Zürich, 2006) (zit.: WEBER, Rechtsprechung).

WIEGAND WOLFGANG: Die Verantwortlichkeit des Verwaltungsrates, in: VON BÜREN ROLAND/HAUSHEER HEINZ/WIEGAND WOLFGANG (Hrsg.), Grundfragen des neuen Aktienrechts (Bern, 1993).

WIDMER PIERRE/KRAUSKOPF FRÉDÉRIC: Privatrechtliche Haftung, in: MÜNCH PETER/WEBER STEPHAN (Hrsg.), Haftung und Versicherung – Beraten und Prozessieren im Haftpflicht- und Versicherungsrecht (2. Aufl., Basel, 2015).

ZAGST RUDI/GOLDBRUNNER JOHANN/SCHLOSSER ANDREAS: Zu nahe an der Sonne (München, 2010).

ZÜRCHER JOHANN: Der Schaden im Verantwortlichkeitsprozess, in: WEBER ROLF/ISLER PETER (Hrsg.), Verantwortlichkeit im Unternehmensrecht VI (Zürich, 2012).

Materialienverzeichnis

Botschaft zur Revision des Obligationenrechts, GmbH-Recht sowie Anpassungen im Aktien-, Genossenschafts-. Handelsregister- und Firmenrecht vom 19. Dezember 2001, BB1 2001 3148 ff. (zit.: Botschaft, Revision Obligationenrecht 2001).

Müller Reto: Krisen-Management auf VR-Ebene – Neue Konzepte für den Verwaltungsrat, Referat vom 16. Dezember 2016 (nicht veröffentlicht) (zit.: Müller, Krisen-Management).

Newsletter Schellenberg Wittmer Rechtsanwälte: Konzernfinanzierungen in Form von Upstream Darlehen im Lichte des schweizerischen Gesellschafts- und Steuerrechts vom Dezember 2004, <http://www.swlegal.ch/Publications/Overview.aspx?author=&area=&date=2004> (abgerufen am: 1. Mai 2017).

Pfander Matthias: Rekord bei Frauenquote in Schweizer Chefetagen, Tagesanzeiger vom 7. März 2017 (zit.: Pfander, Rekord bei Frauenquote in Schweizer Chefetagen, Tagesanzeiger).

Publikation Schweizerischer Arbeitgeberverband: Fokus: Frauen im Verwaltungsrat – 400 Vorschläge für Schweizer Gesellschaften vom April 2015, <http://www.female-board-pool.org/dokumente/sav-top400.pdf> (abgerufen am: 1. Mai 2017).

Speiser Marcel: Bei den KMU sinken die Löhne für Verwaltungsräte, HZ vom 17. Mai 2017 (zit.: Speiser, VR-Löhne sinken).

Studie Universität St. Gallen: Aktuellste Zahlen über KMU – Ausgabe 2017, vom 12. April 2017, <http://www.kmu.unisg.ch/de/forschung+und+publikationen/kmu/kmu-zahlen> (abgerufen am: 16. Mai 2017).

Swiss Code of Best Practice for Corporate Governance vom 28. August 2014, <http://www.economiesuisse.ch/de/publikation/swiss-code-best-practice-corporate-governance-english> (abgerufen am: 5. August 2016).

Materialienverzeichnis der Fälle

1. Swissair

Gerichtsentscheide:

Urteil BGer 4A_425/2015 vom 10. Dezember 2015

Urteil BGer 4A_603/2014 vom 11. November 2015

Urteil HGer ZH HG120149-O vom 26. Januar 2015

Urteil HGer ZH HG120137-O vom 1. Juli 2015

Urteil OGer ZH LB110046-O/U vom 8. September 2014

Urteil HGer ZH HG100356-O vom 27. März 2014

Urteil OGer ZH LB090080/U vom 25. März 2013

Urteil BGer 4A_410/2011 vom 11. Juli 2012

Zeitungsartikel:

Enz Werner: Staatsanwaltschaft zieht SAirGroup-Urteile nicht weiter, NZZ vom 7. September 2007 (zit.: Enz, NZZ).

Gasser Carmen: Swissair: Unter Beschuss, BILANZ vom 9. Mai 2006 (zit.: Gasser, Bilanz).

Holderegger Urs: Erwarteter Freispruch für Mario Corti, NZZ vom 20. Juni 2008 (zit.: Holderegger, NZZ).

Pbe/Sda: Der Tag, an dem die Swissair am Boden blieb, Tagesanzeiger vom 21. September 2011 (zit.: Pbe/Sda, Tagesanzeiger).

Redaktion: Jean-Marc Schaller, Jurist am Bezirksgericht Zürich: «Banken könnten im Fall Swissair haftbar gemacht werden», BILANZ vom 9. Mai 2006 (zit.: Redaktion, Bilanz).

Sonstige Materialien:

Ernst & Young: Untersuchungsergebnisse in Sachen Swissair, (24. Januar 2003), <http://www.liquidator-swissair.ch => Wöchentliche Lageberichte> (abgerufen am: 24.09.2016) (zit.: Ernst & Young, Untersuchungsbericht).

Wüthrich Karl: SairGroup in Nachlassliquidation – Zirkular Nr. 6, (August 2005), <http://www.liquidator-swissair.ch => Zirkulare an Gläubiger> (abgerufen am: 24.09.2016) (zit.: Wüthrich, SAirGroup Z6).

Wüthrich Karl: SairGroup in Nachlassliquidation – Zirkular Nr. 8, (März 2006), <http://www.liquidator-swissair.ch => Zirkulare an Gläubiger> (abgerufen am: 24.09.2016) (zit.: Wüthrich, SAirGroup Z8).

Wüthrich Karl: SairGroup in Nachlassliquidation – Zirkular Nr. 11, (März 2007), <http://www.liquidator-swissair.ch => Zirkulare an Gläubiger> (abgerufen am: 24.09.2016) (zit.: Wüthrich, SAirGroup Z11).

Wüthrich Karl: SairGroup in Nachlassliquidation – Zirkular Nr. 15, (April 2009), <http://www.liquidator-swissair.ch => Zirkulare an Gläubiger> (abgerufen am: 24.09.2016) (zit.: Wüthrich, SAirGroup Z15).

WÜTHRICH KARL: SairGroup in Nachlassliquidation – Zirkular Nr. 16, (Dezember 2009), <http://www.liquidator-swissair.ch => Zirkulare an Gläubiger> (abgerufen am: 24.09.2016) (zit.: WÜTHRICH, SAirGroup Z16).

WÜTHRICH KARL: SairGroup in Nachlassliquidation – Zirkular Nr. 18, (Mai 2011), <http://www.liquidator-swissair.ch => Zirkulare an Gläubiger> (abgerufen am: 24.09.2016) (zit.: WÜTHRICH, SAirGroup Z18).

WÜTHRICH KARL: SairGroup in Nachlassliquidation – Zirkular Nr. 19, (Mai 2012), <http://www.liquidator-swissair.ch => Zirkulare an Gläubiger> (abgerufen am: 24.09.2016) (zit.: WÜTHRICH, SAirGroup Z19).

WÜTHRICH KARL: SairGroup in Nachlassliquidation – Zirkular Nr. 20, (Dezember 2012), <http://www.liquidator-swissair.ch => Zirkulare an Gläubiger> (abgerufen am: 24.09.2016) (zit.: WÜTHRICH, SAirGroup Z20).

WÜTHRICH KARL: SairGroup in Nachlassliquidation – Zirkular Nr. 22, (Mai 2013), <http://www.liquidator-swissair.ch => Zirkulare an Gläubiger> (abgerufen am: 24.09.2016) (zit.: WÜTHRICH, SAirGroup Z22).

WÜTHRICH KARL: SairGroup in Nachlassliquidation – Zirkular Nr. 23, (April 2014), <http://www.liquidator-swissair.ch => Zirkulare an Gläubiger> (abgerufen am: 24.09.2016) (zit.: WÜTHRICH, SAirGroup Z23).

WÜTHRICH KARL: SairGroup in Nachlassliquidation – Zirkular Nr. 24, (März 2015), <http://www.liquidator-swissair.ch => Zirkulare an Gläubiger> (abgerufen am: 24.09.2016) (zit.: WÜTHRICH, SAirGroup Z24).

WÜTHRICH KARL: SairGroup in Nachlassliquidation – Zirkular Nr. 26, (April 2016), <http://www.liquidator-swissair.ch => Zirkulare an Gläubiger> (abgerufen am: 24.09.2016) (zit.: WÜTHRICH, SAirGroup Z26).

WÜTHRICH KARL: Swissair Schweizerische Luftverkehr-AG in Nachlassliquidation – Zirkular Nr. 20, (April 2014), <http://www.liquidator-swissair.ch => Zirkulare an Gläubiger> (abgerufen am: 24.09.2016) (zit.: WÜTHRICH, Swissair Z20).

WÜTHRICH KARL: Swissair Schweizerische Luftverkehr-AG in Nachlassliquidation – Zirkular Nr. 21, (März 2015), <http://www.liquidator-swissair.ch => Zirkulare an Gläubiger> (abgerufen am: 24.09.2016) (zit.: WÜTHRICH, Swissair Z21).

WÜTHRICH KARL: Swissair Schweizerische Luftverkehr-AG in Nachlassliquidation – Zirkular Nr. 22, (Mai 2016), <http://www.liquidator-swissair.ch => Zirkulare an Gläubiger> (abgerufen am: 24.09.2016) (zit.: WÜTHRICH, Swissair Z22).

WÜTHRICH KARL: Flightlease AG in Nachlassliquidation – Zirkular Nr. 5, (Juli 2005), <http://www.liquidator-swissair.ch => Zirkulare an Gläubiger> (abgerufen am: 24.09.2016) (zit.: WÜTHRICH, Flightlease Z5).

WÜTHRICH KARL: Flightlease AG in Nachlassliquidation – Zirkular Nr. 13, (April 2010), <http://www.liquidator-swissair.ch => Zirkulare an Gläubiger> (abgerufen am: 24.09.2016) (zit.: WÜTHRICH, Flightlease Z13).

WÜTHRICH KARL: Flightlease AG in Nachlassliquidation – Zirkular Nr. 15, (Mai 2012), <http://www.liquidator-swissair.ch => Zirkulare an Gläubiger> (abgerufen am: 24.09.2016) (zit.: WÜTHRICH, Flightlease Z15).

WÜTHRICH KARL: Flightlease AG in Nachlassliquidation – Zirkular Nr. 18, (März 2015), <http://www.liquidator-swissair.ch => Zirkulare an Gläubiger> (abgerufen am: 24.09.2016) (zit.: WÜTHRICH, Flightlease Z18).

Wüthrich Karl: Flightlease AG in Nachlassliquidation – Zirkular Nr. 19, (April 2016), <http://www.liquidatorhi-swissair.ch => Zirkulare an Gläubiger> (abgerufen am: 24.09.2016) (zit.: Wüthrich, Flightlease Z19).

Wüthrich Karl: SAirLines AG in Nachlassliquidation – Zirkular Nr. 21, (April 2016), <http://www.liquidatorhi-swissair.ch => Zirkulare an Gläubiger> (abgerufen am: 24.09.2016) (zit.: Wüthrich, SAirLines Z21).

2. Erb-Gruppe

Gerichtsentscheide:

Urteil BGer 6B_336/2017 vom 27. März 2017

Urteil BGer 6B_296/2014 vom 28. Oktober 2015

Urteil BGer 6B_441/2014 vom 28. Oktober 2015

Urteil BGer 6B_462/2014 vom 27. August 2015

Urteil OGer ZH SB120284-O/U/cs vom 13. Januar 2014

Urteil BGer 6B_192/2013 vom 10. Dezember 2013

Zeitungsartikel:

Buomberger Thomas: Erb-Gruppe Konkurs eines Autohändlers, Beobachter vom 18. Januar 2012 (zit.: Buomberger, Beobachter).

Buomberger Thomas: Die Erb-Pleite, 1. Teil: Hans F. Vögelis Doppelspiel, Bilanz vom 22. März 2005 (zit.: Buomberger, 1. Teil).

Buomberger Thomas: Die Erb-Pleite, 2. Teil: Der Zusammenbruch, Bilanz vom 22. März 2005 (zit.: Buomberger, 2. Teil).

Buomberger Thomas: Die Erb-Pleite, 3. Teil: Ein Imperium wird seziert, Bilanz vom 5. April 2005 (zit.: Buomberger, 3. Teil).

Clavadetscher Richard: Rolf Erb wurde vorverurteilt, Tagblatt vom 13. April 2017.

Fontana Katharina: Familie Erb verliert vor Bundesgericht, NZZ vom 13. November 2015 (zit.: Fontana, Familie Erb).

Fontana Katharina: Niederlage für Pleitier Rolf Erb, NZZ vom 16. September 2015 (zit.: Fontana, Rolf Erb).

Hasler Thomas: Rolf Erb muss sieben Jahre ins Gefängnis, Tagesanzeiger vom 16. September 2015.

Pfiffner Fritz: «Vertrauen alleine genügt nicht», NZZ vom 09. Mai 2004.

Unbekannt: Rolf Erb starb eines natürlichen Todes, Tagblatt vom 21. April 2017.

Wertheimer Pia: Erb-Prozess: Marathon für den Staatsanwalt, Tagesanzeiger vom 26. Januar 2012 (zit.: Wertheimer, Staatsanwalt).

Wertheimer Pia: Milliarden-Pleitier und Schlosserbe vor Gericht, NZZ vom 18. Januar 2012 (zit.: Wertheimer, Schlosserbe).

Wertheimer Pia: Mechaniker, Milliardäre und Pleitiers, Tagesanzeiger vom 19. Januar 2005 (zit.: Wertheimer, Milliardäre).

3. Omni Holding – Werner K. Rey

Gerichtsentscheide:

Urteil Kassationshof BGer 6P.101/2000/kra vom 6. Dezember 2001

Zeitungsartikel:

BARMETTLER STEFAN: Werner K. Rey: Der Jäger ist zurück, Handelszeitung vom 15. April 2016 (zit.: BARMETTLER, HZ).

BODEN VRENI: Rettung vor dem Absturz, Zeit Online vom 1. März 1991 (zit.: BODEN, Zeit Online).

UNBEKANNT: Die letzten Nachwehen einer Milliardenpleite, Handelszeitung vom 19. Mai 2013 (zit.: UNBEKANNT, Handelszeitung).

UNBEKANNT: Gefängnis für Ex-Omni-Geschäftsführer, NZZ vom 27. Juni 2001 (zit.: UNBEKANNT, NZZ).

UNBEKANNT: Werner K. Rey - Pleitier, Bilanz vom 31. Dezember 1991 (zit.: UNBEKANNT, Bilanz).

Sonstige Materialien:

UNBEKANNT: Banken-Crash: Wiederholt sich die Geschichte?, finews.ch, (4. Oktober 2016), <http://www.finews.ch/news/banken/24637-banken-crash-slt-immobilien-preise-moneypark-alacasa-ch> (abgerufen am: 14.3.2017) (zit.: UNBEKANNT, finews).

4. Biber Holding

Gerichtsentscheide:

Urteil BGer 4C.111/2004 vom 9. November 2004

BGE 131 III 306

Zeitungsartikel:

KOCH KONRAD: Bundesgericht verweigert Aktionären Klagerecht, Finanz und Wirtschaft vom 13. November 2004 (zit.: KOCH, BGer verweigert Klagerecht).

KOCH KONRAD: Aktionäre sind nicht Gläubiger, Finanz und Wirtschaft vom 16. Dezember 2000 (zit.: KOCH, Aktionäre).

STAUBLI RENÉ: Die Jäger-Strategie, Die Weltwoche, Ausgabe 20/2002 (zit.: STAUBLI, Jäger-Strategie).

UNBEKANNT: Anklage gegen Speiser in Restpunkten – Einstellungsverfügung in Sachen Biber, NZZ vom 8. Juni 2002 (zit.: UNBEKANNT, NZZ, Anklage gegen Speiser).

Sonstige Materialien:

UNBEKANNT: Biber-Konkurs: Gläubiger erhalten endlich ihr Geld, swissinfo, (7. April 2001), <http://www.swissinfo.ch/ger/biber-konkurs--glaeubiger-erhalten-endlich-geld/1978060> (abgerufen am: 2.11.2016) (zit.: UNBEKANNT, swissinfo).

5. Spar- und Leihkasse Thun (SLT)

Zeitungsartikel:

Berger Manuel: Die Anfänge der Spar- und Leihkasse, BZ vom 27. Juni 2016 (zit.: Berger, BZ).

Gurtner Michael: Die Hiobsbotschaft der SLT erschütterte am 3. Oktober 1991 die Stadt Thun, BZ vom 3. Oktober 2010 (zit.: Gurtner, BZ).

Holderegger Urs: Liquidation der Spar- und Leihkasse Thun abgeschlossen – Schlussstrich unter Bankenpleite, NZZ vom 4. Januar 2006 (zit.: Holderegger, NZZ).

Moor Markus: Liquidation der Spar- und Leihkasse Thun zu Ende, Finanz und Wirtschaft vom 7. Januar 2006 (zit.: Moor, FuW).

Probst Roger: Vor 25 Jahren: Der Bank-Crash in Thun, BZ vom 3. Oktober 2016 (zit.: Probst, BZ, 2016).

Probst Roger: Ein Tag, der die Schweiz veränderte, BZ vom 1. Oktober 2011 (zit.: Probst, BZ, 2011).

Schmid Simon: Das böse Erwachen, BaZ vom 24. Juni 2014 (zit.: Schmid, BaZ).

Unbekannt: Ungezügelte Geldgier, Der Spiegel vom 6. Juli 1992 (zit.: Unbekannt, Der Spiegel).

Unbekannt: Bankencrash in Thun erschüttert 1991 die Schweiz, Der Bund vom 30. September 2016 (zit.: Unbekannt, Der Bund).

Ziegler Suzanne: Lehren aus dem Fall der Spar- und Leihkasse Thun – Rückblick auf die Regionalbankenkrise, NZZ vom 6. November 2001 (zit.: Ziegler, NZZ).

Sonstige Materialien:

Unbekannt: Banken-Crash: Wiederholt sich die Geschichte?, finews.ch, (4. Oktober 2016), <http://www.finews.ch/news/banken/24637-banken-crash-slt-immobilien-preise-moneypark-alacasa-ch> (abgerufen am: 14.3.2017) (zit.: Unbekannt, finews).

Unbekannt: Jahresbericht der Eidgenössischen Bankenkommission 1991, finma.ch, (30. Juni 2015), <https://www.finma.ch/FinmaArchiv/ebk/d/publik/bericht/pdf/jb91.pdf> (abgerufen am: 10.3.2017) (zit.: Unbekannt, finma).

Unbekannt: Liquidation von Thuner Bank abgeschlossen, swissinfo.ch, (4. Januar 2006), <http://www.swissinfo.ch/ger/liquidation-von-thuner-bank-abgeschlossen/4936868> (abgerufen am: 14.3.2017) (zit.: Unbekannt, swissinfo).

Unbekannt: Geschichte der Regionalbanken, regionalbanken.ch, (2014), <https://www.regionalbanken.ch/ueber-uns/geschichte-der-regionalbanken/> (abgerufen am: 14.3.2017) (zit.: Unbekannt, Regionalbanken).

6. Trans K-B

Zeitungsartikel:

Baur Alex: Die Kopp-Affäre – Wenn der Wind dreht, Die Weltwoche (Datum unbekannt) (zit.: Baur, Weltwoche).

Honegger Andreas: Nachruf – Hans W. Kopp – ein Mann mit vielen Facetten, NZZ vom 28. Januar 2009 (zit.: Honegger, NZZ).

RÖSCH MANFRED: Liaison der besonderen Art, Finanz und Wirtschaft vom 23. August 2014 (zit.: RÖSCH, FuW).

STREHLE RES: Die drei Leben des Rudy E., Tagesanzeiger vom 19. April 2016 (zit.: STREHLE, Tagesanzeiger).

UNBEKANNT: Ehemann von alt Bundesrätin Elisabeth Kopp gestorben, NZZ vom 28. Januar 2009 (zit.: UNBEKANNT, NZZ).

WOTTRENG WILLI: Hans W. Kopp, Wirtschaftsanwalt und einst Bundesratsgatte, ist 77-jährig gestorben – In Glanz und Elend, NZZ vom 8. Februar 2009 (zit.: WOTTRENG, NZZ).

7. Suter + Suter AG

Zeitungsartikel:

SCHUPPLI PETER: VR, Manager und Kontrollstelle zahlten, Finanz und Wirtschaft vom 14. März 2001 (zit.: SCHUPPLI, FuW).

Sonstige Materialien:

KNECHTLI PETER: Auf der Chefetage schnappt die Millionen-Falle zu, onlinereports.ch, (26. Februar 2001), <http://archiv.onlinereports.ch/2001/SuteruSuterVergleich.htm> (abgerufen am: 11.4.2017) (zit.: KNECHTLI, on.R.).

SCHÜRCH FRANZISKA: Hans Rudolf Suter, Personenlexikon Kanton Basel-Landschaft, (27. Juni 2012), <https://personenlexikon.bl.ch/Hans_Rudolf_Suter> (abgerufen am: 11.4.2017) (zit.: SCHÜRCH, PL).

UNBEKANNT: Aufstieg und Fall des Architekturbüros Suter + Suter, ub.unibas.ch, (27. Juni 2012), <http://www.ub.unibas.ch/ub-wirtschaft-swa/schweizwirtschaftsarchiv/all-gemeines/archi valiendetail> (abgerufen am: 11.4.2017) (zit.: UNBEKANNT, unibas).

8. AFG Arbonia-Forster Holding AG

Zeitungsartikel:

FAGETTI ANDREAS: Schlagabtausch im Wirtschaftsmilieu, Tagblatt vom 17. November 2007 (zit.: FAGETTI, TB).

JACQUEMART CHARLOTTE: Edgar Oehler will Schadenersatz in Millionenhöhe, NZZ vom 4. November 2007 (zit.: JAQUEMART, NZZ).

SCHILLIGER PIRMIN: AFG/Klage gegen Ex-Verwaltungsräte ist vom Tisch – Vergleich ausgehandelt, Handelszeitung vom 29. Juni 2010 (zit.: SCHILLINGER, HZ).

UNBEKANNT: AFG-Streit endet mit Vergleich, Tagblatt vom 30. Juni 2010 (zit.: UNBEKANNT, TB).

Sonstige Materialien:

UNBEKANNT: Geschichte der AFG Arbonia-Froster Holding AG, afg.ch, (Datum unbekannt), <http://www.afg.ch/report2015/de/konzern/geschichte.htm> (abgerufen am: 20.4.2017) (zit.: UNBEKANNT, afg.ch).

9. Kreditanstalt Grabs (KAG)

Gerichtsentscheide:

Urteil BGer 4A_67/2008 vom 27. August 2009

Urteil BGer 4A_65/2008 vom 3. August 2009

Urteil Kassationsgericht St. Gallen vom 18. November 2008

Urteil Handelsgericht St. Gallen vom 15. November 2007

Urteil Handelsgericht St. Gallen vom 3. April 2006

Zeitungsartikel:

GYR MARCEL: Vom «Milieu-König» in den Ruin geführt, NZZ vom 30. Juni 2005 (zit.: GYR, Ruin).

GYR MARCEL: Dritter und letzter Prozess im Fall Brunner, NZZ vom 21. Juni 2005 (zit.: GYR, letzter Prozess).

GYR MARCEL: Der «Milieukönig» Hans Peter Brunner ist gestorben, NZZ vom 13. Mai 2005 (zit.: GYR, Brunner).

GYR MARCEL: Suizidversuch des «Milieukönigs», NZZ vom 12. Mai 2005 (zit.: GYR, NZZ).

SCHWIZER THOMAS: Kreditanstalt Grabs verlangt Kaution und Betreibung, Tagblatt vom 3. Juli 2009 (zit.: SCHWIZER, Betreibung).

WILD KARL: «Milieukönig» – und noch viel mehr, Bilanz vom Oktober 1995.

10. Sparkasse der Administration (SPARAD)

Zeitungsartikel:

OSTERWALDER JOSEF: Volkskirche mit Marktchancen, Tagblatt vom 10. November 2007 (zit.: OSTERWALDER, Tagblatt).

UNBEKANNT: Die Sanierung der Stiftsgebäude geht in die zweite Etappe – Sparad-Fonds vorgeschlagen, Tagblatt vom 7. Juni 2007 (zit.: UNBEKANNT, Tagblatt, Sparad-Fonds).

UNBEKANNT: Bankliquidation mit Überschuss abgeschlossen - Sparad verschwindet definitiv, Tagblatt vom 12. Mai 2007 (zit.: UNBEKANNT, Tagblatt).

UNBEKANNT: Aufatmen im St. Galler katholischen Konfessionsteil, NZZ vom 5. Mai 1999 (zit.: UNBEKANNT, NZZ).

Sonstige Materialien:

UNBEKANNT: Schlussstrich unter dem St. Galler Sparad-Debakel, volksblatt.li, (11. Mai 2007), <http://www.volksblatt.li/nachricht.aspx?id=33986&src=sda> (abgerufen am: 21.4.2017) (zit.: UNBEKANNT, volksblatt.li).

11. Sasea Holding – Florio Fiorini

Zeitungsartikel:

HELLER ANDREAS: Bankett für Bankrotteure, NZZ Folio vom August 2011 (zit.: HELLER, NZZ Folio).

SCHNEIDER FRANZ: Lieber Investor, Finanz und Wirtschaft vom 15. Januar 2005 (zit.: SCHNEIDER, FuW).

ZOLLER ERICH: Sasea kommt nicht vom Fleck – NAI in Leibstadt, Leukerbad und Zermatt, Finanz und Wirtschaft vom 18. Dezember 1991 (zit.: ZOLLER, FuW).

Sonstige Materialien:

HÄMMERLI FREDY: Intrigen, Filz und Schweizer Franken, zeit.de, (12. März 1993), <http://www.zeit.de/1993/11/intrigen-filz-und-schweizer-franken> (abgerufen am: 1.5.2017) (zit.: HÄMMERLI, zeit.de).

12. BVK – Daniel Gloor

Zeitungsartikel:

BAUR ALEX: Und keiner wollte es wahrhaben, Die Weltwoche (Datum unbekannt) (zit.: BAUR, Die Weltwoche).

GYR MARCEL: Urteil in BVK-Affäre – Wenig Erfolg für Daniel Gloor am Obergericht, NZZ vom 27. August 2014 (zit.: GYR, NZZ).

GYR MARCEL: Zürcher Obergericht – Schuldspruch in der BVK-Affäre, NZZ vom 27. August 2014 (zit.: GYR, NZZ, Obergericht).

MINOR LILIANE: BVK: Urteile gegen Gloor und Lehman sind rechtskräftig, Tagesanzeiger vom 28. August 2015 (zit.: MINOR, TA).

UNBEKANNT: BVK-Affäre: Vier weitere Jahre Haft für Ex-CS-Banker, Bilanz vom 28. November 2014 (zit.: UNBEKANNT, Bilanz).

UNBEKANNT: BVK-Affäre – Gericht: Gloor war «geldgierig», NZZ vom 27. August 2014 (zit.: UNBEKANNT, NZZ).

Sonstige Materialien:

BISCHOFF MARKUS ET. AL.: Korruptionsfall – BVK Personalvorsorge des Kantons Zürich, Politische Aufarbeitung, PUK-Bericht, (11. September 2012), <https://www.bvk.ch/files/puk-bericht.pdf> (abgerufen am: 27.4.2017) (zit.: BISCHOFF, PUK-Bericht).

13. Distefora Holding

Zeitungsartikel:

DITTLI MARK: Investoren hinter Adori sind weitgehend unbekannt – Wenig zu verlieren für bestehende Aktionäre – Aufarbeitung der Distefora-Geschichte, Finanz und Wirtschaft vom 3. Juli 2002 (zit.: DITTLI, FuW).

GOLDFINGER FRANK: Bahnhofstrasse: Pelikan in der Tinte, Bilanz vom 28. Februar 2006 (zit.: GOLDFINGER, Bilanz).

HEBEISEN BEAT: Konkursverwalter prüft Zivilklagen – Vielsagende «Aktennotiz» – Müssen Aktionäre Dividende zurückzahlen?, Finanz und Wirtschaft vom 8. Dezember 2004 (zit.: HEBEISEN, FuW, Zivilklagen).

HEBEISEN BEAT: Die bewegte Geschichte von Distefora und ihrem quirligen Alexander Falk, Finanz und Wirtschaft vom 17. November 2001 (zit.: HEBEISEN, FuW).

HOLDENEGGER URS: Disteofra-Gründer Falk sitzt in Untersuchungshaft, NZZ vom 7. Juni 2003 (zit.: HOLDENEGGER, NZZ).

UNBEKANNT: Konkurs über die Distefora Holding AG eröffnet, NZZ vom 12. Dezember 2003 (zit.: UNBEKANNT, NZZ, Konkurs eröffnet).

UNBEKANNT: Distefora – ein Trauerspiel in drei Akten, NZZ vom 14. Juni 2003 (zit.: UNBEKANNT, NZZ).

Sonstige Materialien:

UNBEKANNT: Verlagserbe Falk muss Schadenersatz zahlen, spiegel.de, (20. September 2012), <http://www.spiegel.de/wirtschaft/alexander-falk-muss-schadensersatz-an-energis-Zahlen-a-857035.html> (abgerufen am: 2.5.2017) (zit.: UNBEKANNT, spiegel.de).

UNBEKANNT: Nun hat der Insolvenzrichter das Wort, manager-magazin.de, (4. August 2003), <http://www.manager-magazin.de/unternehmen/it/a-259977.html> (abgerufen am: 2.5.2017) (zit.: UNBEKANNT, manager-magazin.de).

14. Swiss Life/Rentenanstalt – LTS

Zeitungsartikel:

SCHLETTI BRUNO: LTS-Affäre: Der Ex-Finanzchef der Swiss Life steht heute vor Gericht, Tagesanzeiger vom 29. September 2010 (zit.: SCHLETTLI, Tagesanzeiger).

STRICKER CHRISTOPH: Rückzahlung von 350'000 Franken in LTS-Affäre – Swiss Life einigt sich mit Ex-Managern, NZZ vom 14. Dezember 2005 (zit.: STRICKER, NZZ).

SZENOGRADY ATTILA: Harte Strafe für Ex-Finanzchef der Swiss Life gefordert, Tagesanzeiger vom 29. September 2010 (zit.: SZENOGRADY, TA).

UNBEKANNT: Ex-Swiss-Life-Finanzchef: Eine Million Franken Strafe, Bilanz vom 1. September 2014 (zit.: UNBEKANNT, Bilanz).

UNBEKANNT: Auch vier weitere frühere Rentenanstalt-Manager sollen Geld zurückzahlen, NZZ vom 24. Mai 2012 (zit.: UNBEKANNT, NZZ).

UNBEKANNT: Viereinhalb Jahre Freiheitsentzug für Ex-Swiss-Life-Boss gefordert – Berufungsprozess gegen Dominique Morax eröffnet, NZZ vom 27. März 2012 (zit.: UNBEKANNT, TA).

15. BCV – Waadtländer Kantonalbank

Zeitungsartikel:

BACHES ZOÉ: Klagen gegen einstige BCV-Manager, Finanz und Wirtschaft vom 4. Oktober 2003 (zit.: BACHES, FuW, Klagen).

BACHES ZOÉ: Bericht Bernasconi enthüllt Manipulationen – Aktien weiterhin kein Kauf, Finanz und Wirtschaft vom 1. Februar 2003 (zit.: BACHES, FuW).

BAUER RICHARD: Monsterprozess enden mit kleinen Strafen - Keine Bilanzmanipulationen bei der BCV, NZZ vom 1. März 2008 (zit.: BAUER, NZZ).

GYSI RETO: Einigen Kantonalbanken hat der Griff nach der öffentlichen Hand geholfen, Finanz und Wirtschaft vom 18. Oktober 2008 (zit.: GYSI, FuW).

UNBEKANNT: BCV/Berufungsprozess in der Kantonalbank-Affäre, Handelszeitung vom 29. April 2009 (zit.: UNBEKANNT, HZ, Berufungsprozess).

UNBEKANNT: BCV-Prozess: Kantonsgericht weist Berufung weitgehend zurück, Aargauer Zeitung vom 29. Februar 2008 (zit.: UNBEKANNT, AZ).

UNBEKANNT: BCV/Urteilsverkündung zur Waadtländer KB-Affäre – Offener Prozessausgang, Handelszeitung vom 29. Februar 2008 (zit.: UNBEKANNT, HZ).

UNBEKANNT: Eingrenzung auf sechs Strafklagen - Aufarbeiten des BCV-Finanzdebakels, NZZ vom 22. November 2005 (zit.: UNBEKANNT, NZZ, Aufarbeiten).

Sonstige Materialien:

UNBEKANNT: Zwei Verurteilungen in der Kantonalbank-Affäre, news.ch, (29. Februar 2008), <http://www.news.ch/Zwei+Verurteilungen+in+der+Kantonalbank+Affaere/302496/detail.htm> (abgerufen am: 27.4.2017) (zit.: UNBEKANNT, news.ch).

BERTOZZI ADEO: Strafklage gegen Verantwortliche der BCV-Affäre, news.ch, (30. Januar 2003), <http://www.news.ch/Strafklage+gegen+Verantwortliche+der+BCV+Affaere/130299/detail.htm> (abgerufen am: 27.4.2017) (zit.: BERTOZZI, news.ch).

16. Raschein-Praxis

Gerichtsentscheide:

BGE 117 II 432

BGE 111 II 182

BGE 106 II 145

Sonstige Materialien:

Botschaft zur Revision des Obligationenrechts vom 23. Februar 1983, BBl 1983 851 ff. (zit.: Botschaft, Revision Obligationenrecht 1983).

17. Raichle-Entscheid

Gerichtsentscheide:

BGE 142 III 23

Urteil BGer 4A_425/2015 vom 10. Dezember 2015

Urteil BGer 5C.29/2000 vom 19. September 2000

Urteil OGer TG ZBO.1998.92 vom 21. September 1999

18. X. Corporation-Entscheid

Gerichtsentscheide:

BGE 122 III 176

BGE 117 II 432

BGE 110 II 391

BGE 106 II 257

Zeitungsartikel:

SDA: «Raichle» verschwindet aus den Regalen, Tagblatt vom 21. Januar 2003 (zit.: SDA, Tagblatt).

SDA: Raichle wieder in Schweizer Händen, NZZ vom 21. Januar 2003 (zit.: SDA, NZZ).

Sonstige Materialien:

Rauber Martin: 4A-425/2015: Bundesgericht schränkt Klagebefugnis der Nachlassmasse bei Verantwortlichkeitsklagen ein (Praxisänderung), swissblawg, (23. Dezember 2015), <http://www.swissblawg.ch/2015/12/4a4252015-bundesgericht-schrankt.html> (abgerufen am: 3.10.2016).

19. Business Judgement Rule

Gerichtsentscheide:

Urteil BGer 4A_74_2012 vom 18. Juni 2012

20. Lorze AG vs. Verwaltungsrat Reishauer Beteiligungen AG

Gerichtsentscheide:

Urteil BGer 4A_375/2012 vom 20. November 2012

Urteil OGer ZH LB110042 vom 11. Mai 2012

Urteil Bezirksgericht ZH CG080114 vom 10. Juni 2011

Rückweisungsbeschluss Obergericht ZH LB060037 vom 4. April 2007

Urteil Kassationsgericht ZH AA070068 v.m. AA070070 vom 4. April 2007

Urteil Bezirksgericht ZH CG030256 vom 27. Februar 2006

Urteil BGer 4P.118/2002 vom 5. März 2003

Urteil BGer 4C.242/2001 vom 5. März 2003

Urteil HGer ZH HG990234 vom 21. Mai 2001

Zeitungsartikel:

Unbekannt: Umtauschangebote werfen Fragen auf, NZZ vom 9. September 2014 (zit.: Unbekannt, NZZ).

Sonstige Materialien:

Zern Bjoern: Lorze AG: trennt sich schrittweise von Reishauer Beteiligungen, schweizeraktien.net, (5. September 2014), <http://www.schweizeraktien.net/blog/2014/09/05/lorze-ag-trennt-sich-schrittweise-von-reishauer-beteiligungen-3251/> (abgerufen am: 20.4.2017) (zit.: Zern, schweizeraktien.net).

Abkürzungsverzeichnis

Abb.	Abbildung
Abs.	Absatz
Abschn.	Abschnitt
AG	Aktiengesellschaft
AJP	Aktuelle juristische Praxis
a.M.	anderer Meinung
Art.	Artikel
Aufl.	Auflage
AZ	Aargauer Zeitung
BaZ	Basler Zeitung
BG	Bundesgesetz
BGE	Entscheidungen des Schweizerischen Bundesgerichts, amtliche Sammlung Schweizerisches Bundesgericht
BGer	Bundesgericht
BJR	Business Judgement Rule
BV	Bundesverfassung der Schweizerischen Eidgenossenschaft vom 18. April 1999 (SR101)
bspw.	beispielsweise
BZ	Berner Zeitung
bzw.	beziehungsweise
ca.	circa
CBB	Concordia Bau und Boden AG
CEO	Chief Executive Officer
CHF	Schweizer Franken
d.h.	das heisst
EBK	Eidgenössische Bankenkommission
f.	Folgende
ff.	Fortfolgende
Fn.	Fussnote

FuW	Finanz und Wirtschaft
GesKR	Zeitschrift für Gesellschafts- und Kapitalmarktrecht
GL	Geschäftsleitung
GLKB	Glarnerb Kantonalbank
GV	Generalversammlung
HGer	Handelsgericht
h.L.	Herrschende Lehre
HZ	Handelszeitung
i.c.	in casu
IKS	Internes Kontrollsystem
inkl.	inklusiv(e)
i.V.m.	in Verbindung mit
KMU	Kleine und mittlere Unternehmungen
lit.	litera
m.E.	Meines Erachtens
Mio.	Millionen
Mrd.	Milliarden
NZZ	Neue Zürcher Zeitung
OGer	Obergericht
OR	Bundesgesetz über das Obligationenrecht
PBU	Papierfabrik Biberist Utzenstorf
Rz.	Randzeile
S.	Seite
SBG	Schweizerische Bankgesellschaft
SBV	Schweizerischer Bankverein
SJZ	Schweizerische Juristen-Zeitung
SKA	Schweizerische Kreditanstalt
SKSR	Schriftenreihe zum Konsumentenschutz
SNB	Schweizerische Nationalbank
SR	Systematische Sammlung des Bundesrechts
SSHW	Schriften zum Handels- und Wirtschaftsrecht

ST	Schweizer Treuhänder
StGB	Schweizerisches Strafgesetzbuch
SZW	Schweizerische Zeitschrift für Wirtschaftsrecht
TB	Tagblatt
u.a.	unter anderem
VegüV	Verordnung gegen übermässige Vergütungen
vgl.	vergleiche
VR	Verwaltungsrat
VStG	Verrechnungssteuergesetz
z.B.	zum Beispiel
Ziff.	Ziffer
zit.	zitiert
ZSR	Zeitschrift für Schweizerisches Recht

Abbildungsverzeichnis

I. Einleitung

A. Problemstellung

Mit dem Inkrafttreten des Obligationenrechts im Jahr 1883 wurden den Aktionären[1] und Gläubigern aktienrechtliche Verantwortlichkeitsansprüche eingeräumt.[2] Damals war die Haftung im Gegensatz zur heutigen Regelung beschränkt auf die vorsätzliche Pflichtverletzung. Später beabsichtigte der Gesetzgeber mit der Revision des Obligationenrechts im Jahr 1936 Unklarheiten und unbefriedigende Ergebnisse des bisherigen Rechts zu beseitigen.[3] Das Verschulden wurde auf die Fahrlässigkeit erweitert. Mit der Revision von 1991 wurde die Verantwortlichkeit der Organe zusätzlich verschärft, womit die Erhebung entsprechender Verantwortlichkeitsklagen erleichtert wurde.[4] Einerseits verbesserte sich die Informationslage[5] des Aktionärs und andererseits wurden die unübertragbaren Pflichten[6] des Verwaltungsrates gesetzlich festgeschrieben.[7] Des Weiteren milderte sich auch das Prozesskostenrisiko für mittelbar geschädigte Aktionäre.[8] Da jedoch nach wie vor die Pflichtwidrigkeit nicht genau im Gesetz definiert ist, sind Kasuistik und Soft Laws, wie zum Beispiel der Swiss Code of Best Practice, von Bedeutung. Mit der kürzlich eingeführten Business Judgement Rule kann der Begriff der schuldhaften Pflichtwidrigkeit im Einzelfall weiter konkretisiert werden.[9]

Seitens der Rechtsprechung ist zu erwähnen, dass sich die Rechtswirklichkeit anhand veröffentlichter Gerichtsentscheide nur schwer erfassen lässt, da eine Vielzahl von Verantwortlichkeitsklagen (gerichtlich oder aussergerichtlich) durch einen Vergleich erledigt werden.[10] LUTERBACHER geht hierbei von einem

---

1 Aus Gründen der besseren Lesbarkeit wird nachfolgend, wenn möglich versucht, eine geschlechtsneutrale Form zu verwenden. Ist dies nicht möglich, wird die weibliche oder männliche Form verwendet, wobei das jeweils andere Geschlecht stets mitinbegriffen ist.

2 BÄRTSCHI, Verantwortlichkeit, S. 7.

3 KNOBLOCH, S. 149; vgl. auch FORSTMOSER/MEIER-HAYOZ/NOBEL, S. 59 ff.

4 BÖCKLI, S. 2357 f.; BÄRTSCHI, Verantwortlichkeit, S. 9.

5 Strengere Anforderungen an die Rechnungslegung, Einführung der Sonderprüfung, entschärftes Kostenrisiko.

6 Wichtige Verhaltenspflichten: Sorgfalts-, Treue- und Gleichbehandlungspflicht.

7 FORSTMOSER/MEIER-HAYOZ/NOBEL, S. 439; BÖCKLI, S. 1552.

8 Art. 756 Abs. 2 OR: Nicht beteiligte AG kann in bestimmten Fällen durch Richter mit Prozesskosten belastet werden; Art. 159 Abs. 2 OR: Kostenminderungseffekt bei Klage gegen mehrere Verantwortliche.

9 VON DER CRONE, Aktienrecht, S. 300 f.

10 MÜLLER, unsorgfältige Führung S. 9; FORSTMOSER/MEIER-HAYOZ/NOBEL, S. 438; BÄRTSCHI, Verantwortlichkeit, S. 10.

sehr hohen Anteil von schätzungsweise 90-95% aus.[11] Dies erschwerte in der Vergangenheit die Analyse der zahlenmässigen Entwicklung von Verantwortlichkeitsklagen, bzw. Schadenersatzansprüchen, die durch einen Vergleich erledigt werden. Diesbezüglich verschaffte KELLER mit der Veröffentlichung ihrer empirischen Studie[12] zur Entwicklung von Verantwortlichkeitsklagen im Jahr 2011 mehr Klarheit.[13]

FORSTMOSER stellte im Jahr 1982 eine starke Zunahme an aktienrechtlichen Verantwortlichkeitsklagen fest.[14] Des Weiteren verzeichnete die Lehre 1996 einen sprunghaften Anstieg der aktienrechtlichen Verantwortlichkeitsklagen während den letzten Jahren und Jahrzenten.[15] In der heutigen Zeit, gut 20 Jahre später, wird in der Lehre von einer stetig steigenden Tendenz seit 2000 ausgegangen. Dies konnte durch die zuvor erwähnte Studie auch empirisch bewiesen werden.[16] Durch die Finanzkrise hat die aktienrechtliche Verantwortlichkeit weiter an Bedeutung gewonnen.[17] In der Schweiz werden Verwaltungsräte heutzutage pro Jahr gesamthaft mit ca. 1800 - 2000 verantwortlichkeitsrechtlichen Forderungen unterschiedlicher Natur konfrontiert.[18] Von den vier verschiedenen Arten von Verantwortlichkeitsklagen (Art. 752-755 OR) kommt der Haftung für Verwaltung, Geschäftsführung und Liquidation gemäss Art. 754 OR neben der Revisionshaftung gemäss Art. 755 OR heute in der Praxis die grösste praktische Bedeutung zu.[19]

Aufgrund von historischen Konkursen und Unternehmenskrisen wird die Öffentlichkeit durch die Medien auf die Verantwortlichkeit von Verwaltungsräten aufmerksam gemacht und zunehmend sensibilisiert. Am meisten mediales Aufsehen erregten Fälle wie z.B. das Swissair-Grounding (2001)[20] und der Konkurs der Erb-Gruppe (2003)[21]. Bei beiden Fällen sahen sich die Verwaltungsräte des konkursiten Konzerns mit komplexen und zeitintensiven zivilrechtlichen und/oder strafrechtlichen Verantwortlichkeitsprozessen konfrontiert. Diese Fälle stellen auch gleich die weitverbreitetste Konstellation der

---

[11] LUTERBACHER, Haftung S. 133.
[12] KELLER, MA, S. 1 ff.
[13] Mehr dazu: Teil II. A. 2.
[14] FORSTMOSER, Aktienrechtliche Verantwortlichkeit, S. 536 ff.
[15] FORSTMOSER/MEIER-HAYOZ/NOBEL, S. 438.
[16] MÜLLER/LIPP/PLÜSS, S. 343; KELLER, Entwicklung Verantwortlichkeitsklagen, S. 1 ff.
[17] MÜLLER, unsorgfältige Führung, S. 986.
[18] KELLER, MA, S. 75 ff.; Mehr dazu: Teil II. C.
[19] VON BÜREN, STOFFEL, WEBER, S. 292.
[20] Vgl. LÜCHINGER/WILLMANN/HAEMMERLI, Swissair – Mythos und Grounding.
[21] Vgl. BUOMBERG, Die Erb-Pleite.

Verantwortlichkeitsklage dar. In über 95% der Fälle befindet sich die Gesellschaft bereits im Konkurs. Hierbei geht die Klage von der Konkursverwaltung oder einzelnen Gläubigern aus.[22] Die seltenere Konstellation lässt sich am Fall der Bodensee-Arena AG darstellen. Wegen einer Kostenüberschreitung bei einem Umbau an der Eissporthalle und der Nichteinhaltung des Businessplanes, wurde der gesamte Verwaltungsrat neu besetzt. Sodann erhob der neue Verwaltungsrat im Namen der Gesellschaft Haftungsansprüche gegen den alten Verwaltungsrat und den verantwortlichen Architekten. In einem Vergleich verpflichtete sich der Architekt zu einer Zahlung von CHF 400'000 und die Verwaltungsratsmitglieder zu einer Zahlung von je CHF 100'000.

Obwohl Lehre und Rechtsprechung bezüglich der aktienrechtlichen Verantwortlichkeit sehr umfangreich sind und es in den vergangenen 35 Jahren eine intensiv behandelte Thematik war (und immer noch ist), bestehen trotzdem Lücken. Wie zuvor erwähnt, wurde eine empirische Studie zum Problembereich der Entwicklung von aktienrechtlichen Verantwortlichkeitsklagen 2011 veröffentlicht. Bis zum heutigen Tag ist es jedoch nicht gelungen, die grössten und bedeutendsten Verantwortlichkeitsklagen empirisch zu ermitteln und diese in einer Arbeit detailliert darzustellen. Es stellt sich somit die Frage, welche Fälle nach dem Swissair-Grounding und dem Konkurs der Erb-Gruppe die Liste der grössten und bedeutendsten Verantwortlichkeitsklagen anführen. Des Weiteren ist es für Verwaltungsräte teilweise schwierig einzuschätzen, wie weit man gehen muss, um seinen Pflichten nachzukommen. Sicherheitsrisiken können sich oft unerwartet realisieren – wenn sie überhaupt erkannt werden. Bezüglich der aktienrechtlichen Verantwortlichkeitsklagen gibt es zwar einen sehr breiten Katalog bestehend aus diversen Klagegründen, fraglich ist jedoch, welches genau die Hauptklagegründe und häufigsten Fehler von Verwaltungsräten sind und in welcher Reihenfolge diese einzustufen sind. Aufgrund der stetig ansteigenden Anzahl an Verantwortlichkeitsklagen müssen auch die gesetzlichen Anforderungen und der Ausbildungsstand der Verwaltungsräte einerseits, bzw. die gesetzliche Ausgestaltung der Verantwortlichkeit und die damit einhergehende Rechtsprechung andererseits analysiert werden.

B. Zielsetzung

Die aktuell an Verwaltungsräte gestellten Anforderungen betreffend die Haftung und Verantwortlichkeit, ein statistischer Überblick und theoretische

[22] ISLER, Haftung Verwaltungsrat, S. 75; KELLER, MA, S. 2.

Rechtsgrundlagen der Verantwortlichkeitsklage sollen im allgemeinen theoretischen Teil als Basis für die empirische Studie erarbeitet werden. Die vorliegende Arbeit ist insbesondere auf die folgenden drei Ziele ausgerichtet:

- Es wird ein Überblick über die *grössten und bedeutendsten Verantwortlichkeitsklagen* in der Schweiz während den letzten 20 Jahren verschafft. Anhand einer quantitativen und qualitativen Studie werden diese ausfindig gemacht und darauffolgend im Einzelnen zusammengefasst.
- Es werden *die Hauptklagegründe und die generellen Fehler von Verwaltungsräten* anhand einer quantitativen und qualitativen Studie ausfindig gemacht.
- Es wird analysiert, ob die *gesetzlichen Mindestanforderungen und der Ausbildungsstand* der Verwaltungsräte den heutigen Anforderungen der Praxis genügen und ob die *Anforderungen der Rechtsprechung an die Verantwortlichkeit und Haftung von Verwaltungsräten* angemessen ist. Die Analyse findet anhand einer quantitativen und qualitativen Studie statt.

C. Methodik

Die Bearbeitung des Themas «Verantwortlichkeitsklagen in der Schweiz während den letzten 20 Jahren» erfolgt in vier Schritten.

In einem ersten Schritt wird die Thematik anhand der gesetzlichen Grundlagen, der Lehre sowie der Rechtsprechung untersucht, um einen Überblick über die zahlenmässige Entwicklung und die Rechtsgrundlagen der Verantwortlichkeitsklage zu präsentieren. Der Ausgangspunkt dafür ist die Darstellung der aktuellen Anforderungen an die Haftung und Verantwortlichkeit von Verwaltungsräte und ein statistischer Überblick über die Verantwortlichkeitsklagen. Anhand einer Zusammenfassung bereits bestehender Studien und neu erarbeiteter Statistiken wird gezeigt, wie sich die Anzahl an Klagen und Vergleiche in den vergangenen Jahren auf Kantons- und Bundesebene entwickelt haben. Zusätzlich werden die aktuellen Rechtsgrundlagen der Verantwortlichkeitsklage anhand aktueller Literatur und Rechtsprechung wiedergegeben.

In einem zweiten Schritt werden einerseits die fünf grössten und bedeutendsten Verantwortlichkeitsklagen der letzten 20 Jahre anhand einer quantitativen Studie ausfindig gemacht. Dafür wird per E-Mail ein Online-Umfragebogen an Sachwalter/Liquidatoren, Versicherungen, Anwälte, Personen aus der Lehre, Gerichte und Verwaltungsräte zugestellt. Andererseits werden anhand derselben quantitativen Studie die Hauptklagegründe, eingeteilt in Fallgruppen, eruiert. Hierbei besteht die Basis nicht aus den grössten und bedeutendsten, sondern aus sämtlichen Verantwortlichkeitsklagen der vergangenen 20 Jahre. Zusätzlich soll anhand derselben quantitativen Studie ermittelt werden, ob die gesetzlichen Mindestanforderungen und der Bildungsstand der heutigen Verwaltungsräte und Organpersonen ausreicht oder ob allenfalls ein Verbesserungspotential besteht. Hierbei wird ebenfalls nachgefragt, ob die aktuelle Gesetzgebung und Rechtsprechung betreffend die Verantwortlichkeit von Organpersonen angemessen ist oder ob sie zu geringe, bzw. zu hohe Anforderungen an die Haftung und Verantwortlichkeit stellen. Aufbauend auf der quantitativen Studie, sollen Erkenntnisse und Resultate durch eine qualitative Studie ergänzt, bzw. erweitert werden. Begründet wird dies dadurch, dass durch ein abgestuftes Vorgehen hinsichtlich quantitativer und qualitativer Studie unerwartete Resultate und Resultate mit offener Interpretationsmöglichkeit besser antizipiert werden können. Dadurch sollen die Ergebnisse grundsätzlich detaillierter und aussagekräftiger ausfallen, als bei einem Direktvergleich beider Studien. Dafür werden gezielt Interviews mit Sachwaltern/Liquidatoren, Versicherungen, Anwälten, Personen aus der Lehre und Verwaltungsräten geführt.

In einem dritten Schritt werden die vorher aufgeführten Studien anhand deskriptiver Statistiken analysiert und die grössten und bedeutendsten Verantwortlichkeitsklagen auf jeweils zwei Seiten wiedergegeben. Eine Auswahl der fünf grössten und bedeutendsten Fälle wird auf ca. fünf Seiten pro Fall zusammengefasst. Auf die konkrete Vorgehensweise der beiden empirischen Studien wird am Anfang des besonderen praktischen Teils genauer eingegangen.[23]

Zum Schluss werden die gewonnenen Resultate aus der qualitativen und quantitativen Studie zusammengefasst, verglichen und Empfehlungen für verschiedene Interessengruppen werden ausgearbeitet.

D. Begriffsbestimmung

1. Allgemeines

Damit Klarheit besteht und keine Missverständnisse auftauchen, werden im Folgenden die wichtigsten Begriffe, welche in der vorliegenden Arbeit von

[23] Mehr dazu: Teil III. A.

zentraler Bedeutung sind, kurz definiert. Standartbegriffe wie z.B. Aktiengesellschaft, Aktionär oder Gläubiger werden nicht näher definiert und als bekannt vorausgesetzt. Im allgemeinen theoretischen Teil wird die Mehrheit dieser vordefinierten Begriffe weiter ausgeführt.

2. Verwaltungsrat und Organe

Als Körperschaft bedarf die AG einer Organisation, wobei Aufgaben bestimmten Funktionsträgern, welche man als Organe (Generalversammlung, Verwaltungsrat, Revisionsstelle) bezeichnet, zugeordnet werden.[24] Gemäss Art. 707 ff. OR ist der Verwaltungsrat als aktienrechtliche Exekutive, bzw. als das ausführende Organ der AG vorgesehen.[25] Generell wird zwischen formellen, faktischen und materiellen Organen sowie sogenannten Organen infolge Kundgabe unterschieden.[26] Der Verwaltungsrat unterliegt der aktienrechtlichen Verantwortlichkeit gemäss Art. 754 Abs. 1 OR, wobei Art. 716a und Art. 717 OR dem Verwaltungsrat unübertragbare Aufgaben sowie eine Sorgfalts- und Treuepflicht auferlegen. Dem Verwaltungsrat obliegt einerseits die gesellschaftsinterne Geschäftsführung und andererseits die Vertretung der AG gegenüber Dritten. Es besteht eine Kompetenzvermutung zugunsten des Verwaltungsrats.[27]

Der Begriff «Verwaltungsrat» bzw. «Verwaltungsräte» hat eine zweifache Bedeutung.[28] Er wird nicht nur für die Gesamtheit dieses Organs, sondern auch für das einzelne Mitglied verwendet. In der herrschenden Lehre wird der Begriff «Verwaltungsrat» ebenfalls gelegentlich im doppelten Sinne verwendet.[29] Andererseits empfehlen FORSTMOSER/MEIER-HAYOZ/NOBEL den Begriff «Mitglied des Verwaltungsrates» für das einzelne Organ zu verwenden.[30] Seitens des Bundesgericht muss erwähnt werden, dass dieses den Begriff «Verwaltungsrat» immer im doppelten Sinne aufgefasst hat.[31] Ebenso wird in der vorliegenden Arbeit der Begriff «Verwaltungsrat» unter der zweifachen Bedeutung verstanden, was dem allgemeinen Sprachgebrauch in der Schweiz

[24] VON BÜREN/STOFFEL/WEBER, S. 121.
[25] FORSTMOSER/MEIER-HAYOZ/NOBEL, S. 277.
[26] Mehr dazu: Teil II. B.; BÄRTSCHI, Verantwortlichkeit, S. 97 ff.; VON BÜREN/STOFFEL/WEBER, S. 122.
[27] Mehr zur Thematik Verwaltungsrat: MÜLLER/LIPP/PLÜSS, Der Verwaltungsrat.
[28] Mehr dazu: MÜLLER/LIPP/PLÜSS, S. 1, Fusszeile 1.
[29] Vgl. BÖCKLI, Schweizerisches Aktienrecht.
[30] FORSTMOSER/MEIER-HAYOZ/NOBEL, S. 277.
[31] Vgl. BGE 28 II 106; BGE 128 III 129.

entspricht.[32] Falls notwendig, wird im Fliesstext oder in einer Fussnote darauf hingewiesen, um welche Bedeutung es sich im Speziellen handelt.

3. Haftung

Der Grundsatz besagt, dass jeder seinen erlittenen Schaden selbst zu tragen hat (casum sentit dominus). Dieser Grundsatz gilt jedoch nicht, wenn das Rechtssubjekt aus einem Vertrag oder einer Rechtsnorm Ansprüche geltend machen kann.[33] Im allgemeinen Sprachgebrauch bedeutet der Begriff «Haftung» so viel wie: «Das Einstehenmüssen für eine Schuld». Hierbei ist die Haftpflicht aus technischer Warte gesehen: «Die Schuld aus einer Schadenersatzobligation».[34] Bei der Begrifflichkeit des Haftpflichtrechts handelt es sich im weiteren Sinne um die Normgesamtheit, nach der definiert wird, wann und unter welchen Voraussetzungen ein geschädigtes Rechtssubjekt eine Wiedergutmachung vom schädigenden Rechtssubjekt geltend machen kann.[35] Im juristischen Kontext findet der Begriff «Haftpflichtrecht» jedoch eine engere Verwendung, wobei man darunter die ausservertragliche Haftung, basierend auf den Tatbeständen der unerlaubten Handlung gemäss Art. 41 ff. OR versteht.[36] Unter dem Begriff «Haftungs-, bzw. Schadensrecht» wird indessen nur die vertragliche und ausservertragliche Haftung verstanden.[37] Weiter von Bedeutung sind die in Sondergesetzen aufgeführten Haftungstatbestände im Haftpflichtrecht[38], die Geschäftsführung ohne Auftrag, die ungerechtfertigte Bereicherung sowie die Haftung aufgrund einer vorvertraglichen Schädigung (culpa in contrahendo), wobei diesbezüglich die Haftungsgrundlage umstritten ist.[39] Die Qualifizierung der aktienrechtlichen Verantwortlichkeit als Haftungsanspruch ist in der Lehre umstritten und es ist nicht klar, ob sie als Vertragshaftung oder doch eher im Haftpflichtrecht einzuordnen ist.[40]

---

32 MÜLLER/LIPP/PLÜSS, S. 1.

33 ROBERTO, S. 5.

34 WIDMER/KRAUSKOPF, S. 9.

35 FISCHER, S. 50.

36 OFTINGER/STARK, S. 6 ff.; REY, S. 3 f,

37 HONSELL/ISENRING/KESSLER, S. 5 f.; FELLMANN/KOTTMANN, S. 1.

38 Sonderfälle: SVG-Haftung, Arbeitgeberhaftung, Eisenbahnhaftpflicht, Luftfahrthaftpflicht, Arzthaftung, Anwaltshaftung, Haftung aufgrund Verletzung von Immaterialgüterrechten und unlauterem Wettbewerb, Produkthaftpflicht, Umwelthaftung, Softwarehaftung.

39 ROBERTO, S. 6.

40 Mehr dazu: Teil II. D. 2.

4. Verantwortung und Verantwortlichkeit

Nach allgemeiner Auffassung versteht man unter dem Begriff «Verantwortung» die Pflicht einer handelnden Person oder Personenmehrheit (Subjekt) gegenüber einer anderen Person oder Personenmehrheit (Objekt) auf der Basis eines normativen Anspruchs, der durch eine Instanz eingefordert werden kann.[41] Wenn einer Person Verantwortung für eine klar definierte oder für eine andauernde Aufgabe übergeben wird, spricht man nicht von Verantwortung, sondern von «Verantwortlichkeit».[42] Je nach Anwendungsbereich (bspw. Politik, Recht, Ökonomie) des Begriffs «Verantwortung», wird dieser anders definiert, bzw. verändert sich dessen Inhalt. Im juristischen Kontext ist die Verantwortung als die Pflicht einer Person zu verstehen, für ihre Entscheidungen und ihre Handlungen Rechenschaft abzulegen, aufgrund gegebener Rechtsnormen.[43]

Die Verantwortung, bzw. die Verantwortlichkeit ist als die Ursache der Haftung einzuordnen.[44] Gemäss Art. 754 Abs. 1 OR müssen Verwaltungsräte und alle mit der Geschäftsführung oder mit der Liquidation betrauten Personen, die Verantwortung für den Schaden übernehmen, den sie durch absichtliche oder fahrlässige Verletzung ihrer Pflichten der Gesellschaft, den Aktionären und Gläubigern verursachen. Verantwortlich und somit der Haftung unterstellt sind gemäss Bundesgericht «Personen, die tatsächlich Organen vorbehaltene Entscheide treffen oder die eigentliche Geschäftsführung besorgen und so die Willensbildung der Gesellschaft massgebend bestimmen».[45] In der Praxis gelten nicht nur die formell gewählten Verwaltungsräte und Direktoren als Organe, sondern auch die faktischen Organe.[46] Der Organbegriff dient zur Abgrenzung des Personenkreises, welcher den speziellen Bestimmungen der aktienrechtlichen Verantwortlichkeit unterworfen ist.[47] Die Verhältnisse in der Praxis zeigen, dass das vielleicht grösste Haftungsrisiko für Verwaltungsräte und allenfalls auch für weitere Organe nicht durch die aktienrechtliche Verantwortlichkeit hervorgerufen wird, sondern aus der öffentlich-rechtlichen Ordnung hervorgeht, insbesondere aus der Haftung für Steuern und Sozialabgaben aber auch aus dem Strafrecht.[48] Aus diesem Grund ist es notwendig,

---

41 SCHWEMMER, S. 499 ff.

42 SCHWEMMER, S. 499 ff.

43 KAUFMANN, S. 206.

44 MEIER-WEHRLI, S. 1.

45 BGE 117 II 443; Ähnlich auch: BGE 114 V 218.

46 MÜLLER/LIPP/PLÜSS, S. 367; BÖCKLI, S. 2393.

47 FORSTMOSER, Organisation und Organisationsreglement der AG, S. 9.

48 FORSTMOSER, Aktienrechtliche Verantwortlichkeit, S. 293; FORSTMOSER/MEIER-HAYOZ/NOBEL, S. 451.

in dieser Arbeit auch auf die öffentlich-rechtlichen Aspekte der Verantwortlichkeit von Verwaltungsräten und sonstigen Organpersonen einzugehen.

5. Aktienrechtliche Verantwortlichkeit

In der Schweiz basiert die allgemeine Verantwortlichkeitsklage auf aktienrechtlichen, sozialversicherungsrechtlichen, steuerrechtlichen und strafrechtlichen Gesetzesnormen. Im sechsten aktienrechtlichen Abschnitt des Obligationenrechts, welcher den Titel «Verantwortlichkeit» trägt, sind die vier unten aufgelisteten Haftungsarten, bzw. aktienrechtlichen Verantwortlichkeitsklagen aufgelistet (Art. 752–755 OR).[49] Des Weiteren sind unter diesem Abschnitt die Vorschriften betreffend den Schaden der Gesellschaft und Bestimmungen über die Modalitäten der Geltendmachung der Ansprüche in Art. 756–760 OR geregelt.

1. Haftung für den Emissionsprospekt: Art. 752 OR
2. Gründungshaftung: Art. 753 OR
3. Haftung für Verwaltung, Geschäftsführung und Liquidation:
4. Art. 754 OR
5. Revisionshaftung: Art. 755 OR

Unter dem Begriff «aktienrechtliche Verantwortlichkeit» ist insbesondere die Ersatzpflicht eines Organmitglieds einer AG für ein schädigendes Ereignis, ausgelöst durch eine Pflichtwidrigkeit in adäquat kausaler Weise, während der Ausübung organspezifischer Arbeit, zu verstehen.[50] In der Praxis von zentraler Bedeutung ist die Haftung für Verwaltung, Geschäftsführung und Liquidation sowie die Revisionshaftung.[51] Um in den Definitionsbereich des Organmitglieds zu fallen, müssen materielle und funktionelle Voraussetzungen[52] erfüllt sein. Gemäss Art. 754 Abs. 1 OR sind die Mitglieder des Verwaltungsrates und alle mit der Geschäftsführung oder Liquidation befassten Personen für einen allfälligen Schaden haftbar. Dies suggeriert, dass nicht nur formell bestellte, sondern auch faktische Organe von Art. 754 OR erfasst werden.[53]

Obwohl die Begriffe «Verantwortlichkeit» und «Verantwortlichkeitsklage» sämtliche der vier vorher aufgeführten Klagearten, bzw. auch Art. 756-760

[49] Mehr zu den einzelnen Haftungsarten vgl.: MÜLLER/LIPP/PLÜSS, S. 355 ff.; BÖCKLI, S. 2365 ff.; MEIER, S. 339 ff.; VON BÜREN/STOFFEL/WEBER, S. 293 ff.; FORSTMOSER/MEIER-HAYOZ/NOBEL, S. 441 ff.; MÜLLER, unsorgfältige Führung, S. 989 ff.

[50] BÄRTSCHI, Verantwortlichkeit, S. 6.

[51] VON BÜREN/STOFFEL/WEBER, S. 292.

[52] Mehr dazu: Teil II. B.

[53] MÜLLER/LIPP/PLÜSS, S. 352 f.

OR umfassen, sind in der vorliegenden Arbeit diese beiden Begriffe, wenn alleinstehend, im Zusammenhang mit der Haftung für Verwaltung, Geschäftsführung und Liquidation gemäss Art. 754 OR, oder im Zusammenhang mit der sozialversicherungs-, steuer- oder strafrechtlichen Verantwortlichkeit zu verstehen. Werden die Begriffe «Verantwortlichkeit» und «Verantwortlichkeitsklage» ausnahmsweise mit einer der drei anderen Klagearten, bzw. den Art. 756-760 OR in Verbindung gebracht, wird dies im Fliesstext erkennbar sein oder in einer Fussnote vermerkt. Für weitere und detailliertere Ausführungen zur aktienrechtlichen Verantwortlichkeit gemäss Art. 754 OR wird auf den nachfolgenden Teil der vorliegenden Arbeit verwiesen.[54]

6. Hauptklagegrund

Beim Begriff «Klagegrund» handelt es sich in der vorliegenden Arbeit um den Grund, welcher zu einer aktienrechtlichen Verantwortlichkeitsklage führt. Dementsprechend gelten in der vorliegenden Arbeit als «Hauptklagegrund» die Klagegründe, durch welche in den vergangenen 20 Jahren am meisten aktienrechtliche Verantwortlichkeitsklage, bzw. -ansprüche ausgelöst wurden und zwar ungeachtet dessen, ob diese durch einen gerichtlichen Vergleich oder ein Urteil erledigt wurden. Ein Hauptklagegrund kann dementsprechend auch als der Hauptvorwurf an den fehlbaren Verwaltungsrat gesehen werden. Im Einzelfall gibt es vor Gericht meistens mehrere Beschwerdegründe, welche umstritten sind. Unter dem Begriff «Hauptklagegrund» ist in der vorliegenden Arbeit daher der zentrale Hauptbeschwerdegrund eines Falles zu verstehen. Von der juristischen Lehre wurden im Zusammenhang mit der aktienrechtlichen Verantwortlichkeitsklage bereits Fallgruppen hinsichtlich den möglichen Klagegründen gebildet.[55] VON DER CRONE und BÖCKLI leisteten hierzu grundlegende Arbeit, welche auch in der vorliegenden Arbeit als Basis für die Ermittlung der Hauptklagegründe dient.[56]

7. Organhaftpflichtversicherung

Da das Vorliegen einer Pflichtwidrigkeit nicht immer einfach zu bestimmen und somit das Risiko diesbezüglich hoch ist, besteht eine Rechtunsicherheit seitens der Verwaltungsräte.[57] Das latente Risiko hat einen Nachfrageschub

54 Mehr dazu: Teil II. D.
55 Mehr dazu: Teil II. D. 4. b) (2).
56 Vgl. BÖCKLI, Schweizerisches Aktienrecht; VON DER CRONE, Haftungsbeschränkung.
57 BÄRTSCHI, Verantwortlichkeit, S. 39.

nach Versicherungsschutz ausgelöst, welcher mit einem ebenso grossen Angebot an Versicherungslösungen bedient wird. Mit der Organhaftpflichtversicherung soll das Risiko gedeckt werden, als Verwaltungsrat haftpflichtig zu werden. Diese Art von Versicherung kann als Einzel- oder Kollektivversicherung ausgestaltet werden.[58] Das gängigste Versicherungskonstrukt für Verwaltungsräte ist jedoch die D&O-Versicherung (Directors & Officers liability insurance).[59] Hierbei handelt es sich um ein komplexes Versicherungsprodukt, welches eine breite Abdeckung ermöglicht, jedoch auch Deckungsausschlüsse beinhaltet.[60] Der Abschluss einer D&O-Versicherung erfolgt global für alle Geschäftsführenden Personen der Gesellschaft, also nicht nur für Verwaltungsräte, sondern auch Mitglieder der strategischen und operativen Führungsebene sowie Mitarbeiter mit einer faktischen Organfunktion.[61] Davon nicht erfasst werden strafbare Handlungen und Unterlassungen, Personen-, Sach- und Umweltschäden, die Innenhaftung, Haftung für Sozialabgaben, Ansprüche von Aktionären ab 15-20% Stimmrecht, Haftung aus beruflicher Beratung gegenüber der Gesellschaft, Ehrverletzung und Geldwäscherei.[62] Diese Risiken lassen sich teilweise zusätzlich versichern. Im Gegensatz zur Einzel- und Kollektivorganhaftpflichtversicherung läuft der Versicherungsschutz nach Beendigung des Verwaltungsratsmandates weiter, solange der Versicherungsvertrag besteht.[63]

E. Abgrenzungen

1. Örtlich

Die vorliegende Arbeit ist auf Verantwortlichkeitsklagen nach schweizerischem Recht, bzw. auf Sachverhalte, welche Schweizer Unternehmungen betreffen, beschränkt. Ausschlaggebend ist daher generell die nationale Gesetzgebung, Rechtsprechung und Literatur. Aus diesem Grund wird auf einen Rechtsvergleich, bzw. auf rechtsvergleichende Aspekte verzichtet. Auf internationales Recht und ausländische Rechtsordnungen wird nur hingewiesen, sofern dies für das Verständnis der Thematik, bzw. der Rechtslage in der Schweiz massgebend ist.

---

58 MÜLLER/LIPP/PLÜSS, S. 418.
59 Mehr dazu: Teil II. D. 4. b) (4).
60 MÜLLER/LIPP/PLÜSS, S. 419.
61 BÄRTSCHI, Verantwortlichkeit, S. 39.
62 MÜLLER, VR-Sekretär, S. 1048.
63 MÜLLER/LIPP/PLÜSS, S. 420.

2. Sachlich

In sachlicher Hinsicht ist diese Arbeit auf die aktienrechtliche Verantwortlichkeit der Verwaltungsräte in Aktiengesellschaften beschränkt. Dies lässt sich dadurch begründen, dass in der Aktiengesellschaft eine klare Trennung zwischen strategischer Führung und operativer Tätigkeit gegeben ist. Ansonsten ist eine derart klare Trennung bei keiner anderen Gesellschaftsform nach schweizerischem Recht der Fall. Der Fokus ist daher auf die strategische Führungsebene ausgerichtet. Aus diesem Grund liegt der Schwerpunkt auf der Haftung für Verwaltung, Geschäftsführung und Liquidation gemäss Art. 754 OR. Da die Prospekthaftung gemäss Art. 752 OR und die Gründungshaftung gemäss Art. 753 OR nicht in direktem Zusammenhang mit der strategischen Führungsebene stehen, werden diese Formen der Verantwortlichkeit nicht behandelt. Der Revisionshaftung nach Art. 755 OR kommt ebenfalls keine zentrale Bedeutung zu. Auch die vertragliche und ausservertragliche Haftung sowie die aktienrechtliche Rückerstattungspflicht wird nicht behandelt.

Da jährlich zahlreiche Urteile aufgrund der sozialversicherungs- und steuerrechtlichen Verantwortlichkeit ergehen, findet nebst der zivilrechtlichen auch die öffentlich-rechtliche, bzw. die verwaltungsrechtliche Verantwortlichkeit in der zuvor erwähnten Konstellation Einzug in dieser Arbeit. Da die aktien- und strafrechtliche Verantwortlichkeit zusammenhängen und in vielen Fällen neben aktienrechtlichen Verantwortlichkeitsklagen auch strafrechtliche Verfahren gegen verantwortliche Verwaltungsräte und Organpersonen geführt werden, kommen auch die damit zusammenhängenden strafrechtlichen Aspekte zur Anwendung. Auf prozessuale Aspekte von Verantwortlichkeitsklagen wird mehrheitlich verzichtet.

Abschliessend wird festgehalten, dass diese Arbeit keinen Anspruch auf Vollständigkeit erhebt. Aufgrund der Komplexität und Vielfältigkeit der Thematik «Verantwortlichkeitsklage» kann diese nicht in allen Einzelheiten wiedergegeben werden. Es wird fortlaufend auf Werke verwiesen, welche die nicht ausführlich behandelten Aspekte weiter und genauer erklären.

3. Zeitlich

Da diverse Publikationen und die Rechtsprechung für das Jahr 2017 noch nicht vollständig vorliegen, wird die Zeitperiode, welche gemäss Titel der Arbeit 20 Jahre beträgt, auf den Zeitraum von Anfang 1996 bis Ende 2016 gesetzt. Fälle, in denen noch kein Vergleich geschlossen oder noch kein rechtskräftiges Urteil gefällt wurde, können aufgrund der nicht vorhersehbaren Entwicklung nicht behandelt werden.[64] Bei der Auswahl der Fäll ist die Gesamtdauer des Falles entscheidend. Deshalb werden Fälle einbezogen, deren Sachverhalt, bzw. deren Prozess- oder Verhandlungsverlauf in die Zeitperiode der letzten 20 Jahre fällt. Bei allfälligen grossen und bedeutenden Fällen, welche vor der 20-jährigen Zeitperiode ein abgeschlossenes Element vorweisen, wird eine Ausnahme vorbehalten. Sofern möglich, werden auch Publikationen und die Rechtsprechung aus dem Jahr 2017 herangezogen. Historische Aspekte sowie generelle Bereiche der Rechtsgeschichte vor der erwähnten 20-jährigen Zeitperiode sind nicht Gegenstand der vorliegenden Arbeit. Es wird dementsprechend auch nur auf rechtliche Entwicklungen nach der Aktienrechtsrevision von 1992 eingegangen

[64] Auswahl an aktuell laufenden Verantwortlichkeitsklagen: Glarner Kantonalbank (GLKB), Petroplus, ASE und Basler Kantonalbank, Behring-Anklage, Schmolz + Bickenbach, Sika usw.

II. Allgemeiner theoretischer Teil

A. Allgemeines

Im Vergleich mit ausländischen Rechtsordnungen ist die aktienrechtliche Verantwortlichkeit in der Schweiz bereits seit der Reform von 1963 ein hoch entwickelter und komplexer Rechtsbereich mit umfassender Gerichtspraxis und Literatur.[65] Deshalb wird in einem ersten Schritt die direkten und indirekten Anforderungen an Verwaltungsräte untersucht. Danach folgt ein statistischer Überblick über die Verantwortlichkeitsklagen, um deren Bedeutung zu zeigen. Anschliessend werden die zivilrechtlichen Grundlagen der Verantwortlichkeitsklage erörtert. Schlussendlich wird der theoretische Teil mit einer Übersicht über sozialversicherungs-, steuer- und strafrechtliche Aspekte der Verantwortlichkeitsklage beendet.

B. Anforderungen an Verwaltungsräte unter dem Aspekt der Verantwortlichkeit

1. Direkte gesetzliche Anforderungen

a) Natürliche Person

Vorweg ist zu erwähnen, dass das Gesetz nur formelle Voraussetzungen nennt. Gemäss Art. 707 Abs. 1 OR sind juristische Personen nicht als Mitglieder des Verwaltungsrates wählbar. Im Umkehrschluss bedeutet dies, dass nur natürliche Personen als Verwaltungsrat tätig werden können. An Stelle von juristischen Personen können aber deren Vertreter in den Verwaltungsrat gewählt werden.[66]

b) Handlungsfähigkeit

Für die Wahl in den Verwaltungsrat genügt nach einem BGE aus dem Jahr 1958 grundsätzlich die Urteilsfähigkeit, womit unmündige Urteilsfähige und

---

[65] Eine Umfangreiche Abhandlung bezüglich der aktienrechtlichen Verantwortlichkeit findet sich bei: BÖCKLI, Schweizerisches Aktienrecht, § 18; FORSTMOSER/MEIER-HAYOZ/NOBEL, Schweizerisches Aktienrecht, § 36; MÜLLER/LIPP/PLÜSS, Der Verwaltungsrat, § 4; MÜLLER, Unsorgfältige Führung, § 21.

[66] Art. 707 Abs. 3 OR; FORSTMOSER/MEIER-HAYOZ/NOBEL, S. 280.

unter Beistandschaft stehende Urteilsfähige trotz fehlender Handlungsfähigkeit wählbar wären.[67] Seit diesem Entscheid befasste sich das Bundesgericht nicht mehr mit dieser Rechtsfrage.[68] Die Lehre lehnt diesen Entscheid mehrheitlich ab. Gemäss BÖCKLI «kann das Amt des Verwaltungsrates nur antreten, ausüben und beibehalten, wer handlungsfähig ist».[69] Weder im Aussen- noch im Innenverhältnis ist eine nicht handlungsunfähige oder beschränkt handlungsfähige Person in der Lage, die Aktiengesellschaft gegen aussen zu vertreten, bzw. die Geschäfte der Gesellschaft zu führen.[70] Denn für jeden wesentlichen Geschäftsakt wäre die Zustimmung des gesetzlichen Vertreters notwendig, was kaum praktikabel ist.

c) Aktionärseigenschaften

Im Rahmen der OR-Revision wurde 2005 (Inkraftsetzung: 1. Januar 2008) das Erfordernis, dass jedes Mitglied des Verwaltungsrates Aktionär sein muss, abgeschafft. Hierbei handelte es sich um eine Ordnungsvorschrift mit zwingendem Charakter.[71] Nach wie vor ist es zulässig, in den Statuten die Aktionärseigenschaft als Voraussetzung für den Verwaltungsrat vorzuschreiben.[72] Gemäss Art. 702a OR haben Mitglieder des Verwaltungsrates, die nicht Aktionäre sind, das Recht, an der Generalversammlung teilzunehmen und Anträge zu stellen. Jedoch haben diese keine Stimmrechte und auch keine anderen Mitwirkungsrechte wie z.B. das Anfechtungsrecht.[73]

Aus dem Betrachtungspunkt der Incentivierung wäre es wünschenswert, wenn jedes Mitglied des Verwaltungsrates eine nach seinen finanziellen Verhältnissen anteilsmässige und mehr oder weniger ins Gewicht fallende Beteiligung an der von ihm geleiteten Gesellschaft hält.[74] Dementsprechend wird in grösseren, kotierten Aktiengesellschaften, mit Blick auf den Shareholder Value, des Öfteren ein Teil des VR-Honorars in Aktien, bzw. in Aktienoptionen ausgerichtet.[75] Es gilt jedoch zu beachten, dass eine solche Performanceabhängige variable Vergütung zu einem Verwässerungseffekt führt.

---

[67] BGE 84 II 677 E. 3: Es handelt sich um eine wegen einer Straftat entmündigte, jedoch urteilsfähige Person.

[68] VON DER CRONE, Aktienrecht, S. 192.

[69] BÖCKLI, S. 1554.

[70] BÖCKLI, S 1554.

[71] VON DER CRONE, Aktienrecht, S. 193.

[72] MÜLLER/LIPP/PLÜSS, S. 13.

[73] MÜLLER/LIPP/PLÜSS, S. 13.

[74] FORSTMOSER/MEIER-HAYOZ/NOBEL, S. 278 f.; BÖCKLI, S. 1553.

[75] MÜLLER/LIPP/PLÜSS, S. 13.

d) Wohnsitz

Mit der zuvor erwähnten Gesetzesänderung im Jahr 2005 wurde auf das Nationalitäts- und Wohnsitzerfordernis verzichtet. Nach alter Regelung musste die Mehrheit der Mitglieder des Verwaltungsrates den Wohnsitz in der Schweiz haben und das schweizerische Bürgerrecht besitzen.[76] Durch die neue Regelung wird lediglich noch verlangt, dass die Gesellschaft durch eine Person mit Wohnsitz in der Schweiz vertreten werden kann. Gemäss Art. 718 Abs. 4 OR kann dies ein Mitglied des Verwaltungsrates oder ein Direktor sein. Des Weiteren muss dieses Mitglied Gemäss Art. 718 Abs. 3 OR zur Vertretung befugt, bzw. durch Einzelunterschrift voll zeichnungsberechtigt sein.[77] Dazu kann auch die Konstellation von zwei Verwaltungsräten mit Kollektivunterschrift und Wohnsitz in der Schweiz gewählt werden.[78] Die neue Regelung kann daher durch ein Mitglied der Geschäftsleitung erfüllt werden[79] und beseitigt einen Standortnachteil für schweizerische Aktiengesellschaften und die Diskriminierung von in der Schweiz lebenden Personen mit ausländischem Bürgerrecht. Auf der anderen Seite wird durch diese Neuregelung die Belangung von fehlbaren Verwaltungsräten nach aktienrechtlicher Verantwortlichkeit aufgrund deren ausländischen Wohnsitz erschwert.[80] Eine Analyse der 20 SMI-Unternehmungen zeigt, dass 52.1% der Verwaltungsräte ihren Wohnsitz ausserhalb der Schweiz haben.[81] Davon sind 51.4% im Einzugsgebiet des Lugano-Übereinkommens wohnhaft.

e) Unabhängigkeit der Revisionsstelle

Gemäss Art. 728 OR besteht die Notwendigkeit, dass die Revisionsstelle unabhängig ist, um ihr Prüfungsurteil bilden zu können. Indirekt bedeutet dies, dass bei persönlichen und/oder vertraglichen Beziehungen eines Verwaltungsrates zur Revisionsstelle das Unabhängigkeitserfordernis und die Aufzählung gemäss Art. 728 Abs. 2 OR speziell zu beachten ist. Im Gesetz zwar nicht vorgesehen, unter Corporate-Governance-Aspekten jedoch von zentraler Bedeutung ist, dass Ausschüsse des Verwaltungsrates mit Personen besetzt werden, die nicht bereits Funktionen der operativen Führung besetzten.[82]

---

76 Botschaft, Revision Obligationenrecht 2001, S. 3229.
77 Dazu ausführlich: Müller, Haftung für Unterschriften, S. 187 ff.
78 Böckli, S 1554.
79 Von der Crone, Aktienrecht, S. 197.
80 Müller/Lipp/Plüss, Der Verwaltungsrat, S. 15.
81 Dasser/Roth, S. 249 f.
82 Mehr zur Unabhängigkeit des Verwaltungsrates: Müller/Lipp/Plüss, S. 15 ff.

f) Zusätzliche Anforderungen bei kotierten Gesellschaften und Banken

Kotierte Gesellschaften müssen gemäss Art. 12 VegüV die maximale Mandatsanzahl ihrer VR-Mitglieder in den Statuten festlegen. Aus Sicht der Corporate Governance ist es in vielen Fällen schwierig, mehrere Mandate in grösseren Gesellschaften nebenamtlich zu bewältigen. Nach MÜLLER/LIPP/PLÜSS ist eine statutarische Begrenzung auf maximal neun VR-Mandate, bzw. auf maximal drei Mandate in bedeutenden oder kotierten Gesellschaften als sinnvoll zu erachten.[83] Der Gesamtarbeitsaufwand eines Verwaltungsrates sollte jedoch im Einzelfall evaluiert werden, da der Aufwand je nach Gesellschaft und Organisation eines Verwaltungsrates unterschiedlich ausfällt.

Zur Erlangung der Bankenbewilligung, welche durch die FINMA erteilt wird, muss eine mit der Geschäftsführung und Verwaltung einer Bank betraute Person gemäss Art. 3 Abs. 2 lit. c BankG einen guten Ruf geniessen und Gewähr für eine einwandfreie Geschäftstätigkeit bieten.[84] Konkret wird hierzu von der FINMA die fachliche Qualifikation und die persönliche Integrität der VR-Mitglieder bezüglich einer soliden Geschäftsführung geprüft («Fit & Proper- Test»).[85]

2. Indirekte Anforderungen und Rechtsprechung

a) Übersicht

Persönliche Fähigkeiten als materielle Voraussetzung eines VR-Mandats sind im Obligationenrecht nicht ausdrücklich vorgeschrieben. Es gibt weder eine behördliche Zulassung, noch Alters- und Mandatszahlbeschränkungen.[86] Die Frage nach der Erfüllung der Mindestanforderungen eines zukünftigen VR-Mitglieds überlässt das Gesetz dem Wahlentscheid der Generalversammlung. Die liberalen Voraussetzungen an die persönlichen Fähigkeiten eines Mitglieds des Verwaltungsrates stehen im Gegensatz zu den Anforderungen an die Revisionsstelle, wobei dies nicht bedeutet, dass die persönliche Befähigung eines Verwaltungsrates rechtlich irrelevant ist.[87] Nämlich ergeben sich

---

[83] Anmerkung: Mehrere VR-Mandate im Konzern werden als einzelnes Mandat gezählt.; BÖCKLI, S. 1547.

[84] Mehr dazu: VON BÜREN, S. 63 ff.

[85] MÜLLER/LIPP/PLÜSS, S. 21.

[86] BÖCKLI, S. 1555.

[87] DRUEY/GLANZMANN, S. 188.

aus dem Katalog der unübertragbaren und unentziehbaren Aufgaben gemäss Art. 716a OR[88] sowie aus der Sorgfalts- und Treuepflicht gemäss Art. 717 und Art. 718 OR objektive Anforderungen an die Tätigkeit der Verwaltungsräte.[89] Dadurch wird indirekt der Mindeststandard an persönlichen Fähigkeiten, der notwendig ist, um als Mitglied eines Verwaltungsrates tätig zu werden, für den Einzelfall definiert. Bei etwaiger Unkenntnis, Unfähigkeit, fehlender Leistungsfähigkeit oder bestehenden Interessenskonflikten, trifft das VR-Mitglied ein Annahme-, bzw. Übernahmeverschulden[90].[91]

Ähnlich wie VON DER CRONE, ist auch BÖCKLI der Meinung, dass mittelbar wirksame Kriterien für ein Mitglied des Verwaltungsrates bestehen.[92] Als erstes Kriterium werden die *Grundkenntnisse der Rechnungslegung* aufgeführt, da der Verwaltungsrat die Verantwortung dafür trägt, dass der Jahresabschluss mit den Grundsätzen der Rechnungslegung übereinstimmt. So muss ein Verwaltungsrat die Zusammenhänge aus Bilanz, Erfolgsrechnung, Geldflussrechnung und den Berichten der Revisionsstelle verstehen. Als zweites werden *Grundkenntnisse über die rechtlichen und wirtschaftlichen Zusammenhänge* erwähnt, da diese hinsichtlich der Einhaltung der durch das Bundesgericht angewandten Business Judgement Rule unabdingbar sind[93]. Zuletzt ist die *Bereitschaft zur persönlichen Mitwirkung* von Bedeutung, welche sich aus der persönlichen Natur der unübertragbaren und unentziehbaren Aufgaben gemäss Art. 716a OR ergibt.[94]

b) Steigende Anforderungen an den Verwaltungsrat

Der Verwaltungsrat ist in letzter Zeit in den Mittelpunkt der Corporate Governance-Diskussion[95] gerückt. Damit einhergehend haben sich auch die Anforderungen aus wirtschaftstheoretischer, rechtlicher aber auch politischer Warte erhöht, was dazu führt, dass diese in der Praxis zum Teil über das

---

[88] Die Checkliste zur Erfüllung der Aufgaben des Verwaltungsrates von MÜLLER zeigt den tatsächlichen Umfang an Aufgaben, der mit den unübertragbaren und unentziehbaren Aufgaben zusammenhängt. Vgl. hierzu: MÜLLER/LIPP/PLÜSS, S. 798 ff.

[89] VON DER CRONE, Aktienrecht, S. 193.

[90] Mehr zum Annahmeverschulden: KUNZ, S. 1 ff.; BÄRTSCHI, Verantwortlichkeit, S. 258 f. und 303 f.; ISLER, Übernahmeverschulden, S. 1 ff.

[91] VON DER CRONE, Aktienrecht, S. 193; DRUEY/GLANZMANN, S. 188 f.

[92] BÖCKLI, S. 1555.

[93] Mehr dazu: Teil II. D. 4. b) (4).

[94] Zu den drei Kriterien eingehend: ROTH, S. 130 ff.

[95] Bei Corporate Governance-Richtlinien handelt es sich zwar nicht um Gesetzesrecht, trotzdem werden dadurch gewisse Anforderungen bezüglich der Beurteilung der Sorgfaltspflicht aufgestellt. Vgl. Swiss Code of Best Practice, S. 9 ff.

Machbare hinausgehen. Diese Entwicklung führt zu einer sogenannten «Expectation Gap» zwischen den Erwartungen der Share- und Stakeholder und der Leistung, die ein Verwaltungsrat unter dem Einfluss von latenten Risiken, unvollständiger Information und beschränkter Zeit für seine Mandatsausübung tatsächlich erbringen kann.[96] Dazu kommt, dass aufgrund der hohen Komplexität des Tätigkeitsbereichs[97], die rechtlichen Pflichten, der damit verbundene Verantwortlichkeitsbereich und schlussendlich die daraus entstehenden Risiken nicht allen Verwaltungsräten bekannt sind. Durch die zunehmende regulatorische Dichte steigt die rechtliche Komplexität heutzutage dementsprechend mehr denn je, wobei diese ohne juristische Fachkenntnisse oder Beratung immer schwieriger zu bewältigen werden. Damit einhergehend steigen auch die Bussensummen, insbesondere bei global tätigen Gesellschaften.[98]

Diese Entwicklungen führen dazu, dass Verwaltungsräte und Organpersonen von global tätigen Unternehmungen rechtliche Risiken als die gefährlichste Bedrohung sehen und nicht mehr die Unternehmensrisiken[99] im Mittelpunkt stehen.[100] In den traditionell stark regulierten Branchen, wie z.B. der Finanz-, Öl-, Pharma- und der Aviatikindustrie ist diese Entwicklung umso mehr festzustellen. Wie das nächste Kapitel ausführlich zeigt, nahm aufgrund der fortschreitenden Globalisierung und anhaltenden Regulierung die Anzahl Verantwortlichkeitsklagen und die Anzahl gestellter Ansprüche gegen Verwaltungsräte und Organpersonen, welche durch einen Vergleich gelöst werden, in der Vergangenheit zu.[101] Dies führt zur Problematik, dass sich Verwaltungsräte risikoavers verhalten, was kaum im Interesse der Gesellschaft und der Aktionäre liegt.[102] So besteht in der Praxis das Anliegen, eine gewisse Milde bei der Verantwortlichkeit walten zu lassen, um wirtschaftlich erforderliche, aber risikobehaftete Geschäftsentscheide nicht bereits im Voraus zu unterdrücken.[103] Es stellt sich daher die Grundsatzfrage, ob insbesondere die aktienrechtliche Verantwortlichkeit noch zeitgemäss ausgestaltet ist, oder ob es einer Anpassung an die aktuellen Verhältnisse bedarf.

Die umfangreiche Haftung des Verwaltungsrates, welche teilweise ausserhalb des Einflussbereichs dessen liegt, was dieser leisten kann, lässt sich anhand

---

96 SCHENKER, Verwaltungsrat, S. 2.
97 Je nach Grösse der Gesellschaft und Branche kann der Grad der Komplexität stark variieren.
98 GERHARD, S. 254.
99 Bspw. wirtschaftliche Entwicklung, technologische Unsicherheit, Umweltgefahren, usw.
100 KURER, S. 329.
101 Mehr dazu: Teil II. C.
102 VON DER CRONE/BUFF, S. 449; VOGT/BÄNZIGER, S. 30.
103 RUSTERHOLZ/HELD, S. 196.

folgendem Fall[104] veranschaulichen. Unternehmung X stellt auf ihrem Areal Besucherparkplätz zur Verfügung. Entlang der Längsseite eines Besucherparkplatzes ist eine ca. 30 cm hohe und 20 cm breite Mauer angebracht. Hinter der Mauer befindet sich eine ca. 2 m tiefer gelegene Zufahrt zu einem unterirdischen Lagerraum. Als Person A und B wieder in ihr auf diesem Parkplatz parkiertes Auto einsteigen wollten, stürzt Person B auf der Beifahrerseite über die Mauer in den 2 m tiefen Abgrund und erlitt dabei schwere Verletzungen. Der Verwaltungsrat von Gesellschaft X wurde deswegen der fahrlässigen schweren Körperverletzung gemäss Art. 125 StGB schuldig gesprochen und wurde mit einer Busse von CHF 1'000 bestraft. Dem Verwaltungsrat kommt aufgrund Art. 58 OR (Werkeigentümerhaftung) eine Garantenstellung zu. Ihm wurde vorgeworfen, dass durch den markierten Parkplatz neben einem 2 m tiefen Abgrund eine Gefahr geschaffen wurde, die durch ein Geländer hätte beseitigt werden müssen.

c) Leistungsfähigkeit der aktienrechtlichen Verantwortlichkeit

Grundsätzlich sollte das Haftpflichtrecht die folgenden drei Funktionen[105] erfüllen: Als erstes soll der Schaden, der durch pflichtwidriges Verhalten entstanden ist, im Nachhinein ausgeglichen werden. Zweitens soll das Verhalten der Akteure präventiv gesteuert werden, indem durch die richtige Incentivierung zu einem nicht schädigenden Verhalten animiert wird. Zum Dritten soll eine begangene Rechtswidrigkeit durch das Haftpflichtrecht gesühnt und der Rechtsfrieden wiederhergestellt werden.[106] Die Leistungsfähigkeit beurteilt sich aus der Erfüllung dieser Funktionen und den Voraussetzungen der Quantifizierbarkeit eines Schadens und der Schadenstragungsfähigkeit der haftenden Person.[107] Gemäss VON DER CRONE und BLOCH werden die drei Funktionen von der aktienrechtlichen Verantwortlichkeit zumindest bei grösseren Gesellschaften nur beschränkt erfüllt.[108]

Besonders in der finanziellen Dimension unterscheidet sich die aktienrechtliche Verantwortlichkeit deutlich von der allgemeinen privatrechtlichen Haftpflicht. Eine Pflichtverletzung eines Verwaltungsrates oder eines Geschäftsleitungsmitglieds kann zu weder tragbaren noch realistisch versicherbaren

[104] Urteil BGer 6S.87/2003 vom 6. Juni 2003.
[105] Schadensausgleich, Verhaltenssteuerung, Herstellung des Rechtsfriedens.
[106] Mehr zu den allgemeinen Funktionen des Haftpflichtrechts: OFTINGER/STARK, S. 1 ff.
[107] VON DER CRONE/BUFF, S. 445.
[108] VON DER CRONE/BLOCH, S. 86.

Grossschäden führen, welche schlussendlich vom Aktionariat und den Gläubigern getragen werden.[109] Denn die Deckungslimiten von D&O-Versicherungen betragen für grössere Gesellschaften CHF 10-30 Mio., für internationale Gesellschaften CHF 20-50 Mio. und für internationale Grosskonzerne und grössere Finanzinstitute ca. CHF 200 Mio.[110] Weiter bestehen unterschiedliche Haftungsausschlussgründe. Bei grösseren Gesellschaften vermag daher die aktienrechtliche Verantwortlichkeit die *Schadensausgleichsfunktion* teilweise nicht mehr zu erfüllen.[111]

Auch die *Verhaltenssteuerungsfunktion* muss in Frage gestellt werden. Denn bereits bei einer leichtfahrlässigen Sorgfaltspflichtverletzung kann die Haftung der aktienrechtlichen Verantwortlichkeit greifen. Des Weiteren ist die leichte Fahrlässigkeit nach einem objektivierten Verschuldensmassstab zu beurteilen.[112] Unter diesen Bedingungen ist es problematisch, dass eine Sorgfaltspflichtverletzung unter diesen Voraussetzungen auch einem an und für sich sorgfältig handelnden Verwaltungsrat unterlaufen kann. Dies führt einerseits zu einer zunehmenden Risikoaversion seitens der Verwaltungsräte und andererseits zu einem Verdrängungseffekt (crowding out) auf dem Markt für Verwaltungsräte und Geschäftsleitungsmitglieder.[113] So verhalten sich aktuell amtierende Verwaltungsräte bei Geschäftsentscheiden vermehrt risikoavers und ausgeschriebene Mandate werden für potentielle Verwaltungsräte mit sensitiven Risikopräferenzen und einer Reputationsempfindlichkeit unattraktiv.[114] Schlussendlich impliziert die teilweise Nichterfüllung der Schadensausgleichs- und Verhaltenssteuerungsfunktion auch ein Scheitern der *Herstellung des Rechtfriedens*. Eine Haftpflicht, welche die finanzielle Leistungsfähigkeit der Haftenden übersteigt, ist am Ende nicht einlösbar, erweckt falsche Hoffnungen und kann zu fehlender Gerechtigkeit führen.[115]

d) Beschränkung der Fahrlässigkeit als möglicher Lösungsansatz

Den minimen direkten Anforderungen von Gesetzeswegen stehen hohe indirekte Anforderungen und eine theoretisch unbegrenzte Haftung für die aktienrechtliche Verantwortlichkeit gegenüber. Einen Lösungsansatz bieten die D&O-Versicherungen, welche aber wie zuvor aufgezeigt, die Problematik

---

[109] VON DER CRONE/BUFF, S. 448.

[110] Mehr zu den Deckungslimiten von D&O-Versicherungen: HALLER, S. 1 ff.

[111] VON DER CRONE/BUFF, S. 451 f.

[112] WEBER, Verantwortlichkeitsrecht, S. 303; WIDMER/GERICKE/WALLER, BSK OR II, S. 1458 f.; BÖCKLI, S. 2512; Mehr dazu: Teil II. D. 4. d).

[113] VON DER CRONE/BUFF, S. 449 f.

[114] GIGER, S. 371; EASTERBROOK/FISCHEL, S. 94.

[115] VON DER CRONE/BUFF, S. 450 f.

nicht ausreichend beheben. Teilweise verhilft die Business Judgement Rule die Haftungsgefahr besser einzuschätzen, wobei die Funktionsproblematik der aktienrechtlichen Verantwortlichkeit auch dadurch nicht vollständig gelöst wird. Aufgrund des ungenügenden Leistungsausweises, empfehlen VON DER CRONE und BUFF deshalb, dass die «aktienrechtliche Verantwortlichkeit auf Sachverhalte mit groben, bzw. absichtlichen Pflichtverletzungen beschränkt werden kann» und diese «Pflichtverletzungen konsequent und wirkungsvoll durchgesetzt werden».[116] Da das geltende Aktienrecht keinen Raum für eine allgemein geltende, parteiautonome Haftungsbeschränkung im Sinne von Art. 100 OR lässt, müsste diese *de lege ferenda* eingeführt werden.[117] VON DER CRONE und BUFF argumentieren in einer späteren Publikation (unter Vorbehalten) dafür, dass bereits unter den aktuellen gesetzlichen Bestimmungen eine Haftungsbeschränkung auf die grobe Fahrlässigkeit und Absicht möglich wäre.[118] Auf gesetzlicher Ebene sollte die Möglichkeit einer statutarischen Haftungsbeschränkung, in Form eines Ausschlusses für leichte Fahrlässigkeit bezogen auf die Sorgfaltspflicht, mit Wirkung *erga omnes,* eingeführt werden.[119] Mit dieser Änderung könnten die Aktionäre im Rahmen der Generalversammlung über die Einführung und Aufhebung einer Haftungsbeschränkung entscheiden. Da dies einer Statutenänderung bedarf, wäre die Haftungsbeschränkung auch gegenüber Gläubigern aufgrund der Handelsregisterpublizität transparent.[120] Mit anderen Worten würde dadurch die Anwendung von Art. 100 OR auf die Organverantwortung zugelassen. Ein internationaler Vergleich zeigt, dass ähnliche Regelungen in den USA und Japan erfolgreich umgesetzt wurden.[121]

In vergleichbaren Konstellationen sieht das Gesetz bereits heute eine ähnliche Regelung vor. Beispielhaft kann dies anhand von Art. 44 Abs. 2 OR dargestellt werden, nach dem die finanzielle Haftung begrenzt wird, wenn der Schädiger durch die Schadenersatzforderung in eine Notlage gerät. Ein Arbeitnehmer, der es versäumte, ein Subventionsgesuch für seinen Arbeitgeber rechtzeitig einzureichen, wurde entlastet, indem das Bundesgericht den Schadenersatz von CHF 90'000 auf CHF 14'000 ermässigte, weil der Arbeitnehmer ansonsten in eine Notlage geraten wäre.[122]

---

[116] VON DER CRONE/BUFF, S. 453.
[117] VON DER CRONE/BLOCH, S. 101 f.
[118] VON DER CRONE/BUFF, S. 453 ff.
[119] VON DER CRONE/BLOCH, S. 102.
[120] Art. 647 OR i.V.m. Art. 10 HRegV.
[121] USA: HANKS, S. 1209 ff.; Betreffend Japan: MITSUUCHI, S. 171 f.; VON DER CRONE/BUFF, S. 457.
[122] Urteil BGer 4C_103/2005 vom 1. Juni 2005, E.6; zu diesem Entscheid: MÜLLER, Arbeitnehmer, S. 23 f.

C. Verantwortlichkeitsklagen: Statistischer Überblick

1. Allgemeines

FORSTMOSER hat bereits 1982 eine Zunahme an Verantwortlichkeitsklagen, bzw. in diesem Zusammenhang gestellten Ansprüchen, welche durch einen Vergleich geklärt werden, festgestellt.[123] Zur Jahrtausendwende gehen sowohl MÜLLER, als auch LUTERBACHER davon aus, dass die Zahl an Verantwortlichkeitsklagen weiter zugenommen hat und tendenziell auch in Zukunft zunehmen wird, wobei ca. 90-95% der Fälle mit einem Vergleich geklärt werden.[124] Zehn Jahre später stellte LUTERBACHER fest, dass das Thema Organhaftung in den vergangenen Jahren «erheblich an Bedeutung gewonnen» hat.[125] Anhand der Studie von KELLER aus dem Jahr 2011 konnte ebenfalls eine steigende Tendenz für Verantwortlichkeitsklagen festgestellt werden.[126] Für Schadenssummen in Millionenhöhe werden in Verwaltungsräten und Revisionsstellen des Öfteren, teilweise vermeintlich, Verantwortliche gesucht und gefunden. Dies führte zum Aufkommen von verschiedenen Versicherungsmöglichkeiten, insbesondere der D&O-Versicherung für Organpersonen. Dazu beigetragen haben unter anderem die in den Medien besprochenen Fälle von Verantwortlichkeitsklagen, wie bspw. der Konkurs der Erb-Gruppe, das Swissair-Grounding oder erst kürzlich die Rolle der UBS in der Finanzkrise. Ein weiterer Treiber dieser Entwicklung war auch die Revision der aktienrechtlichen Verantwortlichkeit von 1992 sowie eine Veränderung in der Anspruchshaltung der Menschen gegenüber Gesellschaften und deren Führungsebenen. Entgegen verbreiteter Meinung ereignen sich jedoch die Mehrzahl der Verantwortlichkeitsklagen nicht in Gesellschaften der zuvor erwähnten Grössenordnung, sondern im KMU-Bereich.[127]

2. Gerichte

Gemäss den neusten Zahlen des Bundesamtes für Sozialversicherungen (BSV) und den weiteren bekannten Fallzahlen, werden Verwaltungsräte derzeit mit

[123] FORSTMOSER, Verantworlichkeit der Organe, S. 536 ff.
[124] MÜLLER, unsorgfältige Führung (1999), S. 826 ff.; LUTERBACHER, Verantwortlichkeit, S. 133.
[125] LUTERBACHER, D&O Versicherung, S. 114 f.
[126] KELLER, Entwicklung Verantwortlichkeitsklagen, S. 1 ff.
[127] LUTERBACHER, D&O Versicherung, S. 115.

ca. 1800-2000 verantwortungsrechtlichen Forderungen pro Jahr konfrontiert.[128] Sobald eine Gesellschaft Konkurs anmeldet, wird von den Geschädigten des Öfteren geprüft, ob ein Teil des Schadens bei den Mitgliedern des Verwaltungsrates einklagbar ist.[129] In mehr als 95% der Fälle befindet sich die Gesellschaft bereits im Konkurs und die Klage geht entweder von der Konkursverwaltung oder einzelnen Gläubigern, bzw. von den Sozialversicherungen aus.[130] Solange sich eine Gesellschaft nicht im Konkurs befindet, sind Klagen aus aktienrechtlicher Verantwortlichkeit eher selten. Grund dafür ist die Voraussetzung, dass im Falle einer Verantwortlichkeitsklage der Gesellschaft gegen (ehemalige) Organpersonen der aktuell amtierende Verwaltungsrat prüfen muss, ob eine Klage im Gesellschaftsinteresse liegt.[131] Hierbei muss nicht nur die allfällig gutzuheissende Forderung auf Schadenersatz, sondern auch der zu erwartende Aufwand, eine mögliche Öffentlichkeitswirkung und weitere negative Folgen beachtet werden.[132] Damit der Verwaltungsrat das Risiko einer eigenen Sorgfaltspflichtverletzung minimieren kann, muss er die verschiedenen Kriterien, die sich auf das Gesellschaftsinteresse auswirken, möglichst genau untersuchen. Dies führte im Fall der UBS betreffend die Finanzkrise 08/09 dazu, dass keine Verantwortlichkeitsklagen gegen die früheren Verwaltungsräte erhoben wurden, obwohl die Prozesschancen als gut eingestuft wurden.

Pro Jahr werden gemäss der Studie von KELLER durchschnittlich 21 neue aktienrechtliche Verantwortlichkeitsklagen bei der 1. Instanz, 9-10 bei der 2. Instanz und 3-4 Fälle beim Bundesgericht hängig gemacht.[133] Hinsichtlich der jeweiligen Anzahl an Klagen ergeben sich erwartungsgemäss markante kantonale Unterschiede in erster und zweiter Instanz, bzw. bei den Handelsgerichten. Die kleine Anzahl an Fällen verleitet zur Ansicht, dass das Risiko einer Verantwortlichkeitsklage verschwindend klein ist. Jedoch werden pro Jahr schätzungsweise 200-400 Fälle, vorprozessual durch einen Vergleich erledigt.[134] Bezüglich der zahlenmässigen Entwicklung von Verantwortlichkeitsklagen verzeichneten die befragten Gerichte fast ausnahmslos einen Rückgang an Verantwortlichkeitsklagen in den Jahren vor 2011.[135] Im Zusammenhang mit den aktienrechtlichen Verantwortlichkeitsklagen müssen zusätzlich

[128] Vgl. dazu Abbildung 1 und 2.
[129] FORSTMOSER/SPRECHER/TÖNDURY, S. 105.
[130] ISLER/FISCHER, S. 27.
[131] MÜLLER/LIPP/PLÜSS, S. 344; Grundlage dieser Voraussetzung: Art. 717 Abs. 1 OR.
[132] Mehr dazu: ISLER/FISCHER, S. 35 ff.
[133] KELLER, Entwicklung Verantwortlichkeitsklagen, S. 3.
[134] KELLER, Entwicklung Verantwortlichkeitsklagen, S. 5 f. mit Hinweis auf LUTERBACHER.
[135] KELLER, Entwicklung Verantwortlichkeitsklagen, S. 3 f.

sozialversicherungsrechtliche Klagen wegen nicht bezahlten Sozialversicherungsbeiträgen (insb. AHV- und PK-Beiträge) aufgrund von Art. 52 AHVG miteinbezogen werden.[136]

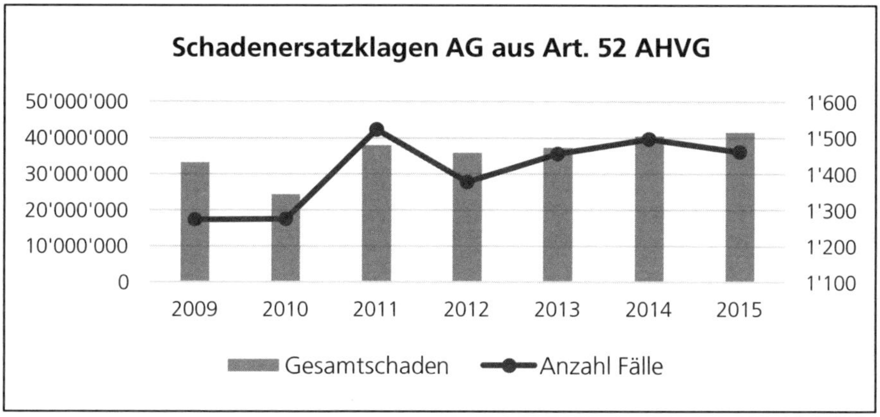

Abbildung 1: Schadenersatzklagen AG aus Art. 52 AHVG (Quelle: Eigene Darstellung, Absolute Zahlen: Abbildung 2).

Das Bundesamt für Sozialversicherungen (BSV) erhebt seit 2009 die entsprechenden Zahlen über Schadenersatzfälle, welche von den Ausgleichskassen gemeldet werden.[137] Durch Anfrage beim BSV konnten die neusten Zahlen ermittelt werden. Die Rohdaten ergeben 2'077 Fälle im Jahr 2009 und eine gerundete Gesamtschadenssumme von CHF 53'934'000. Da sich die Klagen generell gegen Kapitalgesellschaften richten, kann die Fallzahl und Gesamtschadenssumme alleine für Aktiengesellschaften anhand folgendem Beispiel annähernd herausgerechnet werden: Im Jahr 2009 gab es ca. 183'000 Aktiengesellschaften und ca. 118'000 Gesellschaften mit beschränkter Haftung.[138] In relativen Zahlen machten die Aktiengesellschaften 2009 einen Anteil von 61% aus.

Unter der Bedingung, dass eine gleichmässige Verteilung[139] der Klagen vorliegt, kann davon ausgegangen werden, dass im Jahr 2009 ca. 1'273 Klagen

---

136 KELLER, Entwicklung Verantwortlichkeitsklagen, S. 6; Vgl. dazu: Teil I. E. 2.

137 Die Statistik ist grundsätzlich nicht öffentlich zugänglich, wurde aber auf Anfrage gemäss BGÖ zur Verfügung gestellt.

138 Siehe dazu: http://www.zefix.ch im Untermenu Statistiken.

139 Es wird davon ausgegangen, dass im Bereich der AG mehr Klagen ergehen als bei der GmbH. Da sich dies jedoch kaum beweisen lässt, wird sicherheitshalber von einer proportionalen Verteilung ausgegangen.

aus Art. 52 AHVG gegen Verwaltungsräte, bzw. Organpersonen von Aktiengesellschaften mit einer Gesamtsumme von ca. CHF 33'051'516 erhoben wurden. Abbildung 1 und 2 zeigen die Entwicklung bezüglich der Anzahl Fälle und dem Gesamtschaden von 2009 bis und mit 2015. Es ist ersichtlich, dass sowohl die Fallanzahl, wie auch der Gesamtschaden pro Jahr seit 2009 angestiegen ist.

Jahr	Fallanzahl	Gesamtschaden	Ø-Schaden/Fall	Anzahl AG
2009	1273	33'051'516	25'963	186'980
2010	1275	24'336'509	19'087	189'515
2011	1522	37'863'427	24'877	194'289
2012	1377	35'797'372	25'997	198'432
2013	1455	37'174'628	25'550	202'183
2014	1495	40'384'674	27'013	206'040
2015	1461	41'489'100	28'398	209'225
Rel. Entw.	**+14,8%**	**+25,5%**	**+9,4 %**	**+11,9 %**

Abbildung 2: Schadenersatzklagen AG aus Art. 52 AHVG - absolute Zahlen (Quelle: Eigene Darstellung, Daten vom Bundesamt für Sozialversicherungen (BSV)).

Da in derselben Periode ebenfalls die Anzahl an Aktiengesellschaften stetig zunahm, muss analysiert werden, welcher Effekt überwiegt. In relativen Zahlen hat die Fallzahl im angegebenen Zeitraum um 14,8% und die Gesamtschadenssumme um 25,5% zugenommen.[140] Wie in Abbildung 2 ersichtlich, bewegte sich der durchschnittliche Schaden pro Fall bis 2014 konstant um CHF 25'000/Fall. In letzter Zeit ist aber auch in diesem Bereich ein Wachstum festzustellen und so betrug 2015 der Durchschnittsschaden CHF 28'398 pro Fall. Im untersuchten Zeitraum entspricht dies gesamthaft einem Anstieg von 9,4% pro Einzelfall. Im Vergleich dazu, ist bei der Anzahl an Aktiengesellschaften ein Anstieg von 11,9% festzustellen. Dies spricht dafür, dass nach Neutralisierung der Wachstumseffekte der Anzahl an Aktiengesellschaften, eine Zunahme der jährlichen Fallzahlen wie auch des Gesamtschadens festzustellen ist. Wie in Abbildung 3 und 4 dargestellt, kann durch die Relativierung der Fallanzahl und des Gesamtschadens im Verhältnis zu je 1000 Aktiengesellschaften der Anstieg beider Faktoren bewiesen werden.

140 Vgl. Abbildung 2: Schadenersatzklagen aus Art. 52 AHVG – absolute Zahlen.

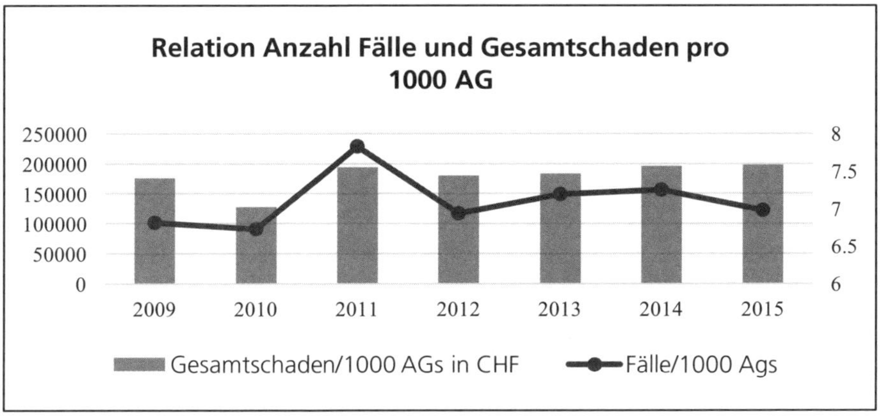

Abbildung 3: Relation Fallanzahl und Gesamtschaden zu 1000 Aktiengesellschaften pro Jahr (Quelle: Eigene Darstellung, Rohdaten vom Bundesamt für Sozialversicherungen (BSV)).

Eine Begründung dieser Anstiege stellt sich jedoch als schwierig dar. Der Anstieg der Fallanzahl lässt sich ev. durch den Anstieg an Konkursen, durch eine erhöhte Unvorsichtigkeit der Verwaltungsräte im Konkursfall oder aber durch eine strengere Gerichtspraxis begründen. Der überproportional hohe Anstieg des Gesamtschadens lässt eine erhöhte Unvorsichtigkeit der Verwaltungsräte, eine strengere Gerichtspraxis oder generell eine Verschiebung zu Gesellschaften mit vielen Arbeitnehmern vermuten. Dafür spricht auch der Anstieg des Durchschnittschadens pro Fall. Die Ausschläge im Jahr 2011 sind möglicherweise als Auswirkung der Finanzkrise von 2008 erklärbar, denn in diesem Jahr stieg auch die Anzahl an Konkursen markant an.

Jahr	Anzahl Fälle/1000 AG	Gesamtschaden/1000 AG in CHF
2009	6.808215	176'765
2010	6.7277	128'415
2011	7.833691	194'882
2012	6.939405	180'401
2013	7.196451	183'866
2014	7.255873	196'004
2015	6.982913	198'299
In %	**+2.6%**	**+12.2%**

Abbildung 4: Relation Fallanzahl/Gesamtschaden zu 1000 AGs pro Jahr – absolute Zahlen (Quelle: Eigene Darstellung, Daten vom Bundesamt für Sozialversicherungen (BSV)).

Betreffend die Fallerledigung der Gerichte werden, wie in Abbildung 5 ersichtlich, ca. 45% der Verantwortlichkeitsklagen mittels Vergleich erledigt, während 17% abgewiesen, 15% teilweise gutgeheissen und 14% gutgeheissen werden.

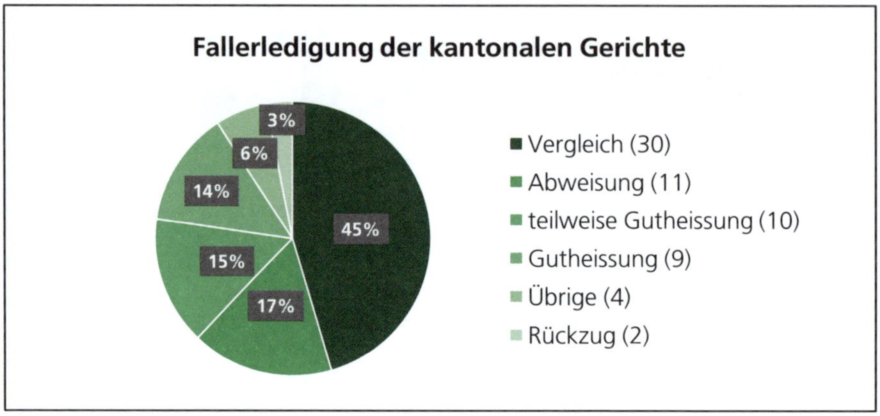

Abbildung 5: Fallerledigung der kantonalen Gerichte (Quelle: Eigene Darstellung in Anlehnung an KELLER, Entwicklung Verantwortlichkeitsklage, S. 5).

Anhand der Einteilung von Verantwortlichkeitsklagen in verschiedene Fallgruppen[141] geht VON DER CRONE aufgrund seiner Rechtsprechungsanalyse der Jahre 2000 bis 2006 davon aus, dass die Pflichtwidrigkeit eine vergleichsweise kleine Fallgruppe bildet, bzw. selten Hauptgegenstand der gerichtlichen Auseinandersetzung ist, und dass regelmässig andere Anspruchsgrundlagen im Vordergrund stehen.[142] Wenn sich die Erwägungen jedoch auf die Pflichtwidrigkeit der Organtätigkeit beziehen, ist die Verletzung der allgemeinen Sorgfaltspflicht gemäss Art. 717 Abs. 1 OR und die Bestimmung zur «begründeten Besorgnis einer Überschuldung» (Art. 725 OR) aber weniger die Verletzung von konkreten Bestimmungen, von zentraler Bedeutung.[143]

[141] Vgl. Legende von Abbildung 6.

[142] VON DER CRONE, Haftungsbeschränkung, S. 19; Bsp. Anspruchsgrundlagen: Vorliegen oder Unterbrechung des adäquaten Kausalzusammenhangs, Aktivlegitimation, Organstellung des Beklagten, Substantiierung des Schadens.

[143] VON DER CRONE, Haftungsbeschränkung, S. 19.

KELLER untersuchte ebenfalls anhand von Fallgruppen 38 Verantwortlichkeitsklagen vor Bundesgericht auf deren Hauptklagegrund, bzw. deren Fallgruppeneinteilung. Vorab ist zu bemerken, dass die Einteilung der Verantwortlichkeitsklagen in Abbildung 6 mit Vorsicht zu interpretieren ist, da bei einigen Klagen die Zuordnung zu einer anderen Kategorie vertretbar wäre, was im Übrigen auch für die Analyse von VON DER CRONE gelten sollte. Mit Abstand grösste Fallgruppe bildet die Pflichtverletzung mit 37%, während dem 10% der Verantwortlichkeitsklagen vor Bundesgericht speziell die Überschuldung betreffen. An zweiter Stelle befinden sich mit je 21% die Fallgruppen «Schaden» und «Prozessuales», und an letzter Stelle mit 8% die Fallgruppe des Kausalzusammenhangs.

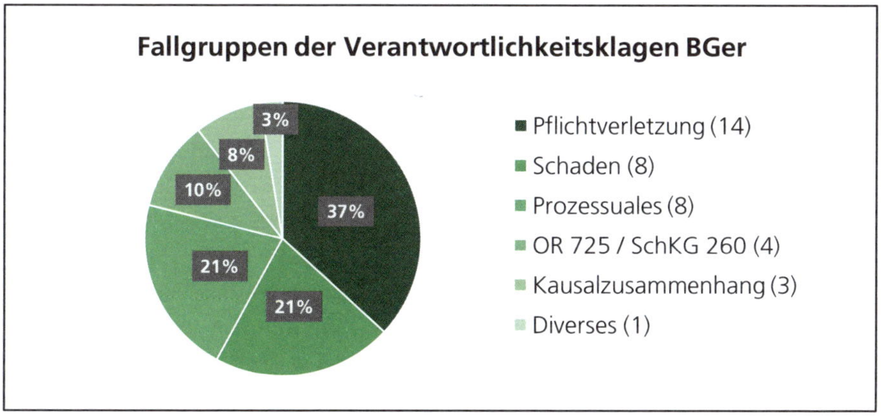

Abbildung 6: Fallgruppen der Verantwortlichkeitsklage vor Bundesgericht (Quelle: Eigene Darstellung in Anlehnung an KEL-LER, Entwicklung Verantwortlichkeitsklage, S. 5).

3. Versicherungen

Im Gegensatz zu den Gerichten hat die Studie von KELLER bei D&O-Versicherungen ergeben, dass eine Zunahme an Verantwortlichkeitsklagen, bzw. an aussergerichtlichen Vergleichen festzustellen ist.[144] Drei befragte Versicherungen gehen sogar von einer Verdoppelung der Schadensfälle in den letzten Jahren aus. Parallel zu dieser Entwicklung hat sich auch die Anzahl abgeschlossener Policen zwischen 2006 und 2011 knapp verdoppelt.[145] Der Konkurrenzkampf unter den Versicherern führte in den letzten Jahren zu einer Senkung der Versicherungsprämien für D&O-Versicherungen. Da sich einer-

[144] KELLER, Entwicklung Verantwortlichkeitsklagen, S. 6.
[145] KELLER, Entwicklung Verantwortlichkeitsklagen, S. 7.

seits die Schadensfälle aber auch die abgeschlossenen Policen in etwa verdoppelt haben, kann nicht festgestellt werden, welcher Effekt überwiegt und inwiefern die Anzahl an Schadensfällen anstieg. Tatsache ist, dass durch D&O-Versicherungen insbesondere straf-, aber auch steuer- und sozialversicherungsrechtliche Tatbestände nicht gedeckt sind. Hierbei sind eben die sozialversicherungsrechtlichen Tatbestände besonders häufig.[146] Als Hauptklagegrund gaben die Versicherungen in erster Linie die Verletzung von aufsichts-, verwaltungs-, und strafrechtlichen Bestimmungen an, wobei auch die Verletzung von Kartell- und Umweltrecht erwähnt wurde. Zivilrechtliche Forderungen beziehen sich insbesondere auf Schadenfälle betreffend Fehlinvestitionen, Falschbeurteilungen von M&A-Transaktionen und Buchhaltungsfehlern.[147] Von den Versicherungen wird die gesteigerte Prozessfreudigkeit vor allem auf folgende Faktoren zurückgeführt:[148]

- Mehr Konkurse und damit mehr Geschädigte
- Durch Medien/Rechtsprechung verstärktes Bewusstsein um Verantwortlichkeitsklagen
- Mehr und bessere Versicherungsmöglichkeiten der Verwaltungsräte und damit bessere Durchsetzungsmöglichkeiten der Geschädigten, bzw. der Kläger
- Zu positive Einschätzung der Prozesschancen
- Falsche Vorstellung über die Risiken, den Bearbeitungsaufwand und die Kosten einer Verantwortlichkeitsklage
- Neues Mittel der Sonderprüfung (Durchsetzung der Aktionärsrechte)

Das Mittel der Sonderprüfung muss jedoch als kritischer Faktor eingestuft werden, da in der Praxis die Gerichte oft hohe Anforderungen an die Voraussetzungen für eine Sonderprüfung stellen. Die Prozesschancen der Aktionäre werden dadurch stark minimiert.[149]

---

[146] MÜLLER, Unsorgfältige Führung, S. 987.

[147] KELLER, Entwicklung Verantwortlichkeitsklagen, S. 8; MÜLLER/LIPP/PLÜSS, S. 344.

[148] HÜTTE, S. 146.

[149] MÜLLER/LIPP/PLÜSS, S. 344.

D. Rechtsgrundlagen der aktienrechtlichen Verantwortlichkeitsklage

1. Allgemeines

Nachdem die formellen Aspekte besprochen sind, welche die Durchsetzung der Verantwortlichkeitsansprüche betreffen, werden in diesem Unterkapitel die materiellen Voraussetzungen genauer beleuchtet. Am Schluss des theoretischen Teils wird die Verantwortlichkeit im Sozialversicherungs-, Straf- sowie Steuerrecht erklärt. Für Ausführungen über die Rechtsnatur und den Anknüpfungspunkt der aktienrechtlichen Verantwortlichkeit wird auf das folgende Unterkapitel verwiesen.

2. Rechtsnatur

Auch im Gesellschaftsrecht finden sich verschiedene gesetzliche Haftungstatbestände und unter anderem, die in dieser Arbeit relevanten aktienrechtlichen Verantwortlichkeitsansprüche.[150] Die Qualifizierung dieser Verantwortlichkeitsansprüche ist in der Lehre umstritten.[151] Grundsätzlich ist die aktienrechtliche Verantwortlichkeit als Teil des allgemeinen Schadensrechts des OR zu sehen, was bedeutet, dass dieselben vier Haftungsvoraussetzungen herangezogen werden.[152] Bei der Haftung nach Art. 754 OR hat der Kläger zur erfolgreichen Geltendmachung einer Verantwortlichkeitsklage das Vorliegen eines Schadens, einer Pflichtverletzung, welche für die Entstehung des Schadens kausal ist, sowie ein Verschulden nachzuweisen. Diese vier Voraussetzungen müssen kumulativ erfüllt sein. Bei der Bestimmung der Rechtsnatur fragt es sich, ob die aktienrechtlichen Verantwortlichkeitsansprüche der Vertragshaftung (Art. 97 ff. OR) oder der ausservertraglichen Haftung (Art. 41 ff. OR) unterzuordnen ist, wie dies in Abbildung 7 veranschaulicht wird.[153] Die Lehre differenziert zwischen den Haftungstatbeständen (Gründungs-, Prospekt- oder Organhaftung) aber auch danach, ob die Ansprüche durch den Kläger als Gesellschaft, Aktionär oder Gläubiger geltend gemacht werden.[154]

---

[150] Art. 752 ff. OR.

[151] DASSER/ROTH, S. 251 f.; BÖCKLI, S. 2512 f.; BÄRTSCHI, Verantwortlichkeit, S. 195 ff.; WIDMER/GERICKE/WALLER, BSK OR II, S. 1440 ff.; FORSTMOSER, Aktienrechtliche Verantwortlichkeit, S. 68 ff.; FORSTMOSER/MEIER-HAYOZ/NOBEL, S. 424 ff.

[152] DRUEY, S. 798; BGE 113 II 52 E. 3a.

[153] FORSTMOSER, Aktienrechtliche Verantwortlichkeit, S. 68.

[154] DRUEY, S. 799.

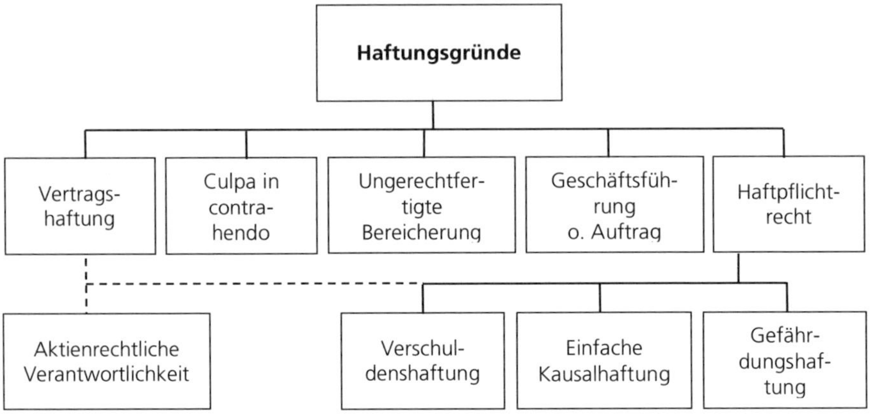

Abbildung 7: Übersicht der zivilrechtlichen Haftungsgründe (Quelle: Eigene Darstellung).

Auch wird die Ansicht vertreten, dass die Haftungstatbestände der Art. 752 – 755 OR einheitlicher Rechtsnatur sind.[155] Von dieser Einordnung der aktienrechtlichen Verantwortlichkeit ist insbesondere die Beweislastverteilung in Bezug auf den Nachweis des Verschuldens betroffen. Denn gemäss Art. 97 OR wird das Verschulden vermutet, während bei der ausservertraglichen Haftung nach Art. 41 ff. OR der Kläger das Verschulden nachzuweisen hat. Im aktienrechtlichen Verantwortlichkeitsrecht steht jedoch die Sorgfaltspflichtverletzung im Vordergrund, welche ein Aspekt der Rechtswidrigkeit und nicht des Verschuldens ist.[156] Jedoch hat die Qualifizierung in der Praxis seit längerer Zeit an Bedeutung verloren, da die Lehre und Rechtsprechung von einem objektivierten Verschuldensmassstab[157] ausgehen, und die Beweislast deswegen keine entscheidende Rolle mehr spielt.[158]

3. Durchsetzung von Verantwortlichkeitsansprüchen

a) Aktivlegitimation

Zur Klage berechtigt und somit aktivlegitimiert ist die *Aktiengesellschaft* selbst, deren *Aktionäre*, die *Partizipanten* (vgl. Art. 656a Abs. 2 OR) und die *Gesellschaftsgläubiger* (vgl. Art. 1164 OR).[159] Sobald der Aktionär oder der Gesellschaftsgläubiger in seiner Eigenschaft geschädigt wurde, ist er zur

[155] BÄRTSCHI, Verantwortlichkeit, S. 195; DRUEY/GLANZMANN, S. 201.
[156] DRUEY/GLANZMANN, S. 200.
[157] Mehr dazu: Teil II. D. 4. d).
[158] BÄRTSCHI, Verantwortlichkeit, S. 204; FORSTMOSER, Aktienrechtliche Verantwortlichkeit, S. 69.
[159] VON BÜREN/STOFFEL/WEBER, S. 299.

Klage legitimiert, unabhängig davon, ob er im Zeitpunkt der Klageerhebung noch Aktionär oder Gläubiger ist oder dies erst mit der Schädigung wird.[160] Das Vorliegen eines Anspruchs unterscheidet sich aber je nach Anspruchsberechtigten, bzw. je nach gegebenem Umstand. Das Gesetz unterscheidet zwischen dem mittelbaren und unmittelbaren Schaden, bzw. dem Schaden der Gesellschaft.[161] Des Weiteren wird zwischen Ansprüchen ausser Konkurs (Art. 756 OR) und Ansprüchen im Konkurs (Art. 757 OR) differenziert.[162] Erstere können nur durch die Gesellschaft und deren Aktionäre an die Gesellschaft selbst geltend gemacht werden, während dem Letztere allen Anspruchsberechtigten zustehen, wobei der Konkursverwaltung gemäss Art. 757 Abs. 2 OR ein Klagevorrecht zukommt.[163] Die soeben erklärten drei Konfigurationen (Konkurs/ausser Konkurs; unmittelbarer/mittelbarer Schaden; Aktionär/Gläubiger) bestimmen die aktienrechtliche Verantwortlichkeit.[164] Als Übersicht über das System der Aktivlegitimation dient Abbildung 8.[165] Als Spezialfall, welcher nicht in dieser Abbildung aufgeführt ist, gilt das Klagerecht der Gesellschaft selbst. In diesem Fall liegt der Entscheid beim Verwaltungsrat, wobei es einer besonderen Ermächtigung der Generalversammlung bedarf, wenn der gesamte Verwaltungsrat, bzw. die gesamte Geschäftsführung angeklagt wird.[166]

<table>
<tr><th rowspan="2">Kläger</th><th colspan="2">ausser Konkurs</th><th colspan="2">im Konkurs</th></tr>
<tr><td>direkt geschädigt</td><td>indirekt geschädigt</td><td>direkt geschädigt</td><td>indirekt geschädigt</td></tr>
<tr><td>Aktionär</td><td>Bes. Schutznorm (selten)</td><td>Klage auf Leistung an die Gesellschaft</td><td rowspan="2">Klage der Gläubigergesamtheit (Raschein)</td><td>Keine Klage</td></tr>
<tr><td>Gesellschaftsgläubiger</td><td>Klage aus OR 754/41 oder Vertrauenshaftung</td><td>Keine Klage</td><td></td></tr>
</table>

Abbildung 8: Klage gegen Organmitglieder wegen Pflichtverletzung (Quelle: Eigene Darstellung in Anlehnung an: BÖCKLI, S. 2444; VON BÜREN/STOFFEL/WEBER, S. 309).

[160] WIDMER/GERICKE/WALLER, BSK OR II, S. 1445; BGE 106 II 234; vgl. BÄRTSCHI, Verantwortlichkeit, S. 143 ff.

[161] WEBER, Verantwortlichkeitsrecht, S. 168; Mehr dazu: Teil II. D. 4. a).

[162] FORSTMOSER/MEIER-HAYOZ/NOBEL, S. 421.

[163] WIDMER/GERICKE/WALLER, BSK OR II, S. 1445.

[164] BÖCKLI, S. 1244.

[165] Mehr dazu: Teil II. D. 4. a); BÖCKLI, S. 2444 ff.; MÜLLER, unsorgfältige Führung, S. 1007 ff.; FORSTMOSER/MEIER-HAYOZ/NOBEL, S. 421 ff.; BÄRTSCHI, Verantwortlichkeit, S. 129 ff.

[166] MÜLLER, unsorgfältige Führung, S. 1010.

b) Passivlegitimation

Gemäss Art. 754 Abs. 1 OR sind «die Mitglieder des Verwaltungsrats und alle mit der Geschäftsführung oder der Liquidation befassten Personen» passivlegitimiert. Die Lehre und Rechtsprechung gehen von einem funktionalen Organbegriff aus. Zum Kreise der in Frage kommenden haftenden Personen gehören daher die *formellen, materiellen und faktischen Organe*.[167] Mitglieder des Verwaltungsrats und Personen, die gemäss Art. 716b OR mit der Geschäftsführung betraut sind, gelten als formelle Organe.[168] Beim Verwaltungsrat gilt dies unabhängig davon, ob er sich mit der Geschäftsführung befasst, oder ob er im Handelsregister eingetragen ist.[169] Im Falle der Liquidation gehört der formelle Liquidator ebenfalls zum Kreis der Haftpflichtigen. Ein materielles Organ wird durch einen gesellschaftsinternen Akt definiert. Ein üblicher solcher Akt ist die Delegation einer Organfunktion basierend auf einem Reglement (z.B. Delegation der Geschäftsführung).[170] Gemäss Böckli bedeutet dies, dass in der Praxis «jedenfalls die Mitglieder der Geschäftsleitung per definitionem Organe sind».[171] Im Gegensatz zum materiellen Organ, führt das faktische Organ ohne entsprechende Delegation die Organtätigkeit aus. Faktische Organe besorgen die eigentliche Geschäftsführung, treffen dauernd und selbstständig Entscheide, die eigentlich den tatsächlichen Organen vorbehalten sind und bestimmen so die Willensbildung der Gesellschaft massgebend mit.[172] Die faktische Organschaft ist als solche widerrechtlich und kann ihrerseits zu einer Pflichtverletzung der ordnungsgemäss in ihrer Funktion tätigen Personen führen.[173] Über das Bestehen einer faktischen Organschaft aufschlussreich sind daher die Protokolle der Verwaltungsratssitzungen.[174] Unter den drei möglichen Gruppierungen wird in der Praxis nach den konkreten Umständen des Einzelfalls unterschieden.[175] Durch eine allfällige Delegation von Geschäftsführungsaufgaben wird die Passivlegitimation nicht verändert. Um sich von einer möglichen Haftung trotz Delegation befreien zu können, muss gemäss Art. 754 Abs. 2 OR nachgewiesen werden,

---

[167] Von Büren/Stoffel/Weber, S. 299.
[168] Widmer/Gericke/Waller, BSK OR II, S. 1445.
[169] Widmer/Gericke/Waller, BSK OR II, S. 1445. a.M.: Forstmoser/Meier-Hayoz/Nobel, S. 441.
[170] Widmer/Gericke/Waller, BSK OR II, S. 1446.
[171] Böckli, S. 2392.
[172] BGE 128 III 30; BGE 132 III 523; Mehr dazu: Böckli, S. 1012 f.; Bärtschi, Verantwortlichkeit, S. 101 ff.; Klopfer, S. 12 ff.
[173] Böckli, S. 1790 f. und S. 2394; Bühler/Häring, S. 107 ff.
[174] Müller, unsorgfältige Führung, S. 1012.
[175] Für eine nicht abschliessende Auflistung von Passivlegitimierten: Forstmoser/Meier-Hayoz/Nobel, S. 442 f.

dass bei der Auswahl, Unterrichtung und Überwachung die nach den Umständen gebotene Sorgfalt angewendet wurde.[176]

c) Zuständigkeit

Gemäss Art. 40 ZPO ist für eine Verantwortlichkeitsklage im Sinne von Art. 754 OR das Gericht am Wohnsitz oder Sitz der beklagten Partei oder am Sitz der Gesellschaft örtlich zuständig. Als beklagte Partei kommen sämtliche verantwortlichen Personen in Frage, inbegriffen deren Erben und andere Rechtsnachfolger.[177] Zusätzlich ist es möglich, statutarische Schiedsgerichtsklauseln festzulegen, was jedoch mit einer diesbezüglich restriktiven Rechtsprechung und diversen Problemen verbunden ist.[178] Massgebender Zeitpunkt zur Bestimmung des Sitzes ist der Zeitpunkt der Klageerhebung.[179] Zusätzlich ist Art. 4 ZPO zu beachten, gemäss dem die sachliche und funktionelle Zuständigkeit durch kantonales Recht bestimmt wird. Im Kanton Zürich ist z.B. das Handelsgericht für die Beurteilung von Verantwortlichkeitsansprüchen aus Organhaftung zuständig. Es besteht ebenfalls die Möglichkeit, alle verantwortlichen Organe im Sinne einer passiven einfachen Streitgenossenschaft gemäss Art. 15 Abs. 1 ZPO vor dem für ein beklagtes Organ zuständigen Gericht zu verklagen, sofern dies nicht eine Gerichtstandvereinbarung untersagt und Art. 71 ZPO eingehalten wird.[180]

d) Solidarität

Im Aussenverhältnis haften gemäss Art. 759 Abs. 1 OR sämtliche Organe solidarisch, wobei jeder Verantwortliche für den Gesamtschaden einstehen muss, dies jedoch nur soweit wie er den Schaden adäquat kausal verursacht hat und kein Reduktionsgrund besteht.[181] Ein Organ haftet daher nur soweit solidarisch, wie ihm der Schaden aufgrund des eigenen Verschuldens und den Umständen entsprechend persönlich zugerechnet werden kann. Daher handelt es sich um eine differenzierte, echte Solidarität.[182] Die Kläger haben aus diesem Grund gegen jeden Solidarschuldner eine selbstständige Einzelforde-

---

[176] Vgl. die erweiterte Auflistung der Voraussetzungen für eine Haftungsbefreiung: MÜLLER/LIPP/PLÜSS, S. 370.

[177] BGE 123 III 89.

[178] MÜLLER, unsorgfältige Führung, S. 1024.

[179] BGE 115 II 163.

[180] DASSER/ROTH, S. 258; BÄRTSCHI, Rahmenbedingungen, S. 78; Mehr zur örtlichen Zuständigkeit im Internationalen Verhältnis: DASSER/ROTH, S. 259 ff.

[181] FORSTMOSER/MEIER-HAYOZ/NOBEL, S. 432.

[182] BÖCKLI, S. 2533.

rung. Sodann besteht die Solidarität auch zwischen verschiedenen Organstellungen, also auch zwischen den Verwaltungsräten und der Revisionsstelle, was in der Praxis des Öfteren dazu führt, dass auch die Revisionsstelle miteingeklagt wird.[183]

Auf das Innenverhältnis zwischen den Solidarschuldnern ist generell Art. 148 ff. OR anwendbar. Im Falle, dass ein Haftpflichtiger im Aussenverhältnis mehr bezahlen musste, als es seinem Anteil im Innenverhältnis entspricht, kann er Rückgriff auf die Mitverantwortlichen nehmen.[184] Gemäss Art. 759 Abs. 3 OR wird der Regressumfang nach richterlichem Ermessen unter Würdigung aller Umstände ermittelt. Hierbei massgebend ist die Intensität des Verschuldens, die Honorierung und die hierarchische Stellung.[185]

e) Verjährung

Gemäss Art. 760 Abs. 1 OR beträgt die *relative Verjährungsfrist* fünf Jahre ab konkreter Kenntnisnahme des Geschädigten von Schaden, Ersatzpflichtigem und haftungsbegründenden Tatsachen.[186] Der Schaden muss für eine Klageerhebung nicht in einer genauen Zahl feststehen, wobei das Wissen des Klägers hinreichend sein muss, um eine substantiierte Klage zu ermöglichen.[187] Die Frist beim Gesellschaftsschaden beginnt für die Gläubiger erst mit der Auflegung des Kollokationsplans zu laufen. Beim Aktionär ist sodann dessen Kenntnis vom Schaden massgebend.[188] Die *absolute Verjährungsfrist* beträgt zehn Jahre, ist an keine subjektiven Elemente geknüpft und beginnt aus diesem Grund bereits am Tag der schädigenden Handlung. Da es sich bei der absoluten Verjährungsfrist nicht um eine Verwirkungsfrist handelt, kann auch diese unterbrochen werden.[189] Bei einer Unterlassung gilt der Zeitpunkt, an dem zur Vermeidung des Schadens das letzte Mal hätte gehandelt werden müssen. Im Falle einer fortgesetzten Handlung, bzw. Unterlassung kommt es auf deren Abschluss an.[190] Wenn sich die Klage aus einer *strafbaren Handlung* eines Beklagten ergibt und diesbezüglich die subjektiven und objektiven Tatbestandselemente erfüllt sind, tritt die relative und absolute Verjährungsfrist

---

[183] MÜLLER, unsorgfältige Führung, S. 1013.
[184] BÄRTSCHI, Verantwortlichkeit, S. 121.
[185] FORSTMOSER/MEIER-HAYOZ/NOBEL, S. 432.
[186] BGE 116 II 161; BGE 122 III 202.
[187] BÖCKLI, S. 2528; BGE 109 II 435.
[188] Für weitere Ausführungen zum Fristenlauf der einzelnen Anspruchsgruppen: BÄRTSCHI, Verantwortlichkeit, S. 329.
[189] BGE 112 II 232.
[190] BÄRTSCHI, Verantwortlichkeit, S. 330.

erst ein, wenn der Strafanspruch verjährt ist.[191] In der Praxis kann dies von Bedeutung sein, da Verbrechenstatbestände, wie bspw. Betrug oder Urkundenfälschung, einer längeren Verjährungsfrist als im Zivilrecht unterliegen.[192] Des Weiteren ist es in der Praxis üblich, verjährungsunterbrechende Handlungen einzuleiten, wobei die Verjährungsverzichtserklärung der Betreibung vorgezogen wird. Gemäss Art. 136 OR wirkt die Unterbrechung der Verjährung gegenüber einem einzigen Solidarschuldner ebenfalls gegenüber allen anderen Solidarschuldnern. Im Falle des Verjährungsverzichts, gilt die Unterbrechung nur gegenüber der Person des Verzichtenden.[193]

4. Haftungsvoraussetzungen

a) Schaden

(1) Allgemeines

Nach schweizerischer Lehre und Rechtsprechung handelt es sich beim Schaden um eine Vermögensminderung.[194] Gemäss der Rechtsprechung des Bundesgericht ist für die Berechnung dieser Vermögensminderung die Differenztheorie massgebend.[195] Der Schaden entspricht daher der Differenz zwischen dem gegenwärtigen und dem hypothetischen Vermögensstand, bzw. dem Vermögensstand, den das Vermögen ohne schädigendes Ereignis hätte.[196] Als Veranschaulichung dient etwa die versäumte Benachrichtigung des Richters bei vorhandener Überschuldung gemäss Art. 725 OR. Im Falle einer Überschuldung wird der Überschuldungsgrad gestützt auf den Liquidationswerten berechnet.[197] Erfasst wird sowohl der tatsächliche Verlust (damnum emergens), als auch der entgangene Gewinn (lucrum cessans).[198] Da sich aus der Pflichtverletzung allein noch kein Schaden ableiten lässt, liegt die Beweislast für diesen, beim Kläger.[199] Dies kann in der Praxis zu Schwierigkeiten

---

[191] FORSTMOSER, Aktienrechtliche Verantwortlichkeit, S. 169.

[192] Art. 97 StGB.

[193] BÖCKLI, S. 2530.

[194] FORSTMOSER, Aktienrechtliche Verantwortlichkeit, S. 73; BÖCKLI, S. 2484; WIDMER/GERICKE/WALLER, BSK OR II, S. 1448; FORSTMOSER/MEIER-HAYOZ/NOBEL, S. 426; MÜLLER, unsorgfältige Führung, S. 1013.

[195] Urteil BGer 4A_271/2016 und 4A_291/2016 vom 6. Januar 2017, E. 3.1.

[196] LUTERBACHER, Bundesgerichts-Urteil, S. 1271; GROSS, S. 142; BGE 107 Ib 162.

[197] Urteil BGer 4A_271/2016 und 4A_291/2016 vom 6. Januar 2017, E. 3.1.

[198] VON BÜREN, S. 83.

[199] UMBACH/WEBER, S. 113.

führen, da die Beweislage der Geschädigten teilweise nicht ausreicht, um einen Schaden ausreichend zu substantiieren.[200] Wenn der Schaden, bzw. dessen Höhe nicht beweisbar ist, besteht die Möglichkeit, dies vom Richter nach richterlichem Ermessen feststellen zu lassen.[201]

Von grundlegender Bedeutung ist die Unterscheidung von unmittelbarem und mittelbarem, bzw. direktem und indirektem Schaden für den Aktionär und den Gesellschaftsgläubiger sowie die gesetzliche Regelung der Aktivlegitimation.[202] Für die Gesellschaft ist diese Unterscheidung nicht von Bedeutung, da sie stets unmittelbar geschädigt ist.[203] Die Umschreibung der unmittelbaren und mittelbaren Schädigung wurde vom Bundesgericht in der Vergangenheit mit unterschiedlicher, teils umstrittener Rechtsprechungspraxis gehandhabt.[204] Die kontroverse Diskussion wurde mit einem 1991 gefällten Urteil[205] in Bewegung gebracht, wobei die angewandte Praxis als *Raschein-Doktrin* bezeichnet wird. Mit dem *X-Corporation-Entscheid* von 1996[206] hat das Bundesgericht den unmittelbaren und mittelbaren Schaden sodann neu umschrieben. Trotz heftiger Kritik der Lehre wurden die dadurch gesetzten Anknüpfungsaspekte erst 2004 durch den *Biber-Entscheid*[207] angepasst.[208] Heutzutage massgebend ist die Raschein- und Biber-Praxis sowie der Swissair-Entscheid[209].[210]

(2) Mittelbarer Schaden

Ein mittelbarer Schaden liegt gemäss Art. 756 f. OR vor, wenn der Aktionär oder Gläubiger eine Schädigung erleidet, weil die Gesellschaft zu Schaden kommt. Der Schaden manifestiert sich bei den Aktionären oder Gläubigern nur dadurch, dass das Vermögen der Gesellschaft vermindert wurde.[211] Für eine mittelbare Schädigung des Aktionärs oder Gläubigers ist die Schädigung der Gesellschaft mithin conditio sine qua non. Bspw. erleidet der Aktionär

[200] FORSTMOSER, Aktienrechtliche Verantwortlichkeit, S. 75.
[201] ZÜRICHER, S. 15 ff.
[202] Vgl. hierzu: BÖCKLI, S. 2485 ff.; FORSTMOSER, Aktienrechtliche Verantwortlichkeit, S. 79 ff.; vgl. auch Teil II. D. 2. a).
[203] FORSTMOSER, Aktienrechtliche Verantwortlichkeit, S. 79.; WIDMER/GERICKE/WALLER, BSK OR II, S. 1448 ff.; BÄRTSCHI, Verantwortlichkeit, S. 210 ff.
[204] WEBER, Rechtsprechung, S. 154.
[205] BGE 117 II 432.
[206] BGE 122 III 176.
[207] BGE 131 III 306.
[208] Mehr zur Praxis des BGer: WEBER, Rechtsprechung, S. 153 ff.; BÄRTSCHI, Schaden, S. 233; WIDMER/GERICKE/WALLER, BSK OR II, S. 1449 f.; Mehr dazu: Teil III. C.
[209] Vgl. hierzu Verantwortlichkeitsklage «Zahlungen im September 2001», Teil III. C. 2. e.
[210] BINDER/ROBERTO, Handkommentar zum Schweizer Privatrecht, S. 2631; Mehr dazu: Teil III. C.
[211] WIDMER/GERICKE/WALLER, BSK OR II, S. 1448.

einen mittelbaren Schaden durch die Sorgfaltspflichtverletzung eines Verwaltungsrates, worauf die Gesellschaft einen Substanzverlust hinnehmen muss und der Aktionär indirekt durch einen Wertverlust seiner Beteiligung geschädigt wird. Andererseits wird der Gläubiger immer erst im Konkurs der Gesellschaft mittelbar geschädigt, denn erst in diesem Zeitpunkt steht endgültig fest, dass die Gesellschaft die Gläubigerforderung nicht mehr begleichen kann.[212] Der mittelbare Schadensbegriff ist vom gleichlautenden Begriff aus dem Haftpflichtrecht abzugrenzen, da es sich bei der aktienrechtlichen Verantwortlichkeit bei der mittelbaren Schädigung um den Ersatz eines Reflexschadens aufgrund besonderer Kausalitäts- und Rechtswidrigkeitsnormen handelt.[213] Daher muss die Klage gemäss Art. 756 Abs. 1 OR auf Leistung von Schadenersatz an die Gesellschaft lauten.

(3) Unmittelbarer Schaden

Im Gegensatz zur mittelbaren Schädigung wird die unmittelbare Schädigung nicht im OR erwähnt und erschliesst sich durch eine Gegenüberstellung zum mittelbaren Schaden. Von einem unmittelbaren Schaden sind Aktionäre und Gesellschaftsgläubiger betroffen, wenn durch eine Pflichtwidrigkeit eines Organs ihr Vermögen direkt vermindert wird, unabhängig davon, ob die Gesellschaft geschädigt wurde.[214] Wenn bspw. einem Aktionär unrechtmässig Bezugsrechte vorenthalten oder ihm zustehende Dividenden nicht ausbezahlt werden, handelt es sich um eine unmittelbare Schädigung.[215] Eine falsche Bilanz, falsche Auskunft oder die verspätete Überschuldungsanzeige sind des Öfteren die Ursache eines unmittelbaren Schadens der Aktionäre und Gläubiger.[216] In einem häufig vorkommenden Szenario stellen die Aktionäre und Gläubiger aufgrund einer verfälschten Informationslage, der Gesellschaft Eigen-, bzw. Fremdkapital zur Verfügung, obwohl sie dies auf der Basis einer wahrheitsgetreuen Informationslage nicht getan hätten. Der Gesellschaft wird dadurch nicht geschädigt, im Gegenteil findet seitens der Gesellschaft vorläufig eine positive Vermögensentwicklung statt.

[212] GLANZMANN, Verantwortlichkeitsklage, S. 179.
[213] WIDMER/GERICKE/WALLER, BSK OR II, S. 1449.
[214] WIDMER/GERICKE/WALLER, BSK OR II, S. 1449.
[215] FORSTMOSER, Aktienrechtliche Verantwortlichkeit, S. 81 f.
[216] WIDMER/GERICKE/WALLER, BSK OR II, S. 1449.

b) Wiederrechtlichkeit: Pflichtverletzung

(1) Allgemeines

Im Gegenteil zu Art. 753 OR ist die Haftung für Verwaltung, Geschäftsführung und Liquidation gemäss Art. 754 OR nicht als Schutznorm konzipiert.[217] Denn die betroffenen Organe sind für den Schaden verantwortlich, den sie durch absichtliche oder fahrlässige Verletzung ihrer Pflichten verursachen. Dabei ist die Pflichtverletzung eine besondere Form der Widerrechtlichkeit (Art. 41 OR). Es wird daher auch der Begriff «Pflichtwidrigkeit» verwendet.[218] Bei der aktienrechtlichen Verantwortlichkeit wird im Gegensatz zu anderen Haftungstatbeständen im Obligationenrecht, klar zwischen der Pflichtwidrigkeit und dem Verschulden unterschieden.[219] Beim mittelbaren und unmittelbaren Schaden handelt es sich um einen reinen Vermögensschaden, welcher nur ersetzt werden muss, wenn der Schaden durch Verstoss gegen eine Schutznorm entsteht, wobei die Norm zweckmässig vor einer solchen Schädigung schützen muss.[220] Hierbei ist zu beachten, dass die meisten Pflichten der Organe den Schutz der Aktionäre und/oder Gläubiger bezwecken.[221]

(2) Haftungsbegründende Pflichten

Die wesentlichen haftungsbegründenden Pflichten für Organe sind die unübertragbaren Aufgaben des Verwaltungsrates gemäss Art. 716a Abs. 1 OR. Für Verletzungen dieses Artikels hat der Verwaltungsrat ohne weiteres für eine allfällige Schädigung aufzukommen. Bei übertragbaren Pflichten kann er sich jedoch von der Haftung befreien, indem er die Aufgabe korrekt delegiert (Regelung durch statutarische Grundlage und Geschäftsreglement) und er bei der Auswahl, Unterrichtung und Überwachung die nach den Umständen gebotene Sorgfalt walten lässt.[222] Von Bedeutung ist ebenfalls die Sorgfalts- und die Treuepflicht gemäss Art. 717 und 718 OR, aber auch die Gleichbehandlungspflicht.[223]

---

[217] VON DER CRONE, Aktienrecht, S. 729.
[218] BÄRTSCHI, Verantwortlichkeit, S. 240.
[219] MÜLLER, unsorgfältige Führung, S. 1014; WIEGAND, S. 10; BGE 113 II 429 und 115 II62.
[220] WIDMER/GERICKE/WALLER, BSK OR II, S. 1452.
[221] BÖCKLI, S. 2493.
[222] MÜLLER, unsorgfältige Führung, S. 1016 f.
[223] JÖRG, S. 294 ff.

Die *Sorgfaltspflicht* ist nicht als selbständige Verhaltens- und Schutznorm zu verstehen sondern «als Modalität und Mindeststandard für die Art der Erfüllung spezifischer Aufgaben».[224] Solche Aufgaben ergeben sich durch gesetzliche, statutarisch und reglementarische Bestimmungen, welche in den Aufgabenbereich des Verwaltungsrates fallen, oder entstehen durch einen Generalversammlungsbeschluss.[225] Die *Treuepflicht* hat eine doppelte Bedeutung und ist einerseits ein weiterer Verhaltensmassstab für die Aufgabenerfüllung, denn der Verwaltungsrat muss seine Aufgaben nicht nur sorgfältig, sondern auch in guten Treuen erfüllen.[226] Daraus geht hervor, dass er stets im Interesse der Gesellschaft und unter «Hintenansetzung fremder und vor allem eigener divergierender Interessen» handeln muss.[227] Andererseits ist die Treuepflicht eine selbstständige Verhaltensnorm mit der strafrechtlichen Absicherung der ungetreuen Geschäftsbesorgung gemäss Art. 158 StGB. Durch die strafrechtliche Betrachtung ist die Treuepflicht auch eine Schutznorm bezüglich der Unterlassung einer vorsätzlichen, bzw. eventualvorsätzlichen Vermögensschädigung.[228] Gemäss Art. 717 Abs. 2 OR besteht schlussendlich eine *Gleichbehandlungspflicht*, nach der Aktionäre unter gleichen Voraussetzungen gleich zu behandeln sind, was für eine relative Gleichbehandlung spricht. Auch diese Bestimmung hat Schutznormcharakter.[229]

Da sich Aktiengesellschaften bezüglich ihrer Grösse und Organisation unterscheiden, werden die Pflichten des Verwaltungsrates im Gesetz nicht generell umschrieben.[230] Aus diesem Grund wird für die Bestimmung der Verhaltenspflichten eines Verwaltungsrates im Einzelnen ein objektivierter Sorgfaltsmassstab herangezogen (gruppen- oder berufsspezifische Sorgfalt).[231] Als Basis dient die Erwartungshaltung an ein hinreichend qualifiziertes Organ in der gleichen Position. MÜLLER unterteilt die Sorgfaltspflichtverletzungen in die folgenden Untergruppen:[232]

- *Pflichtwidrige Oberleitung der Gesellschaft*: Erlass von Weisungen (Einstellung Schwarzarbeiter), Unterlassung einer Weisungserteilung trotz Notwendigkeit (Einhalten gesetzlicher Vorschriften).

---

[224] BÖCKLI, S. 2494.
[225] BÄRTSCHI, Verantwortlichkeit, S. 241; FORSTMOSER, Aktienrechtliche Verantwortlichkeit, S. 93.
[226] WIDMER/GERICKE/WALLER, BSK OR II, S. 1455.
[227] FORSTMOSER/MEIER-HAYOZ/NOBEL, S. 296 f.
[228] BÖCKLI, S. 2494 f.
[229] BÖCKLI, S. 2495.
[230] GROSS, S. 155.
[231] WIEGAND, S. 11; MÜLLER, unsorgfältige Führung, S. 1015.
[232] MÜLLER, unsorgfältige Führung, S. 1014 f.; Katalog mit weiteren haftungsbegründenden Einzelpflichten aus diversen Gesetzen (z.B. OR, BEHG, FusG, StGB): BÖCKLI, S. 2496 ff.

- *Pflichtwidrige Organisation der Gesellschaft*: Unsorgfältige Delegation der Geschäftsführung (Auswahl, Unterrichtung und Überwachung)[233], Nichtbezahlung von Verrechnungssteuern und AHV-Beiträgen[234].
- *Pflichtwidrige finanzielle Führung*: Risikoreiche Finanztransaktionen, insb. durch Unterlassung von Wertberichtigung/Rückstellung[235], Nichtbezahlung von paritätischen Sozialversicherungsbeiträgen[236].
- *Pflichtwidrige Protokollführung*: Falsche Feststellung der Stimmrechtsverhältnisse in der Generalversammlung[237], fehlende Protokollführung.
- *Pflichtwidrige Verletzung von Gesetz und Statuten*: Verletzung von Aktionärsrechten (Dividenden- und Bezugsrecht, Anspruch auf Gleichbehandlung)[238], rechtswidrige Rückzahlung des Aktienkapitals[239], Nichtbezahlung Verrechnungssteuer bei Dividendenzahlungen oder Liquidationsgewinnsteuer bei der Auflösung ohne formelle Liquidation[240].
- *Pflichtwidriger Verstoss gegen die Sorgfalts- und Treuepflicht*: Alle übrigen Sorgfaltspflichtverletzungen. Bspw. mangelnde Bonitätsabklärung, übermässige Zuwendungen, unterlassene Massnahmen bei Überschuldung und Illiquidität[241], Verletzung der Geheimhaltung, Konkurrenzierung der eigenen Gesellschaft, Insidergeschäfte.[242]

(3) Corporate Governance

Der im vorherigen Unterkapitel aufgezeigte Pflichtenkatalog bildet sodann auch das Kernstück der Corporate Governance-Regelungen.[243] Die Corporate Governance-Empfehlungen stellen aus sich heraus kein objektives Recht dar und werden als Soft Law bezeichnet, welches mangels Rechtsnormcharakter keine Basis für haftungsauslösende Sorgfaltspflichtverletzungen bietet.[244] Die Thematik ist jedoch umstritten.[245] Laut einem Teil der Lehre beinhaltet die Sorgfaltspflicht gemäss Art. 717 Abs. 1 OR auch die Pflicht, die Grundsätze

---

233 BGE 114 V 219.
234 BGE 119 V 65.
235 GLANZMANN, Darlehensvertrag, S. 56 ff.; BGE 113 II 57.
236 BGE 109 V 86 und 103 V 120.
237 BGE 120 IV 199.
238 HUGUENIN, S. 1 ff.
239 FORSTMOSER/MEIER-HAYOZ/NOBEL, S. 681 f.; BGE 109 II 128.
240 BGE 115 Ib 393.
241 BGE 128 III 180 und 116 II 533.
242 Zu den einzelnen Sorgfalts- und Treuepflichten: HOMBURGER, ZK der Verwaltungsrat, S. 837 ff.
243 Vgl. Swiss Code of Best Practice, S. 1 ff.; Ausführlich zum Ganzen: BÖCKLI, S. 1979 ff.; MÜLLER/LIPP/PLÜSS, S. 695 ff.
244 WIDMER/GERICKE/WALLER, BSK OR II, S. 1454.
245 Vgl. hierzu BÖCKLI, S. 2408 ff.

einer zeitgemässen und auf die im Einzelnen herrschenden Umstände angepassten Corporate Governance umzusetzen.[246] Sodann ist gemäss WIDMER/GERICKE/WALLER zu beachten, dass Best Practices nicht «mit dem gesetzlich normierten, also haftungsrechtlich relevanten, Minimalstandard gleichzusetzen», sondern als Umsetzungsvorschlag oberhalb des Mindeststandards einzuordnen ist.[247] Sobald sich jedoch ein Standard branchenintern durchgesetzt hat, dürfte gemäss VON DER CRONE dessen Verletzung eine Sorgfaltspflichtverletzung begründen.[248] BÖCKLI geht davon aus, dass in einem Verantwortlichkeitsfall der Richter die Corporate Governance-Regelungen, welche von den meisten Publikumsgesellschaften befolgt werden, zur Klärung des Vorhandenseins einer Pflichtverletzung beizieht.[249] Dadurch wird die Rechtsprechung indirekt durch Corporate Governance-Regelungen beeinflusst.

(4) Business Judgement Rule

Die Entscheidfindung des Verwaltungsrats unterliegt einem gewissen Ermessensspielraum, der von diversen Faktoren, wie z.B. dem Zeitpunkt, Zeitdruck und der zur Verfügung stehenden Informationen abhängig ist. Bei einem allfälligen Fehlentscheid muss die Situation vom Richter so beurteilt werden, wie sie sich damals und auf Basis desselben Informationsstands darstellte.[250] Bei diesem Unterfangen besteht die Gefahr, dass der Richter die vergangenen Geschehnisse in der Gegenwart anders beurteilt, als er dies im entsprechenden Zeitpunkt getan hätte und ihm dadurch ein Rückschaufehler (engl. «hindsight bias») unterläuft. Das Bundesgericht, welches die Business Judgement Rule im Jahr 2012 anerkannte, hält diesbezüglich fest, dass sich die Richter bei einer nachträglichen Beurteilung eines Geschäftsentscheids Zurückhaltung aufzuerlegen hätten.[251] Durch die Business Judgement Rule wird die Sorgfaltspflicht für Verwaltungsräte und weitere beteiligte Organe betreffend Geschäftsentscheiden konkretisiert, um zu untersuchen, ob es sich bei einem Fehlentscheid um eine eigentliche Pflichtverletzung handelt.[252] Obwohl es an einer festen Liste von Prüfungsmerkmalen fehlt, sind insbesondere die

[246] WEBERR, Interventionen, S. 118 f.
[247] WIDMER/GERICKE/WALLER, BSK OR II, S. 1454.
[248] VON DER CRONE, Anreize, S. 249.
[249] BÖCKLI, S. 2409.
[250] BÖCKLI, S. 1772.
[251] Urteil BGer 4A_74_2012 vom 18. Juni 2012, E. 5.1; Urteil BGer 4A_259/2016 vom 13. Dezember 2016, E. 5.1.
[252] MÜLLER, unsorgfältige Führung, S. 988.

folgenden Punkte zur Beurteilung, ob eine Entscheidung sorgfältig war, von Bedeutung:[253]

- Vorliegen eines formellen Geschäftsentscheids
- Unbefangene und unabhängige Organperson (keine Interessenkonflikte[254])
- Entscheid auf Grundlage angemessener Informationen
- Berücksichtigung von Alternativszenarien
- Vertretbarkeitsprüfung

Gemäss RUSTERHOLZ/HELD stellt die Business Judgement Rule jedoch nicht eine Vermutungsregel zugunsten der Korrektheit eines Geschäftsentscheids dar und auch das Fehlen einer Voraussetzung vermag die gegenteilige Vermutung nicht zu begründen.[255] Das Vorliegen eines Interessenkonflikts führt daher nicht unbedingt zur Vermutung der Sorgfaltspflichtwidrigkeit und somit auch prozessual nicht zu einer Beweislastumkehr. In diesem Fall wird gemäss Bundesgericht eine umfassende inhaltliche Prüfung des Entscheids als notwendig erachtet.[256] Im Zusammenhang mit der Vertretbarkeitsprüfung wird sodann untersucht, ob der Geschäftsentscheid nicht dem Gesellschaftsinteresse zuwiderläuft, Chancen und Gefahren richtig abgeschätzt wurden und der Ertrag der Massnahmen deren Aufwand überwiegt.[257]

Bei der Beurteilung eines Entscheids wird von der Annahme ausgegangen, dass die Hauptaufgabe von mit der Geschäftsführung befassten Organen darin besteht, auf Basis unvollständiger Information Risiken und Chancen in einen Geschäftserfolg umzuwandeln.[258] Demzufolge muss berücksichtigt werden, dass gewisse Entscheide, schon nur wegen einer nicht optimalen Informationslage, nur mit einem latenten Risiko getroffen werden können, welches sich durchaus realisieren kann. Daher auch die zurückhaltende Beurteilung der Gerichte unter Beachtung der Business Judgement Rule, um allfällige Rückschaufehler bestmöglich zu verhindern.[259] Weiterhin ist die Anrufung der Business Judgement Rule im Verantwortlichkeitsprozess für Mitglieder des

[253] RUSTERHOLZ/HELD, S. 186 f.; FORSTMOSER/SPRECHER/TÖNDURY, S. 57; VON DER CRONE/CARBONARA/HUNZIKER, S. 47; SETHE, S. 170 ff; BÄRTSCHI, Verantwortlichket, S. 391 ff; BÖCKLI, S. 1773 ff.

[254] Über die Anwendung der Business Judgement Rule bei Vorliegen eines Interessenkonflikts: Urteil BGer 4A_219/2015 vom 8. September 2015.

[255] RUSTERHOLZ/HELD, S. 191.

[256] Urteil BGer 4A_219/2015 vom 8. September 2015.

[257] RUSTERHOLZ/HELD, S. 194.

[258] VOGT/BÄNZIGER, S. 611; VON DER CRONE/CARBONARA/HUNZIKER, S. 47.

[259] MÜLLER, unsorgfältige Führung, S. 988; ROBERTO/KRISTOFFEL, S. 5 ff.

Verwaltungsrates von Unsicherheit geprägt, da die Rechtsprechung zum Teil immer noch unklar ist.[260]

c) Adäquater Kausalzusammenhang

Damit das pflichtwidrig handelnde Organ gemäss Art. 754 OR haftbar gemacht werden kann, muss als weitere Voraussetzung zwischen dem pflichtwidrigen Verhalten[261] und dem eingetretenen Schaden ein adäquater Kausalzusammenhang bestehen. Dazu muss vorerst ein natürlicher Kausalzusammenhang zwischen Schaden und pflichtwidrigem Verhalten, bzw. die Beziehung von Ursache und Wirkung bestehen.[262] Da das Kriterium der einfachen Adäquanz für eine Haftungsbegründung nicht ausreicht, bzw. die Kausalkette unendlich verlängerbar wäre, bedarf es einen adäquaten Kausalzusammenhang, welcher die Haftung begrenzt. In BGE 93 II 29 wurde speziell für die aktienrechtliche Verantwortlichkeit bestimmt, dass ein Ereignis «als adäquate Ursache eines Erfolgs gilt, wenn es nach dem gewöhnlichen Lauf der Dinge und nach der Erfahrung des Lebens geeignet war, einen Erfolg von dieser Art des eingetretenen herbeizuführen, so dass der Eintritt dieses Erfolges durch jenes Ereignis allgemein als begünstigt erscheint [...]».[263] In Art. 759 Abs. 1 OR wird klargestellt, dass ein Haftpflichtiger nur für den Schaden einzustehen hat, der eine adäquat kausale Folge seines eigenen Verhaltens ist.[264]

Das Bundesgericht verlangt für den adäquaten Kausalzusammenhang jedoch keinen strengen, absoluten Beweis, der ebenfalls vom Kläger zu erbringen ist.[265] Für das Beweismass bedarf es lediglich der überwiegenden Wahrscheinlichkeit.[266] Auch Unterbrechungsgründe werden vom Bundesgericht nur restriktiv angenommen.[267] Es ist jedoch eine Tendenz feststellbar, wonach die Gerichte zu differenzierteren Urteilen tendieren, wie sich dies bspw. in einem Swissair-Entscheid[268] (Organhaftung) zeigt.[269] Bezüglich der Unterbrechung des adäquaten Kausalzusammenhangs ist zu erwähnen, dass diese durch ein Selbstverschulden möglich ist, sofern dies nicht bloss ein Herabsetzungsgrund

---

260 SETHE, S. 184; vgl. auch: GRASS, S. 136 ff; NIKITINE, S. 279 ff.; RUSTERHOLZ/HELD, S. 196.

261 Das pflichtwidrige Verhalten kann sich als Handlung oder Unterlassung manifestieren. MÜLLER/LIPP/PLÜSS, S. 340.

262 FORSTMOSER, Aktienrechtliche Verantwortlichkeit, S. 97.

263 Vgl. auch: BGE 123 III 112 und 132 II 718.

264 FORSTMOSER/MEIER-HAYOZ/NOBEL, S. 430; BÖCKLI, S. 2506 f.

265 MÜLLER, unsorgfältige Führung, S. 1018; GROSS, S. 199.

266 WIDMER/GERICKE/WALLER, BSK OR II, S. 1460 f.; BGE 132 III 720.

267 WEBER, Verantwortlichkeitsrecht, S. 303.

268 Urteil BGer 4C_70/2005 vom 18. Mai 2005.

269 MÜLLER/LIPP/PLÜSS, S. 341; FORSTMOSER/MEIER-HAYOZ/NOBEL, S. 429 f.; WIDMER/GERICKE/WALLER, BSK OR II, S. 1461.

gemäss Art. 44 Abs. 1 OR bildet. In wenigen Fällen ist auch eine Unterbrechung durch Drittverschulden möglich, führt aber in der Regel zu einer solidarischen Haftung und nur in groben Fällen zu einer Unterbrechung des Kausalzusammenhangs.[270] Die Unterbrechung durch höhere Gewalt kommt kaum je vor, wobei der gewöhnliche Zufall als Reduktionsgrund in Betracht kommt.[271]

d) Verschulden

Damit eine Haftung gemäss Art. 754 OR eintreten kann, bedarf es als letzte Voraussetzung ein Verschulden für das Handeln, bzw. Unterlassen des Verantwortlichen.[272] Es geht um die Zurechenbarkeit einer Pflichtverletzung.[273] Hierbei reicht jedes Verschulden, das einen Schaden herbeiführt, also sowohl die Absichtlichkeit (Wissen und Willen), als auch die leichte Fahrlässigkeit. Bei der Fahrlässigkeit wird vorausgesetzt, dass der Schadenseintritt objektiv voraussehbar war.[274] Mit anderen Worten bedeutet dies, dass sich der Verantwortliche nach der ihm zuzumutenden Aufmerksamkeit und Überlegung hätte sagen sollen, dass eine konkrete Gefahr der Schädigung bestehe.[275] Die feste Praxis des Bundesgericht legt dementsprechend der Haftung für Verwaltung, Geschäftsführung und Liquidation einen objektivierten Verschuldensbegriff zugrunde.[276] Das bedeutet, dass für die Beurteilung des Verschuldens im Einzelfall diejenige Sorgfalt massgebend ist, welche «ein gewissenhafter Mensch desselben Verkehrskreises wie die Verantwortlichen unter den gleichen Umständen als erforderlich ansehen würde».[277] Auch beim Verschulden gilt, dass die fraglichen Handlungen, bzw. Unterlassungen unter den Kenntnissen und Umstände zur Zeit des Geschehens zu beurteilen sind, um nicht einem Rückschaufehler zu unterlaufen.[278] Die Verteilung der Beweislast ist teilweise umstritten, denn sie richtet sich nach der Rechtsnatur der aktienrechtlichen Verantwortlichkeitsklage, was in der Praxis aber wegen dem objektivierten Verschuldensmassstab kaum problematisch ist.[279] Deswegen ist es

---

270 WIDMER/GERICKE/WALLER, BSK OR II, S. 1461.

271 FORSTMOSER/MEIER-HAYOZ/NOBEL, S. 430; BÄRTSCHI, Verantwortlichkeit, S. 237.

272 WIDMER/GERICKE/WALLER, BSK OR II, S. 1457.

273 BÄRTSCHI, Verantwortlichkeit, S. 299.

274 MÜLLER/LIPP/PLÜSS, S. 341.

275 BGE 99 II 180; vgl. auch: FORSTMOSER, Aktienrechtliche Verantwortlichkeit, S. 104.

276 MÜLLER, unsorgfältige Führung, S. 1018.

277 FORSTMOSER, Aktienrechtliche Verantwortlichkeit, S. 106.

278 FORSTMOSER/MEIER-HAYOZ/NOBEL, S. 430; BÄRTSCHI, Verantwortlichkeit, S. 428.

279 WEBER, Verantwortlichkeitsrecht, S. 303; WIDMER/GERICKE/WALLER, BSK OR II, S. 1458 f.; BÖCKLI, S. 2512.

gemäss BÖCKLI für einen Beklagten praktisch unmöglich, sich trotz nachgewiesener Schädigung, Pflichtwidrigkeit und adäquatem Kausalzusammenhang durch das Argument fehlenden Verschuldens zu entlasten.[280]

E. Verantwortlichkeit im Sozialversicherungs-, Steuer- und Strafrecht

1. Allgemeines

Die Verhältnisse in der Praxis zeigen, dass das vielleicht grösste Haftungsrisiko für Verwaltungsräte und allenfalls auch für weitere Organe nicht durch die aktienrechtliche Verantwortlichkeit hervorgerufen wird, sondern aus der öffentlich-rechtlichen Ordnung hervorgeht, insbesondere aus der Haftung für Steuern und Sozialabgaben, aber auch aus dem Strafrecht.[281] Aus diesem Grund ist es notwendig, an dieser Stelle auf die öffentlich-rechtlichen Aspekte der Verantwortlichkeit von Verwaltungsräten und Organpersonen einzugehen.

2. Haftung für Sozialversicherungsbeiträge

Wie im Kapitel zum statistischen Überblick über Verantwortlichkeitsklagen[282] dargelegt, sind Haftungsfälle im Zusammenhang mit öffentlich-rechtlichen Forderungen im Bereich der Sozialversicherungsabgaben besonders häufig.[283] Insbesondere im Konkursfall sind davon Mitglieder des Verwaltungsrates von nicht kotierten Gesellschaften, insbesondere aus dem KMU-Bereich betroffen.[284] Der KMU-Bereich macht in der Schweiz einen bemerkenswerten Anteil von 99,8% der gesamten Unternehmenslandschaft aus.[285] Zur Begründung einer Verantwortlichkeit wird Art. 52 AHVG herangezogen, wobei als Voraussetzung Beitragsabrechnungs- und/oder Beitragszahlungspflichten verletzt werden müssen.[286] Von der Verletzung dieser Pflichten ist der Arbeitgeber,

---

[280] BÖCKLI, S. 2511.

[281] FORSTMOSER, Aktienrechtliche Verantwortlichkeit, S. 293; FORSTMOSER/MEIER-HAYOZ/NOBEL, S. 451.

[282] Gemäss KELLER handelt es sich um 1250 bis 1300 Fälle pro Jahr mit einer gesamten Schadenssumme von CHF 30-40 Mio. (ø ca. CHF 30'000 pro Fall); Vgl. dazu Teil II. C.

[283] MÜLLER, unsorgfältige Führung, S. 1003.

[284] BÖCKLI, S. 2409.

[285] Studie Universität St. Gallen: Aktuellste Zahlen über KMU – Ausgabe 2017.

[286] GRONER, S. 86.

bzw. der Verwaltungsrat als oberstes Exekutivorgan der Gesellschaft betroffen.[287] Grundlegend dafür ist Art. 52 AHVG und Art. 52 BVG, wonach ein Arbeitgeber, der absichtlich oder grobfahrlässig Vorschriften der Versicherung missachtet und dadurch eine Schädigung verschuldet, diese zu ersetzen hat.[288] Der Schaden entsteht meistens aufgrund nicht bezahlter AHV/IV/EO/ALV- und PK-Beiträgen. Dazu kommen Verwaltungskostenbeiträge, Mahn-, Veranlagungs- und Betreibungsgebühren sowie Verzugszinsen.[289]

Das Eidgenössische Versicherungsgericht hat gemäss weit verbreiteter Lehrmeinung den Anwendungsbereich von Art. 52 AHVG über den Wortlaut hinaus, bzw. zu weit ausgedehnt und eine faktische Kausalhaftung für Mitglieder des Verwaltungsrates geschaffen.[290] Obwohl die verantwortlichen Organpersonen in den meisten Fällen nicht selber Arbeitgeber sind, hat das Eidgenössische Versicherungsgericht aus dem Wortlaut von Art. 52 AHVG eine subsidiäre Haftung für Organpersonen hergeleitet.[291] Des Weiteren wendet das Eidgenössische Versicherungsgericht im Hinblick auf Art. 52 AHVG einen Verschuldensmassstab an, der trotz der eigentlichen Beschränkung auf die Grobfahrlässigkeit, daraus nahezu eine Kausalhaftung macht.[292]

3. Persönliche Haftung von Organpersonen für Steuern

Diverse Bundessteuern und einige kantonale Steuergesetze begründen eine solidarische Mithaftung von Organpersonen für Steuerschulden der juristischen Person.[293] Sodann unterstehen die Organe einer Gesellschaft auch den Bestimmungen des Steuerstrafrechts. Auf Bundesebene ist in verschiedenen Spezialgesetzen des Steuerrechts eine Haftung der Organe und insbesondere der Liquidatoren vorgesehen.[294] In Art. 55 DBG wird bspw. ausdrücklich eine solidarische Haftung für die Mitglieder des Verwaltungsrates und Liquidatoren für die Steuerschulden der juristischen Person vorgegeben. Da auf kantonaler Ebene diesbezüglich noch keine Einheitlichkeit besteht, müssen jeweils

[287] Vgl. die Ausführungen in: MÜLLER/LIPP/PLÜSS, S. 380.
[288] FORSTMOSER/MEIER-HAYOZ/NOBEL, S. 452.
[289] MÜLLER/LIPP/PLÜSS, S. 379 ff.
[290] BÖCKLI, S. 2409; MÜLLER, unsorgfältige Führung, S. 1003; FORSTMOSER/MEIER-HAYOZ/NOBEL, S. 452; BÜRGI/VON DER CRONE, S. 348; GRONER, S. 81 ff.; KIESER, S. 181 ff.; WATTER, S. 511 ff.; Urteil BGer 9C_66/2016 vom 10. August 2016, E 5.4 f.
[291] FORSTMOSER/MEIER-HAYOZ/NOBEL, S. 452.
[292] FORSTMOSER/MEIER-HAYOZ/NOBEL, S. 452.
[293] FORSTMOSER, Aktienrechtliche Verantwortlichkeit, S. 298.
[294] MÜLLER, unsorgfältige Führung, S. 1002.

die auf den Einzelfall bezogenen Bestimmungen konsultiert werden, um eine sachgerechte Aussage treffen zu können.[295]

In der Praxis gilt es für Verwaltungsräte nicht nur die direkte Bundessteuer und Mehrwertsteuer zu beachten, sondern auch die Verrechnungssteuer.[296] Unter gewissen Voraussetzungen besteht nämlich die Möglichkeit, dass die eidgenössische Steuerverwaltung eine Sicherstellung der latenten Verrechnungssteuerforderungen verlangt.[297] Gemäss Art. 15 VStG haften solidarisch «für die Steuern einer aufgelösten juristischen Person [...], die mit der Liquidation betrauten Personen bis zum Betrag des Liquidationsergebnisses» und «für die Steuer einer juristischen Person [...], die ihren Sitz ins Ausland verlegt, die Organe bis zum Betrag des reinen Vermögens»[298]. Hierbei handelt es sich gemäss Bundesgericht um eine Garantenhaftung, wobei die Behörden dementsprechend keinen Beweis für die Rechtswidrigkeit, die Kausalität und das Verschulden erbringen müssen.[299] Der Verwaltungsrat kann einen Exkulpationsbeweis erbringen, sofern er nachweisen kann, dass er alles Zumutbare zur Feststellung und Erfüllung der Steuerforderung getan hat, wobei dieser Beweis in der Praxis nur selten gelingt.[300] Daneben wird in Spezialgesetzen die solidarische Mithaftung der Organe vorgesehen, wie z.B. in Art. 8 Abs. 1 lit. a Tabaksteuergesetz, Art. 32 Abs. 1 lit. c und d MWSTG oder Art. 10 Abs. 1 des Bundesgesetzes über die Stempelabgaben.

Als weiteres Instrumentarium zur Geltendmachung latenter Steuerforderungen kommt für die Steuerbehörden auch die aktienrechtliche Verantwortlichkeit gemäss Art. 754 OR in Frage. Da die Spezialgesetzgebung für den Staat jedoch häufig günstiger ausgestaltet ist, macht der Fiskus von Art. 754 OR im Allgemeinen selten Gebrauch und greift nur darauf zurück, wenn keine spezifischen Haftungsnormen für den Einzelfall vorgesehen sind.[301]

4. Strafrechtliche Verantwortlichkeit

Sobald ein Organ eine unerlaubte Handlung begeht oder für die Tat eines Dritten mitverantwortlich ist, kann dieses Verhalten nicht nur durch die zivil-

---

295 MÜLLER/LIPP/PLÜSS, S. 373.
296 FORSTMOSER/MEIER-HAYOZ/NOBEL, S. 451.
297 FORSTMOSER, Aktienrechtliche Verantwortlichkeit, S. 298 f.
298 Das reine Vermögen berechnet sich aus der Differenz zwischen Aktiven und Verbindlichkeiten der Gesellschaft, wobei die Bewertung zum Fortführungswert erfolgt.
299 BGE 106 Ib 379; Urteil BGer 2C_472/2015 vom 14. September 2016, E. 3.4.1.
300 FORSTMOSER/SPRECHER/TÖNDURY, S. 105.
301 Mehr zur persönlichen Haftung von Organpersonen für Steuern: MÜLLER/LIPP/PLÜSS, S. 372 ff.

und aktienrechtliche Verantwortlichkeit[302], sondern auch strafrechtlich belangt werden. Diesbezüglich ist das Strafgesetz von zentraler Bedeutung.[303] Die Strafbarkeit des Unternehmens ist in Art. 102 Abs. 1 StGB geregelt und begründet eine subsidiäre Haftung des Unternehmens bei allen Vergehen und Verbrechen.[304] Art. 29 StGB regelt die strafrechtliche Verantwortlichkeit der Organpersonen und bezieht sich auf sämtliche Straftatbestände im StGB.[305] Gemäss dieser Bestimmung wird eine besondere Pflicht, deren Verletzung die Strafbarkeit begründet oder erhöht, und die nur der juristischen Person, Gesellschaft oder der Einzelfirma obliegt, einer natürlichen Person zugerechnet, wenn diese die dafür nötigen Voraussetzungen erfüllt.[306] Die Organe können sich im Verlauf ihrer Amtsausübung mit zahlreichen Straftatbeständen konfrontiert sehen, wobei es in der Regel zumindest eines Eventualvorsatzes bedarf.[307]

Als Straftatbestand im Zusammenhang mit der aktienrechtlichen Verantwortlichkeit kommen insbesondere die Folgenden in Frage: fahrlässige Tötung (Art. 117 StGB), Körperverletzung (Art. 125 StGB),[308] Veruntreuung (Art. 138 StGB), Betrug (Art. 146 StGB), unwahre Angaben über das kaufmännische Gewerbe (Art. 152 StGB), ungetreue Geschäftsbesorgung (Art. 158 StGB), Insolvenzdelikte[309] (Art. 163 ff. StGB), Urkundenfälschung (Art. 251 StGB), Geldwäscherei (Art. 305bis StGB)[310] mangelnde Sorgfalt bei Finanzgeschäften und Melderecht (Art. 305ter StGB), Bestechung (Art. 322ter StGB), ordnungswidrige Führung der Geschäftsbücher (Art. 325 StGB) usw.[311]

Neben den zentralen Strafbestimmungen des Strafgesetzbuches sind Spezialstraftatbestände aus den verschiedenen Spezialgesetzen von Bedeutung. Im Steuerrecht kommt bspw. der Steuerbetrug (Art. 186 DBG und Art. 59 StHG) in Frage. Im Verwaltungsstrafrecht massgebend sind Art. 6, 12 und 14 ff. des

---

302 Vgl. Art. 55 ZGB, Art. 41 ff. und 752 ff. OR.
303 BÖCKLI, S. 2410.
304 MÜLLER/LIPP/PLÜSS, S. 396.
305 WEISSENBERGER, BSK StGB I, S. 587.
306 Weiterführend: WEISSENBERGER, BSK StGB I, S. 583 ff.
307 BÄRTSCHI, S. 89.
308 Hervorgerufen durch Nichtbeachtung, bzw. Nichtdurchsetzung von Unfallverhütungsmassnahmen oder Bewirkung entsprechender Gefahren.
309 Z.B. Gläubigerschädigung durch Vermögensverminderung gemäss Art. 163 StGB.
310 Vgl. auch das Bundesgesetz über die Bekämpfung der Geldwäscherei und Terrorismusfinanzierung (GwG) vom 10. Oktober 1997 (955.0).
311 Nicht abschliessende Aufzählung; vgl. auch: MÜLLER/LIPP/PLÜSS, S. 398 ff.; BÖCKLI, S. 2410 f.; BÄRTSCHI, S. 89 ff.; BRUGMANN, S. 72 ff.

Verwaltungsstrafrechtsgesetzes[312]. Diese umfassen unter anderem den Abgabebetrug umfassen. Wer von der Verordnung gegen übermässige Vergütung erfasst wird, macht sich gemäss Art. 24 VegüV strafbar, wenn als Mitglied des Verwaltungsrates, Geschäftsleitung oder des Beirates unzulässige Vergütungen ausgerichtet oder bezogen werden.[313] Auch branchenspezifische Strafnormen aus der Banken-, Versicherungs-, Börsen-, Eisenbahn-, Luftfahrtgesetzgebung, usw. kommen in Betracht. Die Kursmanipulation (Art. 155 FinfraG) und die Insiderstrafnorm (Art. 154 FinfraG) wurden sodann aus dem Strafgesetzbuch in das Finanzmarktinfrastrukturgesetz eingegliedert.

Durch ein Strafverfahren wird in den meisten Fällen die prozessuale Situation der Organpersonen beträchtlich verschlechtert und bedroht des Weiteren auch den Schutz, welcher von einer D&O-Versicherung gewährt wird. Sensitive Dokumente können mithilfe von Zwangsmassnahmen im Verlauf des Strafprozesses eingezogen werden, welche wegen dem Recht auf Akteneinsicht von diesem Zeitpunkt an von den Klägern eingesehen werden können.[314] Auf diesem Weg verbessert sich auf Klägerseite das Verständnis über Geschäftsabläufe und -zusammenhänge und dadurch auch die Beweislage und die Qualität der Klage selbst.[315] Schlussendlich wird die Verurteilung in einem Strafprozess auch indirekte Auswirkungen auf die Grundhaltung des Richters im Zivilprozess mit sich bringen. Durch einen Adhäsionsprozess kann der Geschädigte eine Beurteilung der mit der Straftat verbundenen Zivilansprüche im Strafverfahren verlangen.[316] Der Staat bevorschusst die Kosten im Strafverfahren, während dem die Untersuchungsbehörde von sich aus die Beweise beschafft und eruiert. Somit können sich wiedersprechende Urteile vermieden und Kosten eingespart werden, was aus prozessökonomischer Sicht durchaus sinnvoll ist.[317]

F. Folgerungen aus dem theoretischen Teil

Im Gegensatz zu den umfassenden Anforderungen, welche an eine Revisionsstelle gestellt werden, müssen angehende Verwaltungsräte von Gesetzes wegen geringe Voraussetzungen erfüllen. Es muss sich lediglich um eine na-

---

[312] Bundesgesetz über das Verwaltungsstrafrecht (VStrR) vom 22. März 1974 (SR 313.0).
[313] MÜLLER/LIPP/PLÜSS, S. 395 f.; Mehr dazu: ISLER/SCHOTT, S. 7 ff.
[314] DONATSCH, S. 160 f.
[315] BÖCKLI, S. 2411.
[316] MÜLLER/LIPP/PLÜSS, S. 405.
[317] Umfassend zur strafrechtlichen Verantwortlichkeit: MÜLLER/LIPP/PLÜSS, 395 ff.

türliche, handlungsfähige Person handeln, die unabhängig von der Revisionsstelle ist. Ob und welche persönlichen Voraussetzungen ein zukünftiges VR-Mitglied erfüllen muss, überlässt das Gesetz dem Wahlentscheid der Generalversammlung. Anhand von Art. 716a OR wird deshalb ein indirekter Mindeststandard definiert. Andererseits nehmen die Anforderungen an Verwaltungsräte aufgrund der fortschreitenden Regulierung und Globalisierung stetig zu, was zu einer Überdehnung der Verantwortlichkeit führt. Daraus entstehen Problemfelder, wie z.B. die Expectation Gap, die Zunahme der Risikoaversion und der Verdrängungseffekt auf dem Markt für Verwaltungsräte.[318] Auch die grundlegenden drei Funktionen der Haftung werden nur beschränkt erfüllt. Die D&O-Versicherungen und die Business Judgement Rule vermögen dieser Entwicklung nur beschränkt entgegenzuwirken. Aus diesem Grund fordert die Praxis und ein Teil der Lehre eine Reduktion der Haftung aus aktienrechtlicher Verantwortlichkeit.

Die Lehre stellte während der letzten 20 Jahren eine stetige Zunahme an Verantwortlichkeitsklagen fest. Seitens der Gerichte wird zwar ein Anstieg der Klagen bis 2011 verneint, es muss jedoch berücksichtigt werden, dass ein Grossteil der Fälle aussergerichtlich, bzw. vorprozessual durch einen Vergleich gelöst werden. Auch die D&O-Versicherer geben an, dass die Zahl der Schadenfälle angestiegen ist. Es muss aber auch beachtet werden, dass die Anzahl an Aktiengesellschaften im Untersuchungszeitraum von KELLERS Studie von 173'127 im Jahr 2001 auf 189'515 im Jahr 2010 gestiegen ist.[319] Die Zunahme an Klagen wurde teilweise auch durch diesen Anstieg beeinflusst. Hinsichtlich der Fallgruppen, bzw. der Hauptklagegründe widersprechen sich VON DER CRONE und KELLER in ihren Analysen der Rechtsprechung. Dies kann verschiedene Gründe haben. Einerseits wäre es möglich, dass sich die Methodik hinsichtlich der Einteilung der Klagen in die verschiedenen Fallgruppen unterscheidet. Andererseits muss beachtet werden, dass VON DER CRONE die Analyse der Rechtsprechung zwischen 2000 und 2006 vornahm, während dem die Untersuchung von KELLER einen längeren Zeithorizont umfasst. Dies könnte bedeuten, dass bis 2006 die Pflichtwidrigkeit als kleinere Fallgruppe galt, und andere Anspruchsgrundlagen im Vordergrund standen, jedoch ab 2006 ein Anstieg an Verantwortlichkeitsklagen, welche sich auf die Pflichtwidrigkeit beziehen, zu verzeichnen war. Eine weitere Möglichkeit wäre, dass es im Zeitraum von 2000-2006 wenig Klagen gab, die sich auf die Pflichtwidrigkeit bezogen. Man kann jedoch davon ausgehen, dass in der Untersuchung von VON DER CRONE die Rechtsprechung sämtlicher Instanzen untersucht wurde und

[318] Vgl. dazu: Teil II. B. 2.
[319] KELLER, MA, S. 56.

Keller lediglich die Fälle vor Bundesgericht analysierte. Hinsichtlich der Fälle aus Art. 52 AHVG im Sozialversicherungsrecht ist nach Bereinigung der Wachstumszahlen von Aktiengesellschaften ein leichter Anstieg der Fallzahlen und ein grösserer Anstieg der Gesamtschadenssumme und dementsprechend eine Erhöhung bei den Durchschnittskosten pro Fall festzustellen. Dieses Wachstum lässt sich auf unterschiedliche Faktoren zurückführen.

Neben der aktienrechtlichen Verantwortlichkeit und Verantwortlichkeitsklagen betreffend Sozialversicherungsbeiträge ist die steuerrechtliche und die strafrechtliche Verantwortlichkeit ebenfalls von grosser Bedeutung. Schlussendlich steht fest, dass aktuell ca. 1800-2000 verantwortungsrechtliche Forderungen[320] pro Jahr geltend gemacht werden.

[320] Gerichtlich und aussergerichtlich, Forderungen aus Art. 52 AHVG miteingeschlossen.

III. Besonderer praktischer Teil

A. Übersicht über die empirische Studie

1. Untersuchungsziel

Anhand der empirischen Studie soll ein besserer Überblick über die grössten und bedeutendsten Verantwortlichkeitsklagen geschaffen werden. Dazu wird in einem ersten Schritt ermittelt, inwiefern sich gemäss Expertenmeinung die Klagen aus aktienrechtlicher Verantwortlichkeit, Sozialversicherungs- sowie Steuerrecht in der Vergangenheit entwickelt haben. Als zweites soll herausgefunden werden, in welcher Reihenfolge die wichtigsten und bedeutendsten Verantwortlichkeitsklagen einzustufen sind. Um eine bessere Übersicht über die Hauptklagegründe, bzw. die von Verwaltungsräten begangenen Hauptfehler zu erlangen, soll des Weiteren in Erfahrung gebracht werden, welche Hauptklagegründe und Hauptfehler am häufigsten vorkommen. Zusätzlich soll herausgefunden werden, ob die Verantwortlichkeit, bzw. die Haftung der Verwaltungsräte angemessen ausgestaltet ist. In diesem Zusammenhang wird auch untersucht, ob die gesetzlichen Voraussetzungen zur Erlangung eines Verwaltungsratsmandats ausreichen. Schlussendlich soll herausgefunden werden, ob die Aus- und Weiterbildungsmöglichkeiten ausreichen. Auf Basis der Resultate der empirischen Studie (quantitative und qualitative Studie) werden die 20 grössten und bedeutendsten Verantwortlichkeitsklagen mithilfe eines Frameworks einheitlich auf je ca. 2-5 Seiten zusammengefasst.

2. Untersuchungszielgruppen

Um möglichst aussagekräftige Resultate zu erhalten, wurden verschiedene Expertengruppen angeschrieben. In der quantitativen wie auch in der qualitativen Studie wurden Experten aus den folgenden Untersuchungszielgruppen befragt und interviewt:

- Richter
- Anwälte
- Sachwalter/Liquidatoren
- Medien/Journalisten
- Versicherungen
- Lehre
- Prozessfinanzierer
- Verwaltungsräte

Innerhalb der Expertengruppen wurde möglichst nach Personen gesucht, welche zur Thematik Verantwortlichkeitsklagen, Hauptklagegründe und Anforderungen an Verwaltungsräte das nötige Fachwissen und am meisten Erfahrung haben. Bezüglich der Gruppen Lehre und Anwälte wurden insbesondere nach den folgenden Stichworten gesucht: Verantwortlichkeitsrecht, Haftpflichtrecht, Corporate Governance, Insolvenzrecht und Restrukturierungen, Prozessführung und Schiedsgerichtsbarkeit. In der Gruppe der Versicherungen wurden D&O-Versicherer befragt und interviewt. Um Journalisten einzuladen, wurden die grössten Medienhäuser der Schweiz angeschrieben, damit diese die Umfrage von den entsprechenden Journalisten ausfüllen lassen.

3. Datenerhebungsmethodik

a) Quantitative Studie

Um eine erste Übersicht über die unterschiedlichen Verantwortlichkeitsklagen, Hauptklagegründe, Hauptfehler sowie die Anforderungen an Verwaltungsräte und deren Aus- und Weiterbildungsmöglichkeiten zu erhalten, wurde eine breit gestreute quantitative Studie in Form einer Onlineumfrage mit 10 Fragen durchgeführt. Es handelt sich um eine anonyme Studie. Die elektronische Umfrage wurde im Zeitraum vom 29. September 2016 bis 7. November 2016 während 5 Wochen durchgeführt. Da aufgrund der Zielgruppenzusammensetzung eine Rücklaufquote von ca. 15% zu erwarten war, wurde der Fragebogen etwas kürzer ausgestaltet. In drei Einladungswellen wurden jeweils 100 Personen per E-Mail eingeladen, was schweizweit 300 Personen aus den verschiedenen Untersuchungszielgruppen entspricht. Die Rücklaufs-, bzw. Beendigungsquote beträgt schlussendlich 51 Umfrageteilnehmer, bzw. 17%. Insgesamt bekundeten 15 Umfrageteilnehmer ihr Interesse an den Umfrageresultaten. Vielfach wurde eine Nichtteilnahme damit begründet, dass täglich mehrere solche Anfragen eingehen und nicht ausreichend Zeit zur Verfügung stehe, diese zu beantworten. Die entsprechende Umfrage sowie die Rohdaten dazu sind in Anhang 3 zu finden.

b) Qualitative Studie

Nach der Beendigung der quantitativen Studie wurde mit der Zusammenfassung der 20 grössten und bedeutendsten Verantwortlichkeitsklagen gegen Verwaltungsräte und Organpersonen begonnen. Da die quantitativen Umfrageergebnisse zum Teil Interpretationsspielraum offenlassen und zu den einzelnen Fällen nicht alle Informationen recherchierbar sind, wurden anhand einer qualitativen Studie, Experteninterviews durchgeführt. In den Experteninterviews wurden in einem ersten Teil die Umfrageergebnisse besprochen, um danach gezielt Fragen zu den einzelnen Fällen zu klären und fehlende Informationen zu erhalten. Die qualitative Studie wurde im Zeitraum vom 8. November 2016 bis 1. Mai 2017 durchgeführt. Hierzu wurden 10 Experten befragt. Das Verzeichnis der Interviewpartner und die entsprechenden Interviewleitfäden befinden sich in Anhang 1 und 2.

4. Untersuchungsgrenzen

Aus praktischen Gründen konzentriert sich die Studie insbesondere auf die Deutschschweiz. Es gab einige wenige Umfrageteilnehmer aus dem Kanton Genf und Freiburg. Italienisch oder rätoromanisch sprechende Umfrageteilnehmer gab es nicht zu verzeichnen. Sodann handelt es sich mit 51 befragten nicht um eine repräsentative Umfrage. Es gilt jedoch zu beachten, dass die Untersuchungszielgruppe aus einem relativ kleinen Kreis an Personen besteht, welche über die entsprechenden Fachkenntnisse verfügen. Dementsprechend konnte eine relevante Anzahl an Umfrageteilnehmer der Untersuchungszielgruppe befragt werden.

B. Auswertung der quantitativen und qualitativen Studie

1. Übersicht

Im nachfolgenden wird bei jedem Unterkapitel vor der Darstellung des Diagramms, dieses anhand der quantitativen Resultate besprochen. Nach dem Diagramm folgen jeweils die Implikationen aus der qualitativen Studie.

2. Entwicklung der Verantwortlichkeitsklagen in der Schweiz

a) Quantitative Resultate

Im Theorieteil wurden die quantitativen, bzw. statistischen Details zur Entwicklung der Verantwortlichkeitsklagen genauer analysiert und ausgeführt.[321] Zusätzlich wurden Daten betreffend die Entwicklung von Klagen aus Art. 52 AHVG ausgewertet und besprochen, welche vom Bundesamt für Sozialversicherungen (BSV) zur Verfügung gestellt wurden.

[321] Vgl. dazu: Teil II. C.

b) Qualitative Studie: Verantwortlichkeitsklagen nach Art. 754 OR

Die interviewten Personen bestätigten, dass die Anzahl an Verantwortlichkeitsklagen aus Art. 754 OR in den letzten 10 bis 15 Jahren relativ stabil oder etwas rückläufig war. Dies wird dadurch begründet, dass die aktuelle Rechtsprechung als streng eingestuft wird und daher keine hohen Anreize für eine Verantwortlichkeitsklage gesetzt werden. Seitens der Versicherer wird jedoch in den letzten Jahren ein Anstieg, teilweise sogar eine Verdoppelung der gestellten Ansprüche festgestellt. Hierbei handelt es sich oft um Fälle aus dem Verwaltungsstrafrecht, weil z.B. die WEKO oder die FINMA eine Untersuchung durchführte. Durchgehend wird bestätigt, dass ca. 90–95% der Fälle per Vergleich erledigt werden. Auch bestätigt wird, dass des Öfteren eine Klage gegen die Revisionsstelle vorgezogen wird, da der Erwartungswert höher ist, weil die Wahrscheinlichkeit eines für den Kläger positiven Urteils als höher erachtet wird und die Revisionsstellen besser versichert sind als Verwaltungsräte. Des Weiteren wurde seitens der Versicherer erwähnt, dass Verwaltungsräte kleinerer Gesellschaften und kleinere Revisionsstellen vielfach einem Vergleich zustimmen, obwohl die Erfolgschancen, die Verantwortlichkeitsklage vor Gericht abzuwehren relativ gross wären. Dies, da ein komplexer Verantwortlichkeitsprozess aus finanziellen und zeitlichen Gründen nicht getragen werden kann.

c) Qualitative Studie: Klagen gemäss Art. 52 AHVG

Von den Interviewpartnern wurde bestätigt, dass die Entwicklung von Schadenersatzklagen aus Art. 52 AHVG (Sozialversicherungsrecht) mit dem Wachstum der Anzahl an Gesellschaften schweizweit und mit der Konkursanzahl korreliert.[322] Ebenfalls erwähnt wurde der Einfluss der Entwicklung des Schweizerfrankens, wobei diesbezüglich die Sensitivität branchenspezifisch unterschiedlich ausfällt. Der in Abbildung 1 f. dargestellte Anstieg an Klagen aus Art. 52 AHVG, lässt sich mit grosser Wahrscheinlichkeit auf die Finanzkrise 2008/2009 zurückführen, da die schlussendlichen Auswirkungen mit einer Verzögerung von einigen Jahren eintreten. Des Weiteren treten gemäss Versicherer, Klagen aus Art. 52 AHVG praktisch nur bei KMU mit weniger als 100 Angestellten auf. Die Haftung für Schäden im Zusammenhang aus Art. 52 AHVG wird von den Versicherungen grundsätzlich ausgeschlossen. Dieses Risiko kann aber zusätzlich versichert werden. Bezüglich der Rechtsprechung wurde von mehreren Interviewpartnern erwähnt, dass die aktuelle Rechtsprechung aus Art. 52 AHVG faktisch zu einer Kausalhaftung mit der

[322] Vgl. dazu: Teil II. C.

Möglichkeit eines Exkulpationsbeweises führt. Gemäss Gesetzestext von Art. 52 Abs. 1 AHVG braucht es für einen Schadenersatzanspruch seitens der Versicherung einen Arbeitgeber, der «durch absichtliche oder grobfahrlässige Missachtung von Vorschriften der Versicherung einen Schaden» zufügt. Tatsächlich sei es in der Praxis so, dass beim Vorhandensein eines Verwaltungsrates und einem Einzahlungsverzug der Sozialversicherungsleistungen von drei Monaten oder mehr, eine Klage gemäss Art. 52 AHVG erhoben werden kann, bzw. in vielen Fällen erhoben wird. Die in diesem Zusammenhang strikte Rechtsprechung wird jedoch generell als sinnvoll erachtet.

d) Qualitative Studie: Klagen gemäss Art. 15 VstG

Von ähnlicher Bedeutung wie die Haftung für nicht einbezahlte Sozialversicherungsbeiträge ist die Garantenhaftung von Verwaltungsräten für latente Verrechnungssteuerforderungen gemäss Art. 15 VstG.[323] Zwar ist die Häufigkeit solcher Klagen deutlich geringer, die Schadenersatzforderungen sind aber in den meisten Fällen um einiges höher als die Schadenersatzforderungen ausgehend von Art. 52 AHVG. Die geringere Häufigkeit wird damit begründet, dass der Sachverhalt solcher Fälle oft komplizierter ist. Als problematisch gelten in der Praxis insbesondere Upstream Darlehen, welche im Konzernverhältnis bspw. von einer Tochter- an die Muttergesellschaft ausbezahlt werden. Im Falle eines Konkurses und der fälligen Rückzahlung der Darlehensschuld, kann das eigentliche Darlehen als verdeckte Ausschüttung ausgelegt werden, welche der Verrechnungssteuer unterliegt. Sodann wird in der Praxis bei grösseren Beträgen ausgehend von Art. 15 VstG geklagt. Dies kann dazu führen, dass sich ein Verwaltungsrat mit einer Ersatzforderung eines höheren Millionenbetrags konfrontiert sieht.

3. Reihenfolge der grössten und bedeutendsten Fälle

a) Resultate der quantitativen Studie

In den Medien, aber auch in der Lehre ist des Öfteren nach den grössten zwei Fällen unklar, in welcher Reihenfolge die Verantwortlichkeitsklagen der letzten 20 Jahre einzuordnen sind. Um einen Überblick über Reihenfolge betreffend die Grösse und Bedeutung der Fälle zu bekommen, wurden nach einer ersten Recherche und Analyse der 30 bis 40 bekannteren Fälle aus den letzten 20 Jahren, 10 dieser Fälle den Umfrageteilnehmern zur Beurteilung vorgelegt.

[323] Vgl. dazu: Teil II. E. 3.

Jeder Umfrageteilnehmer konnte die seines Erachtens fünf grössten und bedeutendsten Fälle auswählen.[324]

Der Swissair-Fall wurde von 46 Umfrageteilnehmern unter die grössten fünf Fälle gewählt, was in relativen Zahlen 90% der Umfrageteilnehmer entspricht. Wie in Abbildung 9 dargestellt, folgen darauf die Erb-Gruppe mit 80%, die Omni-Holding mit 73%, die Biber Holding mit 51% und die Spar- und Leihkasse Thun mit 49% als die grössten fünf Fälle der letzten 20 Jahre.

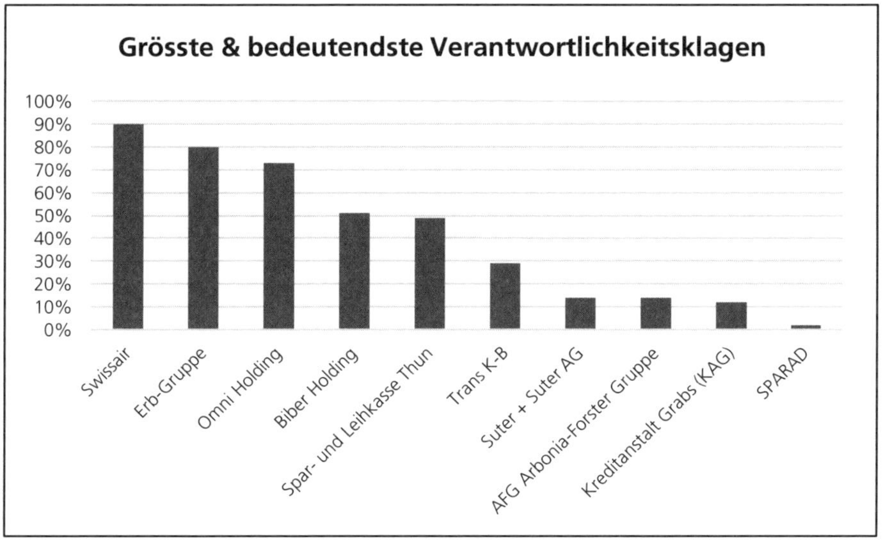

Abbildung 9: Die 10 grössten und bedeutendsten Verantwortlichkeitsklagen der Schweiz aus den letzten 20 Jahren (Quelle: Eigene Darstellung).

Die grössten fünf Fälle werden nachfolgend auf jeweils ca. 5 Seiten zusammengefasst.[325] Zusätzlich wurde mit der darauffolgenden offenen Frage nach weiteren bekannten Verantwortlichkeitsklagen gefragt um weitere 10 Fälle ermitteln zu können.[326] Oft wurden von den Umfrageteilnehmern laufende Verfahren erwähnt, welche jedoch in dieser Arbeit nicht behandelt werden können. Zu den aktuell laufenden Verantwortlichkeitsklagen gehören bspw.: Glarner Kantonalbank (GLKB), Petroplus, ASE und Basler Kantonalbank, Behring-Anklage, Schmolz + Bickenbach sowie Sika. Generell auffällig war, dass die Umfrageteilnehmer kaum zusätzliche Fälle auflisten konnten.

[324] Vgl. Anhang 3, Frage 1.
[325] Vgl. dazu: Teil III. C.
[326] Vgl. Anhang 3, Frage 2.

b) Resultate der qualitativen Studie

Die in Abbildung 9 aufgelisteten Verantwortlichkeitsklagen wurden von den interviewten Personen in der qualitativen Studie durchgehend bestätigt. Auch Sie konnten kaum weitere, als die vorliegenden zehn Klagen aufzählen. Meistens handelte es sich bei zusätzlichen Aufzählungen, wie in der quantitativen Studie auch, um noch nicht abgeschlossene Fälle, deren Gerichtsurteile zum Zeitpunkt der Niederschrift dieser Studie noch nicht rechtskräftig waren. Als grosse und bedeutende Fälle der letzten zwanzig Jahre gelten gemäss den Interviewpartnern insbesondere die ersten vier aufgelisteten Verantwortlichkeitsklagen. Juristisch von Bedeutung, bzw. als Eckpfeiler der Rechtsprechung der letzten zwanzig Jahre wurden die folgenden Verantwortlichkeitsklagen erwähnt: Raschein-Praxis, X Corporation-Entscheid, Raichle-Entscheid, Entscheid zur Business Judgement Rule, Biber-Holding sowie Swissair – Zahlungen im September 2001. Schlussendlich gilt es aber auch bei diesen 10 Fällen, verschiedene Fallgruppen zu unterscheiden, wobei ein Direktvergleich schwierig fällt. Beim Fall der Erb-Gruppe und Omni Holding waren die kriminellen Absichten der Verantwortlichen klar gegeben. Bei den anderen Fällen waren zwar kaum kriminelle Absichten festzustellen, wohl aber fahrlässiges bis grobfahrlässiges Handeln.

4. Fallgruppen der Verantwortlichkeitsklage und Hauptfehler

a) Resultate der quantitativen Studie

In der statistischen Übersicht über die Verantwortlichkeitsklagen im Theorieteil wurden Fallgruppen der Verantwortlichkeitsklagen und deren Häufigkeit vor Bundesgericht gezeigt.[327] Weil es keine abschliessende Definition der Pflichtverletzung gibt, hat die Judikatur und Literatur zur Konkretisierung die in der Legende von Abbildung 10 erwähnten Fallgruppen gebildet. Da jedoch die wenigsten Fälle vor Bundesgericht gelangen, sondern von einer vorherigen Instanz entschieden werden und ca. 90-95% aller Streitigkeiten mit einem Vergleich gelöst werden, wurden die Umfrageteilnehmer nach der generellen Häufigkeit dieser Fallgruppen befragt.[328]

Wie in Abbildung 10 dargestellt, wurde die Fallgruppe Überschuldung von 50% der Umfrageteilnehmer als häufigste Fallgruppe von Verantwortlichkeitsklagen definiert, wobei lediglich 23% die Pflichtverletzung, 33% den

[327] Vgl. dazu: Teil II. C.
[328] Vgl. Anhang 3, Frage 3.

Schaden, 3% den Kausalzusammenhang und 0% Prozessuales an vorderster Stelle einreihten. Die Pflichtverletzung wurde als zweithäufigste Fallgruppe erwähnt, der Schaden kam an dritter Stelle worauf der Kausalzusammenhang und das Prozessuale folgte. Im Vergleich zur Verteilung in Abbildung 6 stellt sich heraus, dass vor Bundesgericht zwar die Pflichtverletzung die mit Abstand häufigste Fallgruppe ist und die Überschuldung nur an vierter Stelle eingestuft wird. Generell über sämtliche Fälle gesehen, ist jedoch die Fallgruppe Überschuldung an erster und die Pflichtverletzung an zweiter Stelle einzuordnen. Dies lässt sich dadurch begründen, dass Verantwortlichkeitsklagen, welche die Überschuldung betreffen, in den meisten Fällen im KMU-Bereich anfallen und diese oft per Vergleich beigelegt werden. Der KMU-Bereich macht in der Schweiz einen bemerkenswerten Anteil von 99,8% der gesamten Unternehmenslandschaft aus.[329]

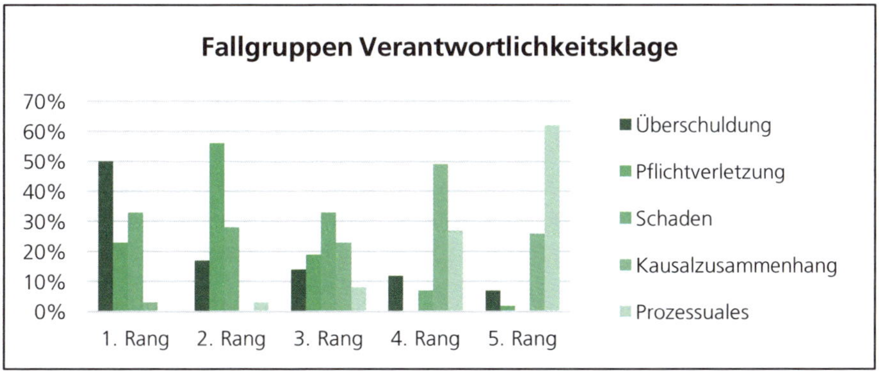

Abbildung 10: Einteilung der Verantwortlichkeitsklagen in Fallgruppen (Quelle: Eigene Darstellung).

b) Qualitative Studie: Übersicht und Hauptfehler von Verwaltungsräten

In den Interviews wurde bei der Fragestellung in diesem Themenbereich jeweils unterschieden, ob es sich um eine Person handelt, welche entweder einen juristischen oder betriebswirtschaftlichen Hintergrund hat. Die Juristen wurden nach der in Abbildung 10 dargestellten Fallgruppeneinteilung befragt und die Betriebswirtschaftler nach den häufigsten, bzw. folgenreichsten Fehlern, welche Verwaltungsräten unterlaufen. Bei Letzteren handelt es sich um

[329] Studie Universität St. Gallen: Aktuellste Zahlen über KMU – Ausgabe 2017.

generelle Fehler, die eine Unternehmenskrise oder einen Konkurs, jedoch nicht zwingend eine Verantwortlichkeitsklage auslösen können.[330]

Die generellen Fehler werden hauptsächlich durch einen schlechten Entscheidungsprozess im Verwaltungsrat ausgelöst, welcher bei Geschäftsentscheidungen die Business Judgement Rule nicht beachtet.[331] Des Öfteren wird beobachtet, dass der Verwaltungsrat nicht führt, zu wenig kritisch hinterfragt, dadurch der Geschäftsleitung zu viel Spielraum überlässt und so seine unübertragbaren Aufgaben ungenügend wahrnimmt. Ein weiterer und häufig beobachteter Fehler ist ein mangelhaftes oder fehlendes IKS. Der Verlust der Wettbewerbsfähigkeit wird dadurch in vielen Fällen nicht bemerkt. Darauffolgend werden oft Ertragsrückgänge zwar zur Kenntnis genommen, es wird jedoch meistens zu spät oder gar nicht reagiert. Wenn in diesem Zusammenhang die Kompetenzen und das Wissen bezüglich betriebswirtschaftlicher Zahlen, Finanzierung und Rechnungslegung sowie Controlling fehlen, kann das dazu führen, dass die Zahlen der Bilanz und Erfolgsrechnung nicht der Realität entsprechen, weil bspw. branchenübliche Abschreibungen nicht getätigt werden. Ab diesem Punkt gibt es diverse Einzelbeispiele, bzw. generelle Fehler von Verwaltungsräten, die zu Liquiditätsproblemen führen und eine Verantwortlichkeitsklage in der Fallgruppe der Überschuldung, bzw. Pflichtverletzung auslösen können. Die häufigsten und folgenreichsten generellen Fehler sind in der Tabelle in Anhang 5 dargestellt.

c) Qualitative Studie: Fallgruppen der Verantwortlichkeitsklagen

Als Folge der zuvor besprochenen generellen Fehler von Verwaltungsräten, besteht die Möglichkeit einer Klageerhebung gegen diese. Die Reihenfolge der in Abbildung 10 dargestellten Fallgruppen wurde in den Interviews bestätigt. Gemäss den interviewten Juristen und Versicherern sind 70–80% der Verantwortlichkeitsklagen der Fallgruppe der Überschuldung zuzurechnen. Laut den interviewten Juristen lässt sich dies daraus ableiten, dass bei KMU die Situation oft nicht richtig eingeschätzt wird und es zu lange dauert, bis die Bilanz deponiert wird. Daraus entsteht schlussendlich ein Fortführungsschaden, für welchen der Verwaltungsrat haften kann. Generell kann davon ausgegangen werden, dass die Wahrscheinlichkeit der Fallgruppe Überschuldung mit abnehmender Unternehmensgrösse steigt. Gleichläufig sinkt aber

[330] Vgl. dazu die Tabelle in Anhang 5.

[331] Zu vermeiden sind in diesem Zusammenhang insbesondere sogenannte Tischvorlagen, welche von der Geschäftsleitung für die Verwaltungsratssitzung nicht vorangemeldet werden und der Verwaltungsrat dadurch Gefahr läuft, einen voreiligen, nicht der BJR entsprechenden Entscheid zu treffen.

im Normalfall auch die Höhe der Schadenssumme, wobei im KMU-Bereich trotzdem auch hohe Schadenssummen anfallen können. Dieser Effekt lässt sich daran erklären, dass sich eine Verantwortlichkeitsklage bei kleineren Unternehmungen fast nur im Falle einer Überschuldung lohnt, da es sich im Gegensatz zu den anderen Fallgruppen um die effizienteste Klage-Variante handelt. Eine Mehrheit der interviewten Experten vertritt die Meinung, dass in Zukunft die grossen Verantwortlichkeitsklagen nicht mehr auf der Basis einer Überschuldung gemäss Art. 725 OR hervorgehen, sondern eher in der Konstellation der aktuellen Verantwortlichkeitsklagen am Fallbeispiel der Sika. Es sollte dementsprechend bei grossen Verantwortlichkeitsklagen zukünftig eine Transformation weg von der Fallgruppe Überschuldung, hin zu komplexen Rechtsproblemen stattfinden. Wenn man lediglich die Anzahl Fälle betrachtet, wird die Fallgruppe der Überschuldung jedoch an vorderster Stelle bleiben, da diese zahlenmässig immer noch am häufigsten auftreten werden und weiterhin grösstenteils im KMU-Bereich entstehen. Neben der Fallgruppe Überschuldung kommt es häufig zu Problemen im Zusammenhang mit Darlehensvergaben im Konzern und darauffolgendem Konkurs der Darlehensnehmerin. Zwei Interviewpartner sprachen des Weiteren die Durchsetzbarkeit der unterschiedlichen Verantwortlichkeitsansprüche an. Obwohl nicht sehr häufig vorkommend, lassen sich gemäss diesen Interviewpartnern strafrechtlich relevante Tatbestände oder formelle Fehler, bzw. elementare Fehler bei der Führung einer Aktiengesellschaft relativ einfach einklagen, da die Beweislage in diesen Fällen besser ist, als im Falle der Überschuldung. Andererseits gilt die Verantwortlichkeitsklage ausgehend von anderen Pflichtverletzungen als weniger geeignete Klage, da vielfach die Business Judgement Rule greift.

5. Anforderungen an die Verantwortlichkeit und Haftung

a) Resultate der quantitativen Studie: Normalverteilung

Von verschiedenen Seiten geraten die Anforderungen an die Haftung und Verantwortlichkeit von Verwaltungsräten teilweise in die Kritik, wobei argumentiert wird, dass diese entweder zu weit gehen oder nicht ausreichen. Um herauszufinden, wie die Anforderungen an die Verantwortlichkeit und Haftung der Verwaltungsräte eingeschätzt wird, wurden die Umfrageteilnehmer gefragt, ob diese zu weit geht, zu wenig weit geht oder ausreichend ist.[332] Wie in Abbildung 11 dargestellt, schätzen 54% der Befragten die Anforde-

[332] Vgl. Anhang 3, Frage 5.

rungen als ausreichend ein. Weitere 24% gehen davon aus, dass die Anforderungen zu weit gehen und 22% schätzen die Anforderungen als nicht ausreichend ein. Interessant daran ist, dass dieses Resultat etwa einer Normalverteilung entspricht.

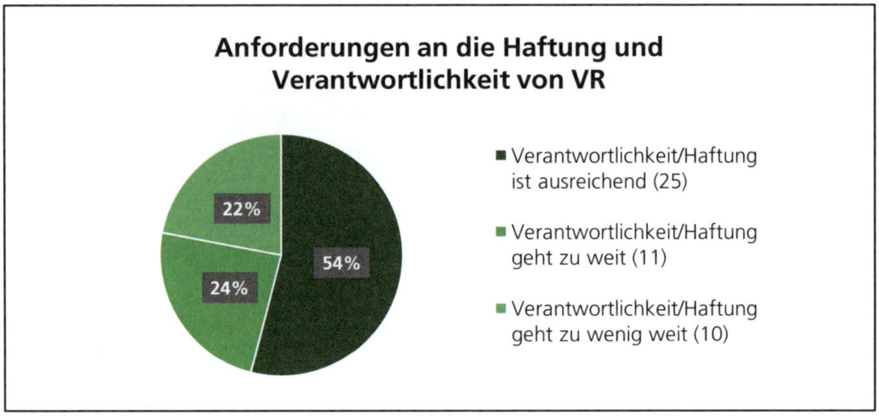

Abbildung 11: Anforderungen an die Verantwortlichkeit und Haftung von Verwaltungsräten in der Schweiz (Quelle: Eigene Darstellung).

b) Qualitative Studie: Argumente für eine erweiterte Haftung und Verantwortung

Dasselbe Bild ergibt sich wie zuvor erklärt ebenfalls bei den Befragungen in der qualitativen Studie. Generell muss man aber bei der Einschätzung der Anforderungen an die Haftung und Verantwortlichkeit von Verwaltungsräten zwischen der Gesetzgebung und der Rechtsprechung unterscheiden. Die rechtstheoretische Aufstellung und Systematik bzw. die gesetzliche Ausgestaltung der Verantwortlichkeitsklagen wird durchgehend als ausreichend und gut erachtet. Dies gilt auch im internationalen Vergleich. Das Schweizer System incentiviert die Verwaltungsräte zu proaktivem Handeln und führt dazu, dass Probleme gelöst werden. Betreffend die Rechtsprechung wurde von mehreren Interviewpartnern bemerkt, dass diese zurzeit zu weit geht und problematisch sei. Einerseits haben die Gerichte einen grossen Ermessensspielraum bezüglich Geschäftsentscheidungen durch die Business Judgement Rule. In diesem Zusammenhang wurde insbesondere die Air-Litoral-Verantwortlichkeitsklage aus dem Swissair-Fall mehrmals erwähnt.[333] Andererseits geht die Beweislast stark zu Lasten des Klägers, was mit zunehmender Kom-

[333] Vgl. dazu: Teil III. C. 2.

plexität der Fälle umso problematischer wird. Auch wurde erwähnt, dass psychologische Aspekte von Bedeutung sind, da es als Richter unter diesem Aspekt einfacher sei, eine Revisionsstelle als juristische Person mit viel zur Verfügung stehendem Kapital und umfangreichem Versicherungsschutz zu verurteilen, als einen Verwaltungsrat als natürliche Person mit begrenztem Privatkapital und teilweise fehlendem Versicherungsschutz.

c) Qualitative Studie: Argumente gegen eine erweiterte Haftung und Verantwortung

Die Realität spricht aber eher für eine verminderte Haftung von Verwaltungsräten, da diese im durchschnittlichen KMU nicht überdurchschnittlich viel verdienen, meistens nebenberuflich tätig sind und für ein Risiko haften, dass kaum vollkommen beherrschbar ist.[334] Dies führt dazu, dass die Rechtsprechung betreffend die Gutheissung von Verantwortlichkeitsklagen relativ streng ist. Die heutige Rechtsprechung im Zusammenhang mit Verantwortlichkeitsklagen wird von den interviewten Personen mehrheitlich so zusammengefasst, dass Managementfehler, bzw. Geschäftsentscheidungen die Aktionäre, bzw. die Gläubiger und Verstösse gegen Rechtsvorschriften die Verwaltungsräte tragen müssen. Die aktuelle Situation der Rechtsprechung wird neben den zuvor erwähnten Nachteilen aber als gut erachtet, da das geschäftliche Risiko der Aktionäre und Gläubiger nicht auf den Verwaltungsrat überwälzt werden sollte, weil schlussendlich die Aktionäre den Verwaltungsrat wählen und die Aktionäre und Gläubiger vom Kapitalgewinn, bzw. dem Erfolg der Gesellschaft profitieren und nicht der Verwaltungsrat. Im Gegensatz zum Verwaltungsrat der Aktiengesellschaft sind bei der Kommandit-Aktiengesellschaft die Anforderungen an die Haftung und Verantwortlichkeit der verwaltenden Partner höher angesetzt. Der verwaltende Partner erhält für dieses Risiko aber auch zusätzlich eine Risikoprämie. Diese Gesellschaftsform gibt es in der Schweiz zurzeit nur noch bei ca. sieben Unternehmungen.

Die Ausweitung der Haftung und Verantwortlichkeit auf gesetzlicher Ebene wird aber von den Interviewpartnern mehrheitlich abgelehnt. In der Schweiz sind die Anforderungen an Verwaltungsräte im internationalen Vergleich heutzutage bereits hoch, wobei die Unternehmensführung im Zusammenhang mit den aktuellen Trends, wie z.B. der Digitalisierung und der Internationalisierung, komplexer wird. Dies führt tendenziell zu einem risikoaversen Verhalten von Verwaltungsräten. Um eine Unternehmung weiterzuentwickeln und die Wettbewerbsfähigkeit zu erhalten, müssen jedoch kalkulierbare

[334] SPEISER, VR-Löhne sinken.

Risiken bewusst eingegangen werden. Diesbezüglich wird befürchtet, dass durch eine weitere Erhöhung der Anforderungen im Zusammenhang mit der Haftung und Verantwortlichkeit, die Risikoaversion steigern würde. Dies wäre für die Schweizer Wirtschaft von Nachteil.

6. Aus- und Weiterbildungsmöglichkeiten von Verwaltungsräten

a) Resultate der quantitativen Studie: Hoher Standard

Als Antwortmöglichkeit zur Auswahl waren die in Abbildung 12 dargestellten vier Optionen, wovon jeder Umfrageteilnehmer eine Option auswählen konnte.[335] Die Auswertung hat ergeben, dass 57% der Umfrageteilnehmer den Standard der Aus- und Weiterbildungsmöglichkeiten für Verwaltungsräte in der Schweiz als hoch empfindet und ausreichend unterschiedliche Möglichkeiten angeboten werden. 19% der Befragten sprechen sich für einen tiefen Standard und ausreichend Möglichkeiten aus und 12% für einen hohen Standard und ein zu kleines Angebot. Lediglich 12% bewerten den aktuellen Standard als zu tief mit zu wenig Möglichkeiten.

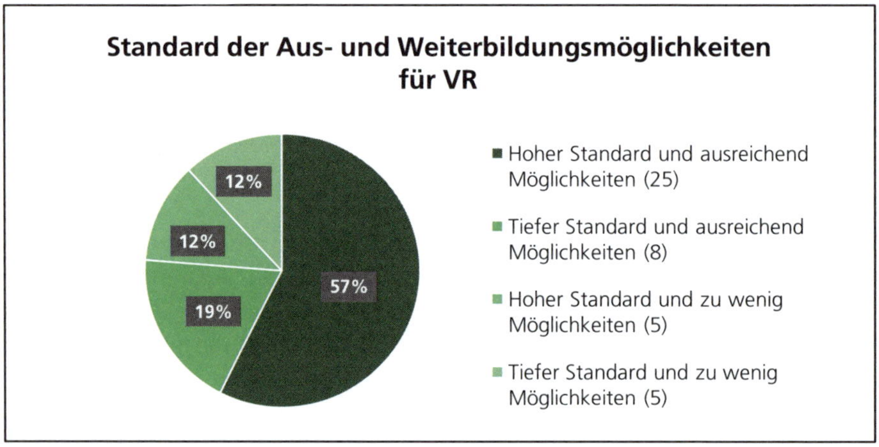

Abbildung 12: Standard der Aus- und Weiterbildungsmöglichkeiten für Verwaltungsräte in der Schweiz (Quelle: Eigene Darstellung).

[335] Vgl. Anhang 3, Frage 6.

b) Qualitative Studie: Aus- und Weiterbildungsmöglichkeiten institutioneller Anbieter

In den Interviews wurde mehrmals erwähnt, dass die Schweiz mittlerweile betreffend die Aus- und Weiterbildungsmöglichkeiten von Verwaltungsräten im internationalen Vergleich sehr gut positioniert ist und sowohl das Angebot, als auch die Nachfrage gross ist. Es ist zu beobachten, dass im Gegensatz zu den Nachbarländern die Kursangebote von institutionellen Anbietern in der Schweiz gefragt und gut besucht sind. Dementsprechend wird die Schweiz im internationalen Vergleich nach Kanada ausbildungstechnisch und betreffend den Ausbildungsstandard der Verwaltungsräte an zweiter Stelle eingeordnet. Dies war aber nicht immer so. Nach den Fällen Swissair und Erb-Gruppe befand sich die Schweiz bezüglich der Corporate Governance, in Europa praktisch an letzter Stelle. In den vergangen 15 Jahren wurden diesbezüglich aber bemerkenswerte Fortschritte gemacht. Es gibt kein Land in Europa, das diesen Standard, in derselben Zeit, derart signifikant verbessern konnte. Die einschneidenden Vorkommnisse der Vergangenheit und die darauffolgenden Entwicklungen im Bereich der Corporate Governance erhöhten das Bewusstsein und die Verantwortlichkeit von Verwaltungsräten. Auch die dadurch angestiegenen Anforderungen erklären die hohe Nachfrage nach Aus- und Weiterbildungsmöglichkeiten.

Die Interviewpartner beobachten jedoch, dass es im KMU-Bereich teilweise noch an Fachkenntnissen fehlt, was auch die hohe Anzahl an Verantwortlichkeitslagen, bspw. aufgrund eines Überschuldungsschadens oder wegen nicht bezahlter Sozialversicherungsbeiträge, in diesem Bereich erklären lässt. Die stetig steigende Zahl an Kursteilnehmern aus dem KMU-Bereich lässt aber eine positive Entwicklung vermuten. Von einigen Interviewpartnern wurde kritisiert, dass die institutionellen Aus- und Weiterbildungsangebote in den meisten Fällen zwar qualitativ sehr hochwertig sind, der schlussendliche Wissenstransfer in die Praxis jedoch teilweise nicht optimal verläuft. Dies wird einerseits damit begründet, dass die Kurse thematisch und inhaltlich eher breit und nicht tief ausgestaltet sind und das gelernte in der Praxis selten zur Anwendung kommt und dadurch eher in Vergessenheit gerät.[336] Andererseits braucht die Umsetzung des frisch angeeigneten Fachwissens in der Praxis, je nach Verwaltungsratskultur, eine gewisse Bereitschaft und Mut, was für relativ unerfahrene Verwaltungsräte eine Herausforderung darstellt. Was in der

[336] Bspw. versucht die Swiss Board School diesem Problem mit dem VR-Zertifikats-Programm (VR-CAS-HSG) entgegenzuwirken.

Praxis als problematisch gesehen wird und durch Aus- und Weiterbildungskurse von institutionellen Anbietern nicht gelehrt werden kann, sind spezifische Branchen-, bzw. Produktkenntnisse. Solche branchen- und produktspezifischen Kenntnisse fehlen in der Praxis teilweise durchgehend in Verwaltungsräten, obwohl diese sehr wichtig wären.

c) Qualitative Studie: Weitere Aus- und Weiterbildungsmöglichkeiten

Neben den institutionellen Anbietern gibt es weitere Möglichkeiten, sich das nötige Fachwissen zu erarbeiten. Man lässt sich bei komplexeren Fragestellungen von Anwaltskanzleien oder Beratungsunternehmungen informieren und nimmt an spezifischen Tagungen oder Vorlesungen teil, um den aktuellen Entwicklungen zu folgen und das Wissen zu erweitern. Als wichtig wird ebenfalls die Auseinandersetzung mit aktueller fachspezifischer Literatur erachtet. Ein weiterer und sehr wichtiger Eckpfeiler stellt der Austausch mit anderen Verwaltungsräten oder Fachexperten dar. So suchte man bspw. im Zusammenhang mit der Umsetzung der VegüV einen intensiven Austausch mit Verwaltungsräten anderer Unternehmungen. Ein solcher Austausch findet zwar unter direkten Konkurrenten weniger statt, funktioniert aber ansonsten in der Schweiz sehr gut. Auch die Weiterbildung der Fachkenntnisse in den einzelnen Verwaltungsräten sei als positiv zu betrachten, wobei dies von diversen Evaluationsmechanismen initiiert werde.

7. Gesetzliche Mindestanforderungen an Verwaltungsräte

a) Resultate der quantitativen Studie: Kein Bedarf an Gesetzesänderungen

Da es teilweise Andeutungen gibt, dass die Anforderungen an die Haftung und Verantwortlichkeit von Verwaltungsräten erhöht werden sollte, bzw. Gesetzesänderungen im Bereich von Art. 707 ff. OR in Betracht gezogen werden, wurden die Umfrageteilnehmer gefragt, ob die gesetzlichen Anforderungen an Verwaltungsräte erhöht werden sollten.[337] Mehrere der in Abbildung 13 dargestellten Antwortoptionen konnten ausgewählt. Deutliche 61% aller Umfrageteilnehmer sprachen sich dafür aus, dass zurzeit kein Handlungsbedarf seitens des Gesetzgebers besteht. 20% aller Umfrageteilnehmer

[337] Vgl. Anhang 3, Frage 8.

wählten die Antwortoption der Mandatsanzahlbeschränkung und 12% die Antwortoption der Amtszeitbeschränkung.

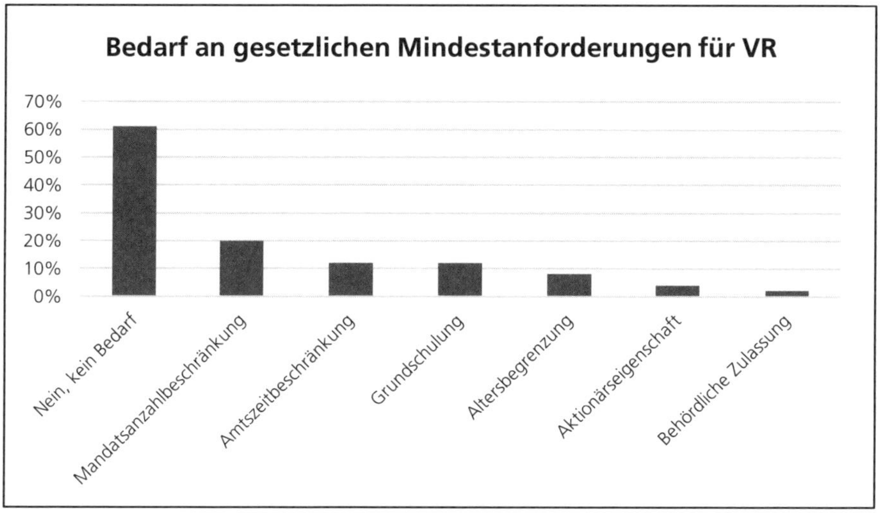

Abbildung 13: Bedarf an gesetzlichen Mindestanforderungen für Verwaltungsräte in der Schweiz (Quelle: Eigene Darstellung).

b) Qualitative Studie: Übersicht und Altersbegrenzung

Generell wiederspiegeln die Interviews die Resultate der quantitativen Analyse. Gesetzliche Änderungen werden deutlich abgelehnt, da die Anforderungen an Verwaltungsräte zurzeit – auch im internationalen Vergleich – bereits auf einem hohen Niveau sind. Aufgrund der hohen Komplexität in der Praxis, kann z.B. eine Mandatsanzahlbeschränkung kaum sinnvoll auf Gesetzesebene geregelt werden. Denn je nach Mandat, Unternehmung und persönlicher Organisation des Verwaltungsrates fällt der Arbeitsaufwand massgebend unterschiedlich aus.

Etwas anders als in der quantitativen Analyse wurde in den Interviews eine Altersbegrenzung aufgefasst. Tendenziell ist zwar die Mehrheit der interviewten Personen gegen eine gesetzliche Altersbegrenzung, es gibt aber auch Argumente dafür. Die «Halbwertszeit» von Verwaltungsräten wurde mehrmals angesprochen. Verwaltungsräte, welche sich aus ihrem Beruf zurückziehen, nicht mehr Vollzeit arbeiten und nur noch wenige Mandate ausüben, verlieren nach einiger Zeit fachlich den Anschluss, da sie an aktuellen Entwicklungen nicht mehr mit der gleichen Intensität und Regelmässigkeit teilhaben. Die «Halbwertszeit» betrage schätzungsweise zwischen etwa sechs Monaten und fünf Jahren und kommt auf die Umstände im Einzelfall an. Problematisch sei, dass es für andere Verwaltungsratsmitglieder schwierig ist, einem von der Materie zu weit entfernten Verwaltungsrat den Austritt nahe zu legen. Weil Verwaltungsräte ihr Arbeitspensum in den meisten Fällen ab einem Alter von 65 Jahren reduzieren, wurde bei einigen Unternehmungen in den Statuten eine Altersobergrenze festgelegt, die in den meisten Fällen um die 70 Jahre beträgt. Ein weiteres Argument dafür ist das aktuelle Durchschnittsalter der Verwaltungsräte von 64 Jahren. Man geht davon aus, dass Personen, die mit Themen betreffend die Digitalisierung ausreichend Erfahrung haben, zurzeit im Durchschnitt unter 40 Jahre alt sind. Auch kommt es in der Schweiz selten vor, dass ein Verwaltungsratsgremium in regelmässigen Abständen untersucht, ob es noch richtig zusammengesetzt ist. Dies ist empfehlenswert, da sich das Geschäftsumfeld, die Unternehmung und somit auch die Anforderungen an einen Verwaltungsrat ständig verändern. Gesetzlich könnte eine Regulierung so aussehen, dass die Altersgrenze auf einem Alter von bspw. 70 Jahren festgelegt und eine Ventilklausel eingebaut wird, welche es den Verwaltungsräten im Einzelfall offenlässt, mit einem Mehrheitsentscheid den Verbleib eines diese Altersgrenze überschreitenden Verwaltungsrates zu garantieren. Ob eine solche Regulierung dem Einzelfall gerecht wird, ist aber fraglich, da die Realität komplex ist und es unterschiedlichste Arten an Unternehmensgrössen und Verwaltungsratsausgestaltungen gibt.

c) Qualitative Studie: Frauenquote

In der quantitativen Umfrage wurde das Thema Frauenquote zwar nicht abgefragt, kam aber in den Interviews mehrmals zur Diskussion. Grundsätzlich wird von den interviewten Personen eine gesetzliche Frauenquote in Verwaltungsräten mehrheitlich mit der Begründung abgelehnt, dass eine solche Regelung der Komplexität in der Praxis nicht gerecht werden kann. Denn branchenspezifisch bestehen grosse Unterschiede hinsichtlich des Angebots an potenziellen Verwaltungsrätinnen. Das Problem wird aber eher auf der Nachfrageseite gesehen. Statistisch gesehen hätte ein weit grösserer Anteil an Frauen einen Leistungsausweis, der sie zur Verwaltungsrätin befähigen würde, als der aktuelle Frauenanteil in Schweizer Verwaltungsräten, der bei den 100 grössten Gesellschaften ca. 17% beträgt.[338] Somit erhält das Argument Gewicht, das den Begriff der «Quotenfrau» der Figur des «Zweitklass-Mannes» gegenüberstellt, «der vom faktischen Ausschluss der Frauen aus diesen Gremien profitiert und nur Mitglied wird, weil besser geeignete Frauen

[338] PFANDER, Rekord bei Frauenquoten in Schweizer Chefetagen, Tagesanzeiger.

von vorneherein ausgeschlossen sind».[339] Dem Argument, dass die Nachfrage nach Verwaltungsrätinnen zu klein sei, widerspricht jedoch die repräsentative Studie des Schweizerischen Arbeitgeberverbandes und ZCapital, welche ergeben hat, dass zurzeit 84% der Schweizer Aktiengesellschaften den Anteil der Frauen in ihren Verwaltungsräten erhöhen möchten. Der Schweizerische Arbeitgeberverband erstellte darauffolgend eine Publikation, die eine Liste mit 200 Frauen beinhaltet, die bereits Verwaltungsratsmandate ausüben und eine weitere Liste mit 200 Frauen, die aufgrund ihres Leistungsausweises als Verwaltungsrätinnen für grössere Gesellschaften in Frage kommen.[340] Diese Publikation sei das meistgefragteste Dokument seit der Gründung des Arbeitgeberverbandes. Daraus kann geschlossen werden, dass das Zusammentreffen von Angebot und Nachfrage in der Praxis als ungenügend einzustufen ist. So befindet sich die aktuell erreichte Quote und deren Entwicklung weit unter dem europäischen Durchschnitt. Eine positivere Entwicklung könnte durch eine gesetzlich vorgegebene Quote beschleunigt werden. So könnte temporär eine vorgegebene Quote auf Verwaltungsrats-Ebene eingeführt werden, welche aber wieder aufgelöst wird, sobald der Zielwert erreicht ist und danach der freie Markt wieder über den weiteren Verlauf bestimmen kann. Ob das Zusammenfinden von Angebot und Nachfrage durch eine Regulierung auf Gesetzesstufe erfolgsversprechend ist, bleibt jedoch fraglich.

C. Die 20 grössten und bedeutendsten Fälle der letzten 20 Jahre

1. Übersicht

In diesem Unterkapitel werden die 20 grössten und bedeutendsten Fälle der vergangenen 20 Jahre einheitlich auf jeweils zwei bis fünf Seiten zusammengefasst. Die Informationslage der einzelnen Fälle war meistens ausreichend bis gut. Nur in wenigen Fällen stellte sich die Informationsbeschaffung als schwierig dar. Bei der Informationssuche wurden die Schwerpunkte auf Gerichtsentscheide, Zeitungsartikel, Abhandlungen betreffend die einzelnen Fälle und sonstige Internetquellen gesetzt. Zusätzlich wurde versucht, allfällige Informationslücken und Unklarheiten mithilfe der Interviewpartner zu schliessen. Sobald der Fall anhand der zur Verfügung stehenden Informatio-

[339] SCHENKER, Gleichstellung, S. 473.

[340] Publikation Schweizerischer Arbeitgeberverband: Fokus: Frauen im Verwaltungsrat – 400 Vorschläge für Schweizer Gesellschaften, S. 4.

nen hinreichend bis gut rekonstruiert werden konnte, wurde dieser nach einem einheitlichen Muster zusammengefasst. Aufgrund der umfangreichen Recherche für die 20 zusammengefassten Fälle wurde eine grössere Zahl an Materialen zitiert. Zur besseren Übersicht wurden die zitierten Materialien im Materialienverzeichnis fallweise eingeordnet. Wegen der hohen Komplexität der Fälle und dem begrenzten Umfang von zwei bis fünf Seiten pro Fall, wird kein Anspruch auf Vollständigkeit erhoben.

2. Swissair

a) Übersicht

Die «Swissair»[341] wurde 1931 gegründet und war bis zu ihrer Nachlassstundung und Liquidation ab Oktober 2001 die nationale Fluggesellschaft der Schweiz. Auslöser der Nachlassstundung war der Zusammenbruch der Konzernholding SAirGroup AG. Auf Basis der damaligen Regionalfluggesellschaft Crossair, wurde die neue Schweizer Fluggesellschaft «Swiss» gegründet, die heute zu 100% von der Lufthansa kontrolliert wird. Das Medieninteresse am sogenannten «Swissair-Grounding» war über die Grenzen der Schweiz hinaus über mehrere Jahre hoch. In den vergangenen Jahren wurden neben strafrechtlichen Prozessen insbesondere Anfechtungs- und Verantwortlichkeitsklagen geführt.

b) Unternehmensgeschichte

Seit ihrer Gründung im Jahr 1931 wurde die Swissair stetig grösser und konnte einem teilweise schwierigen wirtschaftlichen Umfeld trotzen.[342] In den 1990er Jahren verschlechterte sich die Situation für die Swissair jedoch zunehmend, da durch die fortschreitende Liberalisierung des Flugverkehrs ein Preiskampf und Verdrängungseffekt zwischen den Fluggesellschaften einsetzte. Zusätzlich setzten die negativen Auswirkungen des Nichtbeitritts zum Europäischen Wirtschaftsraum (EWR) der Swissair zu. Dem wurde unter anderem durch die Gründung von Allianzen mit anderen Fluggesellschaften entgegengewirkt.[343] Da die Swissair durch die grösseren Allianzen und Fluggesellschaften unter Druck gesetzt wurde, strebte man eine Fusion zwischen der Swissair, KLM und SAS zu je 33.3% unter dem Projektnamen Alcazar an, welches jedoch scheiterte.[344] Aufgrund des kleinen Heimmarkts, begrenzten

[341] Offizieller Name: Swissair Schweizerische Luftverkehr-AG.
[342] Währungs- und Ölkrisen sowie Preiskämpfe unter den verschiedenen Fluggesellschaften.
[343] MEYER, S. 243.
[344] MEYER, S. 284.

Ausbaumöglichkeiten von Schweizer Flughäfen und erschwertem Marktzugang innerhalb von Europa, wurden neue Strategien ausgearbeitet. Zur Auswahl standen schlussendlich drei Optionen: Der Alleingang mit einer Verkleinerung des Angebots, die Fusion mit einer grossen Fluggesellschaft oder der Aufbau eines grösseren Luftfahrtsystems. Aufgrund der politischen Stimmung in der Schweiz entschied man sich, trotz wirtschaftlichen Bedenken, für die dritte Option. Darauf übernahm die Swissair im Mai 1995 insgesamt 49,5% des Aktienkapitals der Sabena für CHF 260 Mio., obwohl diese verschuldet war.[345] Sodann folgten 1996 bedeutende Umstrukturierungen des Konzerns. Zu dieser Zeit war der Verwaltungsrat äusserst breit aufgestellt und mit Exponenten der nationalen Wirtschaftselite besetzt.[346] Als CEO amtierte Philippe Brugisser.

Ab 1998 wurde die durch die Beratungsunternehmung McKinsey ausgearbeitete Hunter-Strategie umgesetzt. Ziel war es, eine eigene Allianz unter SAirGroup-Führung mit finanziellen Beteiligungen aufzubauen.[347] Dabei konzentrierte man sich auf Wachstumsmärkte, in denen diverse Beteiligungen von meist sanierungsbedürftigen Fluggesellschaften aufgekauft wurden.[348] Im Jahre 1998 konnte noch ein Umsatz von CHF 11,3 Mrd. und ein Jahresergebnis von CHF 361 Mio. erwirtschaftet werden. Der Konzern beschäftigte 43'696 Arbeitnehmer, davon waren 19'624 in der Schweiz angestellt. Erste Probleme traten auf, als Delta Air Lines ihre Strategie wechselte und die Zusammenarbeit mit der Swissair kündigte. Im Sommer 2000 stieg der Druck der Öffentlichkeit, da die Medien die aktuell schlechte finanzielle Lage der Swissair veröffentlichten. Sodann wollte die SAirGroup aus der Hunter-Strategie und den damit verbundenen Beteiligungen aussteigen. Darauffolgend wurde Brugisser im Januar 2001 fristlos entlassen. Sein Amt wurde von Moritz Suter, dem Gründer der Crossair, übernommen. Dieser trat jedoch nach 44 Tagen wieder von seinem Amt zurück. Der Verwaltungsrat trat im März 2001, bis auf Mario Corti, geschlossen zurück. Hinzu kam, dass die Anschläge vom 11. September 2001 die grösste Krise der Luftfahrtbranche verursachten. Am 17. September forderte Corti eine Bundesgarantie in der Höhe von CHF 1 Mrd. an, wobei sich der Bundesrat dagegen entschied. Die UBS und CS arbeiteten das Projekt Phoenix aus, gemäss dem die Banken die Crossair-Aktien

[345] MEYER, S. 296.

[346] Bspw.: Thomas Schmidheiny, Eric Honegger, Josef Ackermannm, Georges Blum, Claudi Generali, Bénédict Hentsch, Lukas Mühlemann und Robert Studer.

[347] ERNST & YOUNG, Untersuchungsbericht, S. 1 ff.

[348] So z.B.: Sabena (85%), Volare (34%), Air Europe (45%), Air Litroal (49%); Minderheitsbeteiligungen: AOM, Air Liberté, Air Europe, LOT, South African Airways.

übernehmen sollten und dieser ein Teil der Flotte und die Marke Swissair übertragen würden.[349] Am 1. Oktober 2001 wurde der Öffentlichkeit die Nachlassstundung für Teile des Konzerns bekannt gegeben und das Projekt Phoenix vorgestellt. Da die Liquidität der SAirGroup am 2. Oktober 2001 derart tief war, musste der Flugbetrieb für 3 Tage eingestellt werden.

c) Unternehmensstruktur

Abbildung 14 stellt die vereinfachte Konzernstruktur der Swissair von 1998 dar. Der Verwaltungsrat setzte sich aus 20 Mitgliedern zusammen.[350] Eric Honegger amtierte als VRP und Philippe Brugisser als CEO. Sie wurden im Frühjahr 2001 von Mario Corti abgelöst.

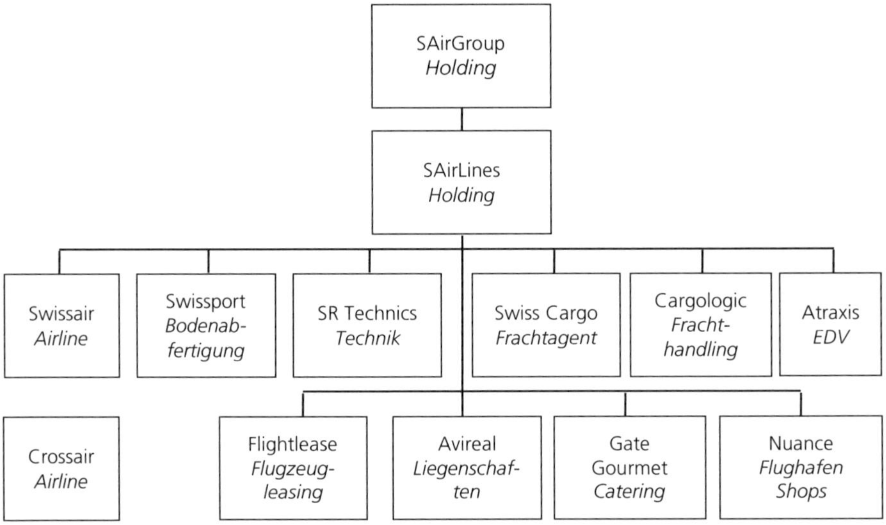

Abbildung 14: Unternehmensstruktur Swissair, vereinfachte Darstellung (Quelle: Eigene Darstellung, in Anlehnung an WÜTHRICH, S. 16 ff.).

d) Hauptfehler

Da einerseits das Liquidationsverfahren noch nicht beendet ist und es sich andererseits beim Swissair–Grounding um einen sehr komplexen Fall handelt, können die Hauptfehler nur ansatzweise ermittelt werden. Klar ist, dass der Verwaltungsrat mit der Hunter-Strategie die risikoreichste Option wählte und

[349] UNBEKANNT, Tagesanzeiger vom 21. Januar 2009 (UBS wird viel stärker geschont als die Swissair).
[350] PBE/SDA, Tagesanzeiger.

daneben nicht bereit war, einer grossen Allianz beizutreten.[351] Die Umsetzung der Hunter-Strategie erfolgte nicht strategiekonform, kompromisslos, ohne professionelles Risikomanagement, ohne ausreichende Überwachung und die Risiken und Gefahren bei Übernahmen wurden unterschätzt.[352] Zusätzlich war die Finanzierung mangelhaft und Akquisitionsbudgets wurden regelmässig überschritten. Ebenfalls kam es bei der Umsetzung der Hunter-Strategie zu Konflikten mit EU-Recht. Seitens des Verwaltungsrats ist festzustellen, dass kein Mitglied, ausser der VRP, Erfahrung in der operativen Führung und Überwachung einer internationalen Fluggesellschaft hatte.[353] Durch Funktionenkumulierungen zwischen Verwaltungsrat und der Geschäftsleitung wurde die Umsetzung einer wirksamen Corporate Governance verhindert. Es stellt sich auch die Frage, ob Akquisitionsentscheide auf Basis von ausreichender Information getroffen wurden.[354] Dazu kamen praktisch unbeeinflussbare Faktoren, wie z.B. die Terroranschläge vom 11. September 2001 und der Druck von Politik und der Gesellschaft auf die Swissair.[355] Ob die SAirGroup in der Zeit vor dem Zusammenbruch überschuldet war, ist umstritten. Die Staatsanwaltschaft III. (ZH) und Liquidator Karl Wüthrich versuchten den Verwaltungsrat und die Geschäftsleitung auf dem straf-, bzw. zivilrechtlichen Weg zur Verantwortung zu ziehen. Auch zur Diskussion kam die Möglichkeit einer Haftung von Finanzinstituten, welche gemäss geteilter Meinung Wertpapiere der Swissair in einer bereits kritischen Phase empfohlen haben.[356]

e) Ablauf des Verantwortlichkeitsprozesses

Bis zum heutigen Zeitpunkt richteten sich ein strafrechtliches und sieben zivilrechtliche Verfahren gegen den Verwaltungsrat und die Geschäftsleitung der ehemaligen Swissair. Im Folgenden werden die wichtigsten Details zu diesen Klagen zusammengefasst dargestellt.

Der *strafrechtliche Verantwortlichkeitsprozess* wurde im März 2006 von der Staatsanwaltschaft III. des Kantons Zürich nach fünfjähriger Ermittlung gegen

---

[351] Das Angebot der Star Alliance wurde abgelehnt, da der Einfluss der Lufthansa AG zu gross war.

[352] ERNST & YOUNG, Untersuchungsbericht, S. 1 ff.

[353] ERNST & YOUNG, Untersuchungsbericht, S. 5.

[354] ERNST & YOUNG, Untersuchungsbericht, S. 6.

[355] PBE/SDA, Tagesanzeiger.

[356] GASSER, Bilanz; Mehr zur Möglichkeit einer Haftung von Finanzinstituten in diesem Fall: REDAKTION, Bilanz; Ausführlich: SCHALLER, S. 1 ff.

19 ehemalige Verwaltungsräte und Geschäftsleitungsmitglieder eingeleitet.[357] Gegenstand waren insbesondere die Tatbestände ungetreue Geschäftsbesorgung, Gläubigerbevorzugung, Gläubigerschädigung, Misswirtschaft, Falschbeurkundung und Urkundenfälschung. Seitens der Staatsanwaltschaft wurden Freiheitsstrafen zwischen 6 und 28 Monaten sowie Geldstrafen und Bussen im Millionenbereich gefordert. Das Bezirksgericht Bülach sprach alle Angeklagten vollumfänglich frei. Einige Privatkläger[358] legten Berufung gegen den Freispruch von Mario Corti ein, wobei das Obergericht Zürich diesen im Juni 2008 freisprach.[359]

Verantwortlichkeitsklage Nr. 1 (Roscor-Transaktion)[360] wurde im September 2005 von der SAirGroup AG gegen 10 ehemalige Organpersonen eingereicht. Gegenstand war die Absorptionsfusion im Dezember 2000 zwischen der Roscor AG (damals auf ca. CHF 330 Mio. bewertet) und der SAir Group AG (damals vermutlich überschuldet), wobei gemäss Kläger die SAirGroup AG dafür keine Gegenleistung erhielt und nach der Fusion immer noch mit ca. CHF 2 Mrd. überschuldet war. Der eingeklagte Schaden betrug CHF 280 Mio. Die Verhandlungen vor dem Friedensrichter im Mai 2005 waren erfolglos. Das Bezirksgericht Zürich, das Obergericht Zürich und das Bundesgericht wiesen die Klage, bzw. die Beschwerde ab, weil zu besagtem Zeitpunkt keine Überschuldung feststellbar war und daher keine Pflichtverletzung vorlag. Die Gerichtskosten und Parteientschädigung betrugen ca. CHF 16 Mio.

Verantwortlichkeitsklage Nr. 2 (Flightlease)[361] wurde im November 2005 von der Flightlease AG gegen 17 Verwaltungsrats- und Geschäftsleitungsmitglieder eingereicht. Gegenstand war der Abfluss von CHF 70 Mio. in den Cash Pool der SAirGroup AG während den letzten Monaten vor der Nachlassstundung am 5. Oktober 2001. Die Forderungen der Flightlease AG wurden im Konkursverfahren der SAirGroup Finance (NL) anerkannt, jedoch betrugen die Abschlagzahlungen nur 7,5%. Der eingeklagte Schaden betrug CHF 63 Mio.

---

[357] Verwaltungsratsmitglieder: Eric Honegger, Vreni Spoerry, Thomas Schmidheiny, Lukas Mühleman und weitere; CEO Konzern: Mario Corti und Philippe Bruggisser; Geschäftsleitungsmitglieder: Georges Schorderet, Jacqualyn Fouse.

[358] Kanton Neuenburg, belgischer Staat, zwei belgische staatlich kontrollierte Unternehmungen. Nicht so die Staatsanwaltschaft III.

[359] ENZ, NZZ; HOLDEREGGER, NZZ.

[360] WÜTHRICH, SAirGroup Z8, S. 10; Z11, S. 5; Z15, S. 16; Z19, S. 8; Z20, S. 5; Urteil BGer 4A_410/2011 vom 11. Juli 2012; Urteil Bezirksgericht Bülach vom 8. Januar 2009 (nicht publiziert); Urteil OGer ZH vom 16. Mai 2011 (nicht publiziert).

[361] WÜTHRICH, Flightlease Z5, S. 2 f.; Z13, S. 5 f.; Z15, S. 4; Z18, S. 4 f.; Z19, S. 5 f.; OGer ZH LB110046-O/U vom 8. September 2014; Urteil BGer 4A_603/2014 vom 11. November 2015; Urteil Bezirksgericht Bülach vom 23. Juni 2011 (nicht publiziert).

Das Bezirksgericht Bülach, das Obergericht Zürich und das Bundesgericht wiesen die Klage, bzw. die Beschwerde ab, weil unter Würdigung der damaligen Umstände die Teilnahme der Flightlease am Konzern-Cashpool vertretbar und nicht pflichtwidrig war. Die Anwalts- und Gerichtskosten betrugen ca. CHF 7,4 Mio.

Verantwortlichkeitsklage Nr. 3 (Rekapitalisierung Sabena)[362] wurde im Februar 2006 von der SAirGroup AG gegen 10 Verwaltungsrats- und Geschäftsleitungsmitglieder eingereicht. Gegenstand war die Rekapitalisierung der Sabena SA im Februar 2001 mit einer Zahlung von EUR 150 Mio., obwohl die SAirGroup AG gemäss Kläger zu diesem Zeitpunkt überschuldet war. Der eingeklagte Schaden betrug umgerechnet CHF 180 Mio. Das Bezirksgericht Zürich und das Obergericht Zürich wiesen die Klage, bzw. die Beschwerde ab, weil unter Würdigung der damaligen Umstände dieser Geschäftsentscheid vertretbar und nicht pflichtwidrig war. Gegen das Urteil wurde keine Beschwerde in Zivilsachen an das Bundesgericht eingereicht. Die Gerichtskosten und Parteientschädigung betrugen ca. CHF 10,7 Mio.

Verantwortlichkeitsklage Nr. 4 (Zahlungen im September 2001)[363] wurde im Juni 2012 von der SAirGroup AG gegen 5 ehemalige Organpersonen eingereicht. Gegenstand waren diverse Zahlungen, welche die SAirGroup AG im September 2001, als sie sich bereits in einer finanziell desolaten Lage befand, an mehrere Gläubiger tätigte und so andere Gläubiger schädigte. Der eingeklagte Schaden betrug CHF 133 Mio. Das Handelsgericht Zürich und das Bundesgericht wiesen die Klage, bzw. die Beschwerde mit der Begründung ab, dass der SAirGroup aus diesen Zahlungen kein Schaden entstanden ist, da es sich nicht um eine negative Veränderung des Eigenkapitals handelte, sondern lediglich eine Verminderung des Verwertungssubstrats eintrat und mangels einer allgemeinen aktienrechtlichen Pflicht zur Gläubigergleichbehandlung auch keine Pflichtverletzung vorlag.[364] Dadurch distanziert sich das Bundesgericht von der «Raichle-Praxis»[365].[366] Diese müsse vor dem Hintergrund der

[362] WÜTHRICH, SAirGroup Z8, S. 10 f.; Z11, S. 6; Z16, S. 5; Z22, S. 9 f.; Urteil OGer ZH LB090080/U vom 25. März 2013; Urteil Bezirksgericht Zürich vom 25. März 2013 (nicht publiziert); Urteil OGer ZH LB090080/U vom 25. März 2013; Urteil Bezirksgericht Zürich vom 23. Juni 2009 (nicht publiziert).

[363] WÜTHRICH, SAirGroup Z20, S. 5 f.; Z23, S. 8; Z24, S. 5; Z26, S. 8 f.; Urteil HGer ZH HG120137-O vom 1. Juli 2015; Urteil BGer 4A_425/2015 vom 10. Dezember 2015.

[364] Urteil HGer ZH HG120137-O vom 1. Juli 2015, E. 5.7 und E.6.6.

[365] Für weiter Ausführungen zum Raichle-Entscheid vgl. III. C. 18.

[366] Urteil BGer 4A_425/2015 vom 10. Dezember 2015, E.4; BAUM/VON DER CRONE, S. 232 f.

damalig herrschenden, restriktiven «X-Corporation-Praxis» gesehen werden.[367] Anhand dieser Praxis versuchte man den Wettlauf zur Erhebung einer Verantwortlichkeitsklage im Konkurs zwischen direkt geschädigten Gläubigern und der Konkursverwaltung zu verhindern, indem man den Schadensbegriff nicht mehr auf Basis der betroffenen Vermögensmasse, sondern auf dem Vorliegen einer Rechtsgrundlage, bzw. Schutznorm definierte. Dies führte dazu, dass im Konkurs weitgehend die Konkursverwaltung zur Verantwortlichkeitsklage aktivlegitimiert war. Der neue Massstab bildet aber die «Raschein- und Biber-Praxis», gemäss der die ursprüngliche Definition des direkten Schadens wieder massgebend ist, wobei die Einschränkung der Klagelegitimation im Konkurs bestehen bleibt.[368] Aufgrund dieser Lockerung sei die Konkursmasse nicht mehr zur Geltendmachung des ausschliesslich dem Gläubiger entstandenen Schadens, anhand einer Verantwortlichkeitsklage, aktivlegitimiert. Sodann distanzierte sich das Bundesgericht von der aktienrechtlichen Pflicht zur Gleichbehandlung der Gläubiger im Konkurs.[369] Also muss zwischen dem Schaden im Verantwortlichkeitsrecht und der Reduktion des Verwertungssubstrats, welche Gegenstand der paulianischen Anfechtungsklage ist, unterschieden werden. Die Gerichtskosten und Parteientschädigung betrugen ca. CHF 2,4 Mio.

Verantwortlichkeitsklage Nr. 5 (Akquisition Air Littoral)[370] wurde im Juli 2012 von der SAirGroup AG gegen ehemalige 16 Organpersonen, den Kanton Basel-Stadt, Genf und Zürich sowie die schweizerische Eidgenossenschaft eingereicht. Die Vergleichsverhandlungen vom 12. September 2013 waren ohne Erfolg. Gegenstand war die Akquisition der Air Littoral im September 1998, ohne dafür einen entsprechenden Gegenwert erhalten zu haben. Der eingeklagte Schaden betrug CHF 124 Mio. Das Handelsgericht Zürich wies die Klage ab, weil der Entscheidungsprozess zwar als nicht mängelfrei, aber gesamthaft noch als vertretbar und daher nicht pflichtwidrig zu beurteilen ist. Gegen das Urteil wurde keine Beschwerde in Zivilsachen an das Bundesgericht eingereicht. Die Gerichtskosten und Parteientschädigung betrugen ca. CHF 5,4 Mio.

---

[367] BGE 112 III 176, E.7.

[368] Für weitere Ausführungen zur Entwicklung der Bundesgerichtspraxis vgl.: RAUBER, S. 1 ff.; BAUM/VON DER CRONE, S. 232 ff.; BINDER/ROBERTO, S. 2631 ff.; Vgl. dazu: Teil III. C. 5.; 17. ff.

[369] Urteil HGer HG120137-O vom 1. Juli 2015, E. 5.7 und E. 6.6.

[370] WÜTHRICH, SAirGroup Z20, S. 6; Z23, S. 8; Z26, S. 8 f.; Z26, S. 9; Urteil HGer ZH HG120149-O vom 26. Januar 2015.

Verantwortlichkeitsklage Nr. 6 (Konzernfinanzierung)[371] wurde im April 2013 von der Swissair Schweizerische Luftverkehr-AG gegen 14 ehemalige, formelle und faktische Organe eingereicht. Gegenstand war die Finanzierung der SAir Group durch die Swissair, einerseits aufgrund der Teilnahme von CHF 116 Mio. am Cashpool und andererseits aufgrund nicht zurückerstatteten Festgeldanlagen von CHF 92 Mio. Der eingeklagte Schaden betrug CHF 208 Mio.

Eine *weitere Verantwortlichkeitsklage*[372] wurde im Jahr 2005 von Gläubigern der SAirGroup AG, welche dies nicht mit Liquidator Karl Wüthrich koordinierten, gegen ehemalige Organe eingereicht. Gegenstand war die direkte Schädigung der Gläubiger durch die Handlung der Organe. Der eingeklagte Schaden ist nicht bekannt. Das Handelsgericht Zürich und das Bundesgericht wiesen die Klage, bzw. die Beschwerde mit der Begründung ab, dass zwischen den behaupteten Handlungen und dem eingeklagten Schaden kein Kausalzusammenhang bestehe. Die Gerichtskosten und Parteientschädigung sind nicht bekannt.

f) Aufwand und Schaden

Bei der SAirGroup geht man von einer Nachlassdividende zwischen 13% und 18,9% aus, wobei 10% bereits ausbezahlt sind.[373] Bei der SAirLines ist von 14,8% bis maximal 28,8%, bei der Schweizerische Luftverkehr-AG von 8,4% bis 9,3% und bei der Flightlease von 7,4% bis 9,6% auszugehen.[374] Die anerkannten Nachlassforderungen betragen insgesamt ca. CHF 15 Mrd., wovon erwartungsgemäss ca. CHF 2 Mrd. ausbezahlt werden, was einer durchschnittlichen Nachlassdividende von etwa 13% entspricht.[375] Etwa 9'000 Arbeitsstellen gingen aufgrund des Konkurses verloren.

3. Erb-Gruppe

a) Übersicht

Die Erb-Gruppe war eine grosse schweizerische Familienholding, welche national und international Unternehmungen aufkaufte, dereinst auf allen fünf

---

371 WÜTHRICH, Swissair Z20, S. 9 f.; Z21, S. 5.

372 WÜTHRICH, SAirGroup Z6, S. 5 f.

373 WÜTHRICH, SAirGroup Z26, S. 5.

374 WÜTHRICH, Swissair Z21, S. 5; Flightlease Z19, S. 4; SAirLines Z21, S. 5.

375 Die zugelassenen Nachlassforderungen betragen bei der SAirGroup: CHF 9,6 Mrd., bei der Flightlease CHF 1,9 Mrd., bei der Swissair Schweizerische Luftverkehr-AG CHF 3,4 Mrd. und bei der SAirLines CHF 800'000. WÜTHRICH, SAirGroup Z26, S. 13, Swissair Z21, S. 11; Flightlease Z19, S. 8; SAirLines Z21, S. 8.

Kontinenten präsent war und von Winterthur aus von der Familie Erb kontrolliert wurde. Die Familie Erb galt noch Anfangs 2002 als eine der reichsten Familien schweizweit, mit einem geschätzten Vermögen von CHF 1,5 – 2 Mrd.[376] Am 5. Dezember 2003 verkündete der Sanierer und damalige CEO Hans Ziegler an einer Pressekonferenz in Winterthur die unumgängliche Auflösung der Erb-Gruppe und das Bestehen der Möglichkeit, dass die einzelnen Unternehmungen sanierbar sind.[377] Von den Medien wird die sogenannte «Erb-Pleite» neben dem Fall Swissair im Jahr 2001 als der zweitspektakulärste «Crash eines Schweizer Unternehmens» bezeichnet.

b) Unternehmensgeschichte

Die Erb-Gruppe wurde 1920 von Hugo Erb Senior in Form einer Autoreparaturwerkstätte in Winterthur Töss gegründet und bis zu ihrem Zusammenbruch im Jahr 2003 von drei Generationen geführt. Als Hugo Erb (Senior) am 5. Juni 1958 starb, übernahm dessen Sohn Hugo Erb (Junior) die Unternehmung.[378] Durch ein starkes Wachstum bis in die 1980er Jahre übernahm die Erb-Gruppe Vertretungen verschiedener Automarken[379] und wurde neben der AMAG und der Emil Frey AG zu einer führenden Unternehmung in der schweizerischen Automobilbranche.[380] Nach einem Abschluss an der Handelsschule und einer 5-jährigen Ausbildung in den Management-Trainingscentern von General Motors und Ford, stieg Hugos Sohn Rolf Erb 1974 mit 23 Jahren in die Familienunternehmung ein.[381] Ab 1980 wurde auch in Bereiche ausserhalb der Automobilbranche investiert. Von Bedeutung waren Fenster- und Küchenhersteller, der Kaffeehandel, der Immobilienhandel und die Finanzindustrie. So entstand in den 1980er Jahren ein Mischkonzern mit 82 Einzelgesellschaften.

1988 kaufte die Erb-Gruppe durch die Vermittlung von Rainer Kahrmann die EBC AG und weitere Finanzinstitute. Ein leitendes Geschäftsleitungsmitglied der EBC AG war früher bei der gescheiterten Omni Holding tätig.[382] Gemäss Berichten der damaligen Revisionsstelle[383] war die EBC AG ein undurchsichtiges Gebilde. Durch diese Transaktion erreichte man Zugang zum Londoner Finanzmarkt, konnte die Mittel für Devisentransaktionen markant erhöhen

---

[376] BUOMBERGER, 1. Teil.
[377] BUOMBERGER, Beobachter.
[378] BUOMBERGER, Die Erb-Pleite, S. 12 ff.
[379] Mercedes, Fiat, Opel/General Motors, Mitsubishi und Suzuki.
[380] BUOMBERGER, Die Erb-Pleite, S. 23 ff.
[381] WERTHEIMER, Milliardäre.
[382] BUOMBERGER, Die Erb-Pleite, S. 26.
[383] Wingrave Yeats.

und hatte Möglichkeiten zu aggressiver Steuerplanung aufgrund der EBC Financial Services AG (Jersey).[384] In den 1990er Jahren stiegen die Devisenumsätze der Erb-Gruppe durch spekulative Anlagen auf das Niveau einer mittelgrossen Bank. Entscheidend für den Erfolgsverlauf der Erbgruppe war jedoch die Beteiligung an der deutschen Immobiliengesellschaft Concordia Bau und Boden AG (CBB) über die EBC AG im Jahr 1996 mit einem 31%-Anteil. Bis 2003 wurde dieser Anteil auf 90% erhöht. Die CBB investierte massiv in Immobilien in Ostdeutschland.[385] Da der erwartete Aufschwung jedoch nicht eintraf, brachen die Mietzinsen ein und die Leerstände betrugen bis zu 80%, was bei der CBB hohe Verluste verursachte. Die 1996 von den Erbs unterschriebene Patronatserklärung an die CBB löste in den Folgejahren Zahlungsabflüsse von insgesamt CHF 900 Mio. aus. Diese Patronatserklärung wurde dereinst von der Revisionsgesellschaft der CBB (KPMG) gefordert.[386] Unter anderem wurden diese Zahlungsabflüsse mit Fremdkapital von Schweizer Banken[387] finanziert, wobei Ende 2002 ein aufsummierter Kreditbetrag zulasten der Erb-Holding von CHF 1,5 Mrd. zu verzeichnen war. Noch im Jahr 2002 generierte die Erb-Gruppe einen Umsatz von CHF 4,5 Mrd., hatte ein ausgewiesenes Eigenkapital von CHF 1.83 Mrd. und beschäftigte 4800 Angestellte auf sämtlichen Kontinenten. Am 8. Juli 2003 starb der als Patron bezeichnete Hugo Erb (Junior) und kurze Zeit später der Revisor Alfred Manser.[388]

Nachdem verschiedenste Gläubiger – vor allem Banken – den Druck auf die Erb-Gruppe im Sommer 2003 erhöhten und die desolate Lage der Erb-Gruppe langsam erkennbar wurde, kündigten die meisten Banken ihre Kredite.[389] Im Oktober 2003 stellten die Erbs den Sanierer und späteren Liquidator Hans Ziegler als CEO der Erb-Gruppe ein. Die zugezogene BDO Visura stellte fest, dass vorhandene Unterlagen mangelhaft geführt wurden und noch mehr Unterlagen nicht aufzufinden waren, was eine Rekonstruktion vieler Transaktionen verunmöglichte. Grund dafür war unter anderem auch die Transaktion, welche Rolf Erb am Tag der Einstellung von Hans Ziegler tätigte. Beteiligungen der EBC AG wurden von der Unifina AG an eine Drittperson auf Jersey verkauft. Eine Woche zuvor übernahm Kahrmann 36% der EBC AG und hielt sodann insgesamt 51%. Dadurch wurde die Finanzzentrale der Erb-Gruppe heraustransferiert und die zukünftigen Untersuchungsarbeiten massgebend

[384] BUOMBERGER, Die Erb-Pleite, S. 100.
[385] BUOMBERGER, 2. Teil, Bilanz.
[386] BUOMBERGER, Beobachter.
[387] Ende 2002 wurden von 80 Banken Kredite in der Höhe von CHF 1,5 Mrd. beansprucht.
[388] BUOMBERGER, Die Erb-Pleite, S. 12 ff.
[389] BUOMBERGER, 2. Teil.

erschwert.[390] Es musste zusätzlich festgestellt werden, dass Beteiligungen in Milliardenhöhe praktisch wertlos waren. Die Meldung beim Konkursrichter war Tatsache. Da die einzelnen Tochtergesellschaften grundsätzlich in einem guten Zustand waren, bzw. deren Sanierung möglich war, wurden diese in der darauffolgenden Zeit verkauft, was bis Ende 2003 ca. CHF 335 Mio. generierte.[391]

c) Unternehmensstruktur

Im Konzern war die Führung auf Hugo, Rolf und Christian Erb aufgeteilt. Hugo Erb beherrschte bis zu seinem Tod die Erb-Holdings faktisch. Offiziell war Hugo allgemein für das Finanzielle, Christian für das Detailgeschäft und Rolf für den Import und die operative Leitung des Konzerns verantwortlich.[392] In sämtlichen Verwaltungsräten der Holdings, aber auch in den Verwaltungsräten der Tochtergesellschaften zeichnete sich dasselbe Muster ab: Hugo amtierte als Präsident, Rolf als Vizepräsident und Christian als Mitglied des Verwaltungsrates. Revisionsstelle aller Holdings war die A.J. Manser AG, welche kaum unabhängig von Hugo Erb war, da Alfred Manser sein Büro gleich neben dem von Hugo Erb hatte und ein guter Freund von Hugo war.[393] Auch war der Einfluss des umstrittenen Financiers Rainer Kahrmann auf Rolf und Hugo Erb ab den 1980er Jahren beachtlich. Laut Eugen Haltiner[394] war die Erb-Gruppe ein äusserst intransparentes und komplexes Gebilde, wobei die damaligen Standards der Corporate Governance und die Anforderungen an die Revisionsstelle nicht erfüllt wurden.[395] Der erste konsolidierte Abschluss lag externen Personen erst im Juli 2003 vor und wurde von vielen Seiten als «beschönigt» und «nicht die aktuell vorherrschenden Gegebenheiten wiederspiegelnd» bezeichnet.[396] Da die Erb-Holdings Eigentum der Erbfamilie war, mussten kaum Informationen preisgegeben werden. Der Konzern setzte sich aus den fünf in Abbildung 15 dargestellten Holdings zusammen. Die Holdings hielten jeweils zahlreiche Beteiligungen wobei die Verflechtung unter den Tochtergesellschaften und den Holdings äusserst komplex waren. Abbildung 15 zeigt ein vereinfachtes Bild der Konzernstrukturen der Erb-Gruppe.[397]

---

390 BUOMBERGER, 3. Teil.

391 BUOMBERGER, 3. Teil.

392 WERTHEIMER, Milliardäre.

393 WERTHEIMER, Staatsanwalt.

394 Damals Mitglied der Geschäftsleitung der UBS, Bekannter von Hugo und Rolf Erb sowie Hans Vögeli.

395 PFIFFNER.

396 WERTHEIMER, Staatsanwalt.

397 Für eine ausführlichere Konzernstruktur siehe: BUOMBERG, S. 204 ff.

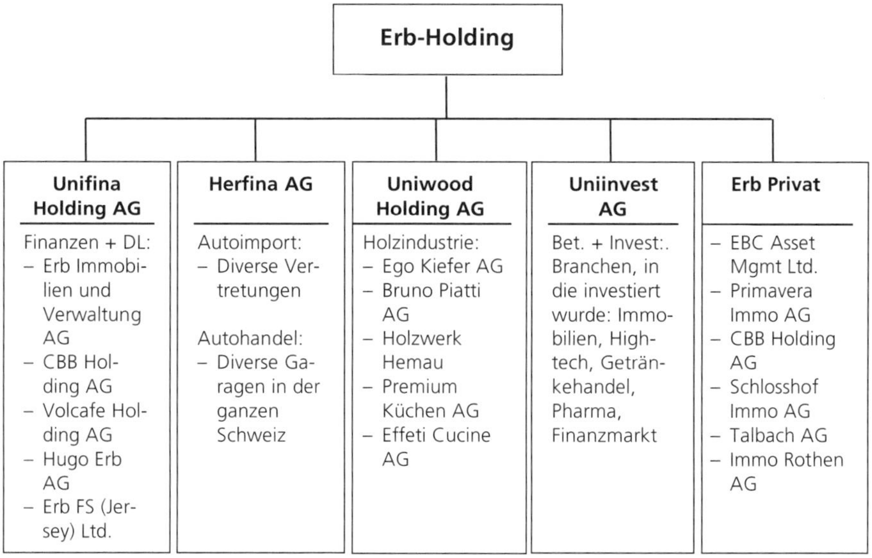

Abbildung 15: Unternehmensstruktur Erb-Holding, vereinfachte Darstellung (Quelle: Eigene Darstellung, in Anlehnung an BUOMBERGER, S. 204 ff.).

d) Hauptfehler

Die folgende Aufzählung an Hauptfehlern wurde aus der gesamten Literaturrecherche zusammengefasst und wird aufgrund des grösseren Umfangs stichwortartig wiedergeben: Unübersichtliche, verschachtelte Konzernstruktur (keine Chinese Walls), Patronatserklärung an die CBB AG und damit verbundene extensive Fremdkapitalbezüge bei ca. 80 Banken, Cash Pooling und damit verbundene spekulative Anlagegeschäfte (führte bei Tochtergesellschaften und zwischen den Holdings zu Liquiditätsengpässen), abhängige Revisionsstelle, mangelnde Transparenz, unprofessionelles/nicht richtig ausgebildetes Management: Auf Stufe Verwaltungsrat aber auch auf Stufe Geschäftsleitung, schlechte Vergütungspolitik, keine Controlling-Abteilung, keine Finanzabteilung; mangelnde Effizienz (vor allem im Autohandel[398]), kaum IT-Systeme zur Komplexitätsbewältigung, keine Portfoliobetrachtung der Gruppe, Weiterführung von unrentablen Geschäftsbereichen, Machtkonzentration auf drei bis vier Personen, unvorsichtige Gläubigerbanken und EBK.

Generell haben die folgenden drei Faktoren den Zusammenbruch beschleunigt: Im Gegensatz zu den Vorjahren konnten keine Devisengewinne mehr erzielt werden, die Banken sprachen keine neuen Kredite mehr und zogen

[398] Die Konkurrentin Emil Frey AG verkaufte pro Händler mehr als doppelt so viel Autos.

diese teilweise zurück und die Tochtergesellschaften erzielten wegen der dazumal stagnierenden Konjunktur weniger Einnahmen. Gleichzeitig stiegen aufgrund der Patronatserklärung die Abflüsse an die CBB AG.[399]

e) Kläger und Beklagte

Rolf Erb wurde von der Staatsanwaltschaft Zürich durch Staatsanwältin Susanne Leu angeklagt.[400] Neben der Staatsanwaltschaft waren insgesamt 23 Privatkläger am Prozess beteiligt. Diese setzten sich zusammen aus 4 Gesellschaften in Nachlassliquidation, 5 Konkursmassen, dem Konkursamt des Kantons Thurgau, der Stadt Winterthur sowie 12 weiteren, namentlich nicht genannten Privatklägern. Aufgrund der unübersichtlichen privaten Verhältnisse und der Vermögens- und Eigentumsübertragungen nach dem Zusammenbruch, waren vor Bundesgericht neben Rolf Erb ebenfalls seine beiden Zwillingssöhne und seine Frau als Beschwerdeführer gegen das Urteil des Obergerichts des Kantons Zürichs vom 13. Januar 2014 beteiligt.[401]

f) Ablauf des Verantwortlichkeitsprozesses

Wenige Monate nach dem Zusammenbruch der Erb-Gruppe nahm die Staatsanwaltschaft Zürich die Ermittlungen auf. Diese dauerten ca. 7 Jahre und der schlussendliche Aktenumfang betrug mehrere hundert Bundesordner.[402] Am 6. Dezember 2010 wurde das Verfahren gegen Christian Erb eingestellt.[403] Sodann musste sich Rolf Erb vor dem Bezirksgericht in Winterthur in einem komplexen Strafprozess verantworten. Ihm wurde gewerbsmässiger Betrug, mehrfache Urkundenfälschung und mehrfache Gläubigerschädigung durch Vermögensminderung vorgeworfen.[404] Der Anklageschrift ist zu entnehmen, dass die Holdinggesellschaften bereits einige Jahre zuvor überschuldet waren und eigentlich der Gang zum Konkursrichter unumgänglich gewesen sei. Der Deliktbetrag befand sich sodann in dreistelliger Millionenhöhe.[405] In den Teilurteilen des Bezirksgerichts Winterthur vom 22. März und 9. Mai 2012 wurde Rolf Erb wegen der zuvor erwähnten Verbrechen zu einer unbedingten Freiheitsstrafe von 8 Jahren verurteilt und die Einziehung der unrechtmässig übertragenen Vermögenswerte in die Konkursmasse wurde festgestellt. Die

[399] BUOMBERGER, Beobachter.
[400] WERTHEIMER, Staatsanwalt.
[401] Urteil BGer 6B_462/2014 vom 27. August 2015 und 6B_396/2014 vom 28. Oktober 2015 und 6B_144/2015 vom 28. August 2015.
[402] BUOMBERGER, Die Erb-Pleite, S. 188 f.
[403] Urteil BGer 6B_192/2013 vom 10. Dezember 2013.
[404] Urteil Obergericht Kanton Zürich, II. Strafkammer, vom 13. Januar 2014.
[405] FONTANA, Familie Erb.

Staatsanwaltschaft und Erb legten Berufung ein. Das Zürcher Obergericht senkte am 13. Januar 2014 die Freiheitsstrafe auf 7 Jahre, bestätigte aber soweit das Urteil der Vorinstanz.[406] Das Bundesgericht lehnte im August 2015 die Beschwerde von Rolf Erb hinsichtlich seiner Verurteilung wegen Urkundenfälschung, Betrug und Gläubigerschädigung ab und bestätigt das Urteil des Zürcher Obergerichts. Auch die Beschwerde von Rolf Erbs Frau und der beiden Söhne gegen die Einziehung der Vermögenswerte in die Konkursmasse wird vom Bundesgericht abgelehnt.[407] In einem weiteren Urteil lehnt das Bundesgericht ebenfalls die Beschwerde von Rolf Erb bezüglich der Einziehung der Vermögenswerte ab.[408] Rolf Erb bezeichnete sich darauf als suizidgefährdet und forderte ein neues Gutachten zu seiner Hafterstehungsfähigkeit. Die Beschwerde wurde im März 2017 abgelehnt, worauf Rolf Erb seine Freiheitsstrafe definitiv im April 2017 hätte antreten müssen.[409] Ebenfalls Mitte Februar wurde vom Bundesgericht entschieden, dass seine Lebensgefährtin und die beiden Zwillinge spätestens am 1. Mai 2017 das Schloss Eugensberg räumen müssen. Rolf Erb wurde am 8. April 2017 tot in seinem Schloss aufgefunden. Gemäss der Staatsanwaltschaft des Kantons Thurgau starb er eines natürlichen Todes.[410]

Das Urteil ist aufgrund der folgenden Tatsachen ergangen. Im Wissen um die Überschuldung der Holding brachte Rolf Erb insgesamt 17 Banken und die Mitsubishi Corporation dazu, der Erb-Holding neues Fremdkapital zur Verfügung zu stellen oder bereits gewährte Kredite zu verlängern, bzw. zu erhöhen. Die Finanzinstitute wurden durch Bilanzmanipulationen bei insgesamt 45 Jahresrechnungen hinsichtlich der Kreditwürdigkeit arglistig getäuscht. Sodann kaufte Rolf Erb das Schloss Eugensberg 2002 von der Hugo Erb AG für CHF 27 Mio. ab, ohne den Kaufpreis zu begleichen, überschrieb es für CHF 50 Mio. auf seine Zwillinge und behielt sich selbst eine lebenslange Nutzniessung vor.[411] Auch andere Vermögenswerte, wie bspw. die Oldtimer- und Uhrensammlung sowie Wertpapiere wurden auf seine Frau und die Zwillinge überschrieben und so der Konkursmasse entzogen. Am 13. Juli 2004 meldete Rolf Erb Privatkonkurs.[412] Auf Grund dessen, wurde der Zivilprozess, welcher

---

406 HASLER.
407 Urteil BGer 6B_396/2014 vom 28. Oktober 2015.
408 Urteil BGer 6B_441/2014 vom 28. Oktober 2015; FONTANA, Rolf Erb.
409 Urteil BGer 6B_336/2017 vom 27. März 2017.
410 UNBEKANNT, Tagblatt.
411 WERTHEIMER, Schlosserbe.
412 BUOMBERGER, 2. Teil.

die Eigentumsfrage bezüglich der umstrittenen Vermögenswerte klären sollte, sistiert.

g) Aufwand und Schaden

Bei den Holdings gingen insgesamt Gläubigerforderungen von 10 Mrd. ein, wobei einige zu hoch waren und als Mehrfachforderungen zwischen den Holdings geltend gemacht wurden. Schlussendlich mussten die Gläubiger einen Betrag von ca. CHF 2 Mrd. abschreiben.[413] Hauptgläubiger sind die Banken. Vergleichsweise wenig Arbeitnehmer, Sozialversicherungen oder staatliche Institutionen gehören dazu. Die Konkursdividenden wurden auf die folgenden Prozentzahlen geschätzt: Unifina AG: 6%, Uniinvest AG: < 1%, Uniwood AG: 40%, Herfina AG: < 3%, Hugo Erb AG: < 5%. Geschätzte Gesamtkosten für den Konkurs, bzw. die Liquidation der Erb-Gruppe sind ca. CHF 60 Mio.[414] Gemäss einem Gutachten von Prof. Dr. Thomas Berndt von der Universität St. Gallen wäre bei einer konsolidierten Betrachtung der Erb-Gruppe in den Jahren 1998 bis 2002 die Verschuldung knapp CHF 3 Mrd. weniger hoch ausgefallen und somit hätte keine Überschuldung bestanden. Da die Unternehmungen der Erb-Gruppe zu gegebener Zeit einer strikten Einzelbetrachtung unterlagen, wurden alle gruppeninternen Verpflichtungen aufaddiert und nicht miteinander verrechnet. Die Gesamtschulden der Erb-Gruppe gegenüber Dritten wären viel tiefer ausgefallen. Es besteht die Vermutung, dass bei richtiger Berechnung die Erb-Gruppe in reduzierter Form weiter hätte bestehen können.[415]

4. Omni Holding – Werner K. Rey

a) Übersicht

Werner K. Rey baute zwischen 1980 und 1991 die Omni Holding AG mit einer Börsenkapitalisierung von CHF 1,8 Mrd. auf. Sie umfasste ca. 80 Unternehmungen mit über CHF 12 Mrd. Umsatz.[416] Im Frühjahr 1991 ging die Omni Holding aufgrund steigender Zinsen Konkurs, weil ein Grossteil der Holding mit Fremdkapital finanziert wurde. Darauf flüchtete Werner K. Rey auf die Bahamas, um sich dem Strafverfahren wegen Betrugs, Urkundenfälschung und betrügerischen Konkurses zu entziehen.[417] Erst 1996 konnte er

---

413 Buomberger, Die Erb-Pleite, S. 186.
414 Buomberger, Die Erb-Pleite, S. 187.
415 Clavadetscher, Tagblatt.
416 Unbekannt, Bilanz.
417 Unbekannt, finews.

verhaftet und zwei Jahre später an die Schweiz ausgeliefert werden. Sodann wurde er 1998 wegen betrügerischen Konkurses zu einer unbedingten Freiheitsstrafe von 4 Jahren verurteilt.[418] Heute lebt Rey in London. Die Liquidation der Omni Holding wurde vom damaligen Co-Liquidator Eugen Isler als «das mit Abstand grösste Verfahren der Schweizer Wirtschaftsgeschichte» bezeichnet.[419]

b) Unternehmensgeschichte

Mit dem Kauf der C.F. Bally AG im Jahre 1977 und dem späteren Verkauf derselben erlangte Rey das nötige Kapital[420], um eine Firmengruppe – die Omni Holding – aufzubauen.[421] Woher er das Startkapital nahm, ist heute noch unklar. Einige Jahre darauf kaufte er die Inspectorate (Schweiz) AG und die Inspectorate Düsseldorf. 1986 kaufte er das Zeitarbeitsunternehmen Adia interim (heute Adecco) und erwarb später die Jean-Frey-Gruppe. Er beteiligte sich auch an Industrieunternehmungen wie z.B. der Metallwerke Selve AG in Thun und der ACMV (Ateliers de Constructions mécaniques Vevey).[422] Ab 1988 gehörte ebenfalls ein 30%-Anteil an Sulzer zu den Beteiligungen der Omni Holding.[423] Durch eine grosse Anzahl an Akquisitionen wuchs die Omni Holding rasch an. Das Aktienkapital der Inspectorate wurde ebenfalls erheblich erhöht. Durch den Börsengang der Inspectorate floss Rey noch mehr Kapital zu, mit dem weitere Akquisitionen getätigt wurden. Zu dieser Zeit wurde Rey als Finanzgenie bezeichnet.[424]

Trotz Börsengang behielt er die Mehrheit an der Inspectorate. 1986 integrierte Rey seine Anteile der SCI (Swiss Cantobank International), der ACMV und der Inspectorate in die Omni Holding AG.[425] Dadurch entstand eine unübersichtliche, nicht transparente Struktur an Tochtergesellschaften und Beteiligungen mit einem Aktienkapital von CHF 425 Mio., welches sich fortlaufend vergrösserte. Zusätzlich waren zahlreiche private Unternehmungen, oft mit Sitz in Offshore-Ländern, unter der Kontrolle von Werner K. Rey.[426] Aufgrund steigender Zinsen Anfang der 1990er Jahre konnte Rey die stark fremdfinanzierte Holding nicht mehr halten. Neben konsolidierten Schulden von ca.

---

[418] Urteil Kassationshof BGer 6P.101/2000/kra vom 6. Dezember 2001, B.
[419] UNBEKANNT, Handelszeitung.
[420] Der Transaktionsgewinn betrug ca. CHF 20-30 Mio.
[421] FLUBACHER, S. 42 ff.
[422] UNBEKANNT, finews.
[423] FLUBACHER, S. 174 ff.
[424] UNBEKANNT, finews.
[425] Urteil Kassationshof 6P.101/2000/kra vom 6. Dezember 2001, A.
[426] Urteil Kassationshof BGer 6P.101/2000/kra vom 6. Dezember 2001, A.

CHF 2,5 Mrd. verlor die Omni Holding auch an Wert. Es mussten zu dieser Zeit bereits CHF 800 Mio. auf dem Eigenkapital abgeschrieben werden.[427] Durch einen kritischen Artikel des Journalisten Hansjörg Abt (NZZ) verlor Rey mit der Berner Kantonalbank und dem Schweizerischen Bankenverein seine «Hausbanken». Aufgrund der steigenden Zinse, welche nicht mehr bezahlbar waren, versiegenden Gewinnen, hohem Abschreibungsbedarf und dem Vertrauensverlust der wichtigsten Banken, ging die Omni Holding im Frühjahr 1991 Konkurs. Wegen des eingeleiteten Strafverfahrens und der dadurch drohenden Verurteilung wegen Betrugs, Urkundenfälschung und betrügerischen Konkurses, tauchte Rey 1991 nach dem Konkurs unter. Von Staatsanwalt Beat Schnell und Blick-Reportern wurde er auf den Bahamas aufgespürt.[428] Erst 1996 konnte er dort verhaftet werden und wurde auf erwirken des Berner Untersuchungsrichters zwei Jahre später an die Schweiz ausgeliefert. Sodann wurde ein neues Strafverfahren gegen Rey eingeleitet. Als Rey 2000 aus seiner Freiheitsstrafe entlassen wurde, tauchte er wieder ab. Sein Aufenthaltsort war zu dieser Zeit unbekannt. Heute lebt er in London. Die Liegenschaften, in denen er lebt, werden vermutlich von seiner Frau oder seinem früheren Chefjuristen, dem Anwalt Walter König, gehalten.[429]

c) Unternehmensstruktur

Anhand von Abbildung 16 werden lediglich drei von sechs Holdingebenen dargestellt. Insgesamt umfasste die Omni Holding ca. 80 Gesellschaften, die von Rey kontrolliert wurden und miteinander stark verflochten waren.[430] Dadurch entstand ein unübersichtliches Netzwerk. Rey war faktisch Alleinherrscher über das gesamte Konstrukt. Verglichen mit den anderen Fällen, ist die Machtkonzentration im Fall der Omni Holding und um die Person Rey einzigartig. Er präsidierte als faktischer Allein-, bzw. Kontrollaktionär den Omni Verwaltungsrat und war gleichzeitig auch dessen Delegierter.[431] Aufgrund dieser Stellung und angesichts des Images, dass die Öffentlichkeit von Rey und der Omni Holding hatte, wurde in den meisten Kreditverträgen jeweils festgehalten, dass die Geschäftsführung durch Rey persönlich erbracht werden muss, ansonsten die Kredite gekündigt würden.[432]

---

[427] BODEN, Zeit Online.
[428] BARMETTLER, HZ.
[429] BARMETTLER, HZ.
[430] FLUBACHER, Anhang zum Buch.
[431] FLUBACHER, S. 360 f.
[432] FLUBACHER, S. 361.

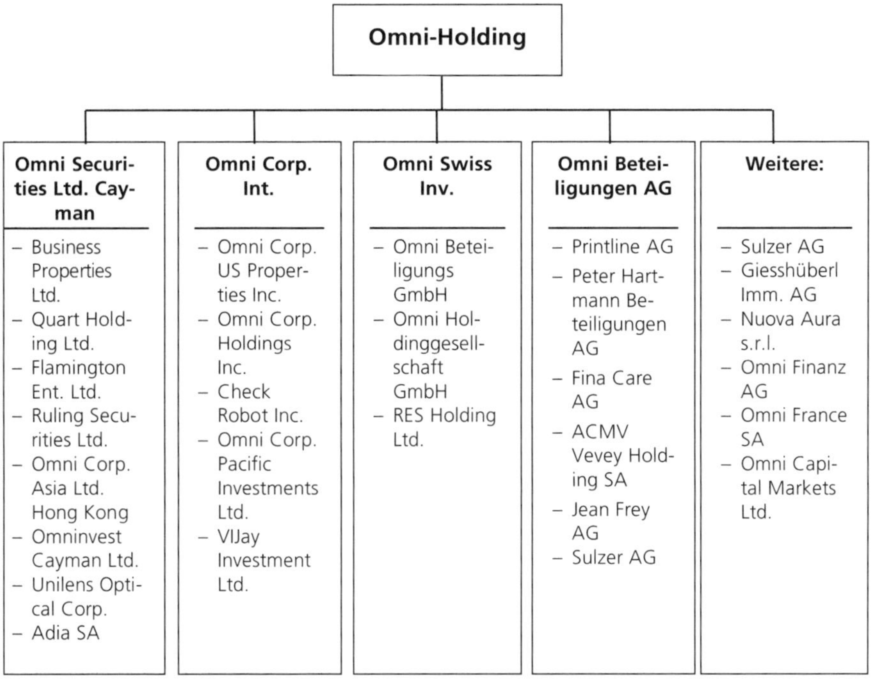

Abbildung 16: Unternehmensstruktur Omni-Holding, vereinfachte Darstellung (Quelle: Eigene Darstellung, in Anlehnung an FLUBACHER, Anhang zum Buch).

d) Hauptfehler

Rey nutzte systematisch Gesetzeslücken, Ungenauigkeiten und Grauzonen im Schweizer Recht aus, welche zu dieser Zeit im Vergleich zur US-Rechtsordnung einen grösseren Handlungsspielraum zuliessen. Konsolidierte Jahresabschlussrechnungen lagen entweder nicht vor, oder deren Glaubwürdigkeit war nicht gegeben.[433] Rey gelang es aufgrund der fehlenden Transparenz mit seinem Konstrukt eine «Leverage-Pyramide» aufzubauen.[434] Dies führte schlussendlich zu einer untragbaren Schuldenakkumulation. Ebenfalls zu bemängeln ist die Risikofreude und Waghalsigkeit einzelner Kapital- und Kreditgeber. Die im Zusammenhang mit der Kreditvergabe an die Omni Holding von den Banken geforderte Klausel in den Kreditverträgen, die besagte, dass Rey die Geschäftsführung persönlich zu erbringen habe, trug am Ende zusätzlich zu einer negativen Entwicklungsspirale bei.[435] Auch problematisch

[433] VOLKART, S. 993.
[434] VOLKART, S. 993.
[435] FLUBACHER, S. 361.

war die Beziehung zwischen der Revisionsstelle[436] der Inspectorate, bzw. der Omni Holding und Rey. Die Unabhängigkeit der Revisionsstelle war dem Anschein nach nicht gegeben.[437]

e) Kläger und Beklagte

Werner K. Rey wurde von der Omni Holding AG in Nachlassliquidation, der c/o Coopers & Lybrand AG, der Staatsanwaltschaft und des Kassationshofs Bern in sechs Punkten angeklagt.[438] Neben dem Hauptprozess gegen Rey wurden im Zusammenhang mit der Omni Holding diverse weitere Verfahren geführt, welche aufgrund des beschränkten Umfangs in dieser Studie nicht ausgeführt werden.

f) Ablauf des Verantwortlichkeitsprozesses

Nach der Auslieferung von Werner K. Rey folgte am 8. Juli 1999 das Urteil erster Instanz des Wirtschaftsstrafgerichts Bern (WSG). Rey wurde von der Anschuldigung des gewerbsmässigen Betrugs, angeblich begangen Ende 1986 gegen vier Banken,[439] freigesprochen. Ebenfalls freigesprochen wurde er von der Anschuldigung der Urkundenfälschung im Zusammenhang mit einem Schreiben und der Anschuldigung des betrügerischen Konkurses, begangen im September 1991 durch Verheimlichung einer angeblich ihm zustehenden Forderung.[440] Schuldig erklärt wurde Rey des versuchten Betruges im April 1986 zum Nachteil der Berner Kantonalbank. Ebenfalls verurteilt wurde er der mehrfachen Urkundenfälschung, begangen durch eine verfälschte Gewinn- und Verlustrechnung der Inspectorate International SA für das Jahr 1985 (im April 1986) und durch eine verfälschte Pro-forma-Bilanz und Erfolgsrechnung der Omni Holding AG per Ende September 1986. Des Weiteren wurde er des mehrfachen betrügerischen Konkurses schuldig gesprochen, da er im September 1991 sein Vermögen zum Nachteil der Gläubiger in mehreren Fällen zum Schein verminderte.[441] Aufgrund der erfüllten Tatbestände wurde Rey zu vier Jahren Freiheitsstrafe verurteilt. Die bereits abgesessene Auslieferungs-, Untersuchungs- und Sicherheitshaft von 1203 Tagen wurde ihm angerechnet.[442] Sowohl Rey als auch die Staatsanwaltschaft

---

436 Deloitte Haskins & Sells.
437 FLUBACHER, S. 362 f.
438 Urteil Kassationshof BGer 6P.101/2000/kra vom 6. Dezember 2001.
439 Merrill Lynch Capital Markets, Schweizerische Volksbank, Banque Cantonale Vaudoise, Zürcher Kantonalbank.
440 Urteil Kassationshof BGer 6P.101/2000/kra vom 6. Dezember 2001, B.
441 Urteil Kassationshof BGer 6P.101/2000/kra vom 6. Dezember 2001, B.
442 Urteil Kassationshof BGer 6P.101/2000/kra vom 6. Dezember 2001, B.

Bern appellierten gegen dieses Urteil. Das Kassationsgericht Bern bestätigte am 14. Juni 2000 mehrheitlich das Urteil des WSG. Zusätzlich wurde Rey des mehrfachen betrügerischen Konkurses schuldig erklärt, indem er eine ihm zustehende Forderung der Semifora AG gegenüber der ausseramtlichen Konkursverwaltung verheimlichte. Vom Kassationsgericht Bern wurde Rey zu vier Jahren Freiheitsstrafe verurteilt. Angerechnet wurden ihm 1545 Tage aufgrund der bereits ausgestandenen Auslieferungs-, Untersuchungs- und Sicherheitshaft.[443] Rey führte gegen das Urteil des Kassationsgerichts Bern staatsrechtliche Beschwerde und beantragte, dass der Entscheid aufzuheben und er vollumfänglich freizusprechen sei. Das Bundesgericht wies am 6. Dezember 2001 die Beschwerde von Rey ab und erlegte ihm Gerichtsgebühren von CHF 10'000 auf.[444]

Am 26. Juni 2001 wurde der ehemalige Geschäftsführer René Giulianelli durch das Berner Obergericht zu einer bedingten zweimonatigen Freiheitsstrafe verurteilt.[445] Dies, da er 1986 die Bücher der Omni Holding geschönt hatte, um von Kantonalbanken Kredite in der Höhe von ca. CHF 70 Mio. zu erhalten.[446] Mitangeklagt wurde der Revisor John Evans der Revisionsstelle Deloitte Hakins & Sells. Er wurde zu einer auf zwei Jahre bedingten, dreimonatigen Freiheitsstrafe verurteilt. Es wurde von einer massiven Strafmilderung gesprochen, da die Delikte kurz vor der absoluten Verjährung standen.[447]

g) Aufwand und Schaden

Gläubiger der Omni Holding waren 74 Banken, Pensionskassen und weitere Unternehmungen sowie mehrere hundert Kleinanleger.[448] Die Konkursdividende betrug 11,16%.[449] Dies entspricht einem Betrag von CHF 186,3 Mio. Die Schadenssumme beträgt CHF 1,48 Mrd. Der Gesamtschaden fiel jedoch weit höher aus. Denn die mehr als hundert Tochtergesellschaften und Beteiligungen hinterliessen einen Schuldenberg von ca. CHF 2 Mrd. Der Gesamtschaden beläuft sich dementsprechend auf schätzungsweise CHF 4 Mrd.[450] Die Dachgesellschaft Omni Holding wurde 2013 als letzte Gesellschaft liquidiert. Die Konkursdividende der Holding betrug 0,41%.[451] Somit dauerte die

---

[443] Urteil Kassationshof BGer 6P.101/2000/kra vom 6. Dezember 2001, C.
[444] Urteil Kassationshof BGer 6P.101/2000/kra vom 6. Dezember 2001, E.10.
[445] UNBEKANNT, NZZ.
[446] UNBEKANNT, NZZ.
[447] UNBEKANNT, NZZ.
[448] UNBEKANNT, Handelszeitung.
[449] UNBEKANNT, Handelszeitung.
[450] UNBEKANNT, Handelszeitung.
[451] UNBEKANNT, Handelszeitung.

gesamte Liquidation des unübersichtlichen Holdingkonstrukts ca. 22 Jahre. Rey schuldet dem Kanton Bern nach wie vor einen Betrag von CHF 4,3 Mio. für Verfahrenskosten.[452]

5. Biber Holding

a) Übersicht

Bei der Biber Holding AG handelt es sich um einen ehemaligen Papierkonzern mit Hauptsitz in Biberist. Er galt als der grösste Schweizer Papierkonzern, welcher eine der grössten Papiermaschinen Europas betrieb. Von der Gründung im Jahr 1862 bis Anfang der 1990er Jahre florierten die Geschäfte und stetig wurden die Beteiligungen an Papierfabriken und anderen Unternehmungen ausgeweitet. Das schwierige wirtschaftliche Umfeld und die aggressive Expansionsstrategie in den 1990er Jahren trieben die Biber Holding Anfang 1997 in den Konkurs. In einem durch diesen Fall ergehenden BGE klärte das Bundesgericht den Schadensbegriff und die Aktivlegitimation betreffend die aktienrechtliche Verantwortlichkeit. Damit wurde der X-Corporation Entscheid überholt.

b) Unternehmensgeschichte

Im Jahr 1862 wurde die Papierfabrik Biberist AG auf Initiative von der Escher, Wyss & Cie. in Zürich gegründet. Durch die Übernahme diverser Unternehmungen in der Papierherstellungsbranche, unter anderem einer Mehrheitsbeteiligung der Papierfabrik Utzenstorf im Jahr 1932, entstand die Fabrikationsgesellschaft «PBU» (Papierfabrik Biberist Utzenstorf). Sodann wurde 1964 die Biber Papier AG in Regensdorf gegründet. Im Jahr 1970 folgte eine Beteiligung an der Papierfabrik Laufen, welche 1972 bereits wieder stillgelegt werden musste. Der Ausbau beschleunigte sich zunehmend in den 1970er und 1980er Jahren. Im Jahr 1982 wurde die 1968 als Tochtergesellschaft gegründete Biber Holding zur Dachorganisation umstrukturiert. In den Jahren 1989 bis 1992 wurde das Investitionsprojekt «Biber Nova» mit einem Umfang von CHF 550 Mio. lanciert, wobei 1990 ein Umsatz von CHF 670 Mio. erwirtschaftet wurde und 2'300 Arbeitnehmer angestellt waren. Zu Beginn der 1990er Jahre setzte die Rezession, der Preiszerfall auf dem Papiermarkt und das ansteigende Zinsniveau der Biber Holding schwer zu.

[452] BARMETTLER, HZ.

Im Geschäftsjahr von 1991 erwirtschaftete die Biber-Holding erstmals einen Verlust in der Höhe von CHF 28,6 Mio. Danach verschlechterte sich die wirtschaftliche Lage weiter. Die Verluste stiegen in den Folgejahren beträchtlich an und betrugen im Jahr 1992 CHF 205 Mio. und im Jahr 1993 CHF 282 Mio. Im Jahr 1994 wurden die ersten Sanierungsmassnahmen durchgeführt. Drei Vertreter der Gläubigerbanken nahmen hierzu Einsitz im Verwaltungsrat, was damals üblich war.[453] Der Schwerpunkt wurde hierbei auf den Prospekt «Angebot zur Umwandlung der ausstehenden Obligationen in Aktien und neue Wandelobligationen» vom 7. April 1994 und den Prospekt «Kapitalrestrukturierung und Bezugsangebot» vom 21. Juni 1994 gesetzt. Ziel war es, die Eigenkapitalbasis mittels Umwandlung von Obligationen in Aktien, bzw. Wandelobligationen und Aktien zu stärken. Weil die Ziele dieser Sanierungsmassnahmen nicht erreicht wurden, einigte sich der VR unter dem Projektnamen «Omega» im Januar 1996 mit den Hauptgläubiger-Banken[454], an der GV vom April 1996 eine Aktienkapitalerhöhung in der Höhe von CHF 150 Mio. zu beantragen.

Mittels Verrechnung mit den Forderungen der Banken sollte diese Aktienkapitalerhöhung liberiert werden. Die Banken zogen jedoch im Februar 1996 ihre Zusage zu diesem Vorgehen zurück. Trotzdem wurde das Projekt Omega teilweise umgesetzt, indem eine Aktivenabwertung, jedoch ohne gleichzeitige Fremdkapitalreduktion, durchgeführt wurde. Dadurch verminderte sich die Eigenkapitalquote in der Bilanz im Jahr 1995 auf 28,8%. Ende 1996 kündigten die Hauptgläubiger-Banken an, die Kredite nicht über den 30. Juni 1997 hinaus zu verlängern. Da schlussendlich sämtliche Sanierungsmassnahmen ihr Ziel verfehlten, musste am 21. Januar 1997 über die Biber-Holding der Konkurs eröffnet werden. Mithilfe eines Gesamtvergleichs zwischen den Grossbanken und der Biber Holding AG sowie der PBU gelang der ausserordentlichen Konkursverwaltung eine vollständige Deckung sämtlicher Forderungen von Nicht - Finanzgläubigern.[455] Mit diesem Vergleich einhergehend, konnten gegen acht Verwaltungsräte Verantwortlichkeits- und sonstige Schadenersatzansprüche geltend gemacht werden. Die beteiligten Grossbanken verpflichteten sich in einem Vergleich, unter Androhung von Klagen, zu einer Zahlung von CHF 40 Mio. an die Gläubiger.[456] Die angegliederten Betriebe der Biber Holding wurden verkauft. Der finnische Papierkonzern Metsä Serla

[453] SBV: Georg Schnell, SKA: Franz von Meyenburger, SBG: Jean Francis Sierro.

[454] Schweizerischer Bankverein (SBV), Schweizerische Kreditanstalt (SKA) und Schweizerische Bankgesellschaft (SBG).

[455] Pressemitteilung Credit Suisse.

[456] UNBEKANNT, NZZ, Anklage gegen Speiser.

(seit 2000 M-real) kaufte die Papierfabrik Biberist und Utzenstorf auf. Bei späteren Verfahren wurde untersucht, ob bei diesem Notverkauf bei einem vorsichtigeren Vorgehen ein höherer Verkaufspreis möglich gewesen wäre.

c) Unternehmensstruktur

Die Biber Holding AG bestand vor dem Konkurs aus drei Produktionsfabriken und je vier Verarbeitungsfabriken, bzw. Papierhandelsfirmen mit Sitz im In- und Ausland. Weitere Informationen bezüglich der Unternehmensstruktur waren nicht auffindbar.

d) Hauptfehler

Im Fall der Biber-Holding standen insbesondere Informations- und Kommunikationsprobleme seitens des Verwaltungsrates Vordergrund. Denn während und auch nach der misslungenen Sanierung wurden wesentliche Informationen über die finanzielle Lage der Biber-Holding verschwiegen. Zusätzlich verunmöglichte VRP Christian Speiser der Altersvorsorge und den Steuerveranlagungsbehörden die Bemessung seines steuerbaren Einkommens.

e) Kläger und Beklagte

Gegen verschiedene VR-Mitglieder und den VRP Christian Speiser, welcher Anfang 1994 als Sanierer in den VR gewählt wurde, wurden strafrechtliche Untersuchungen eingeleitet. Einerseits veranlasste die Rentenanstalt und Berner Versicherung eine Strafanzeige wegen Urkundenfälschung bezüglich der angeblich falschen Emissionsprospekte bei der Sanierung 1994. Eine weitere Gruppe von Geschädigten erhob 1998 eine Strafanzeige gegen Speiser und weitere Verwaltungsräte wegen der Verbreitung von unwahren Angaben über das kaufmännische Gewerbe.[457] Dies, da nach der misslungenen Sanierung besser über den Zustand der Holding hätte informiert werden sollen. Gegen Speiser wurde zusätzlich ermittelt, ob er es durch zu seinen Gunsten ausgeführte Transaktionen der Altersvorsorge und Steuerveranlagungsbehörde verunmöglicht habe, die Beitragspflicht der Arbeitnehmer und Arbeitgeber, bzw. sein steuerbares Einkommen korrekt zu bemessen. Christian Speiser und der SBV-Generaldirektor wurden infolge dieser Untersuchungen während kurzer Zeit festgenommen.[458] Des Weiteren erhob die Schutzgemeinschaft der Investoren Schweiz (SIS) eine aktienrechtliche Verantwortlichkeitsklage gegen den ehemaligen VRP Speiser mit dem Vorwurf, er habe we-

---

[457] UNBEKANNT, NZZ, Anklage gegen Speiser.
[458] UNBEKANNT, NZZ, Anklage gegen Speiser.

sentliche Informationen über die finanzielle Lage und die Sanierung verschwiegen. Schlussendlich erhob ein unbekannter Investor eine aktienrechtliche Verantwortlichkeitsklage gegen die ehemaligen VRP Truls Berg und Christian Speiser sowie gegen Georg Schnell, wegen unwahren Angaben über den Zustand der Holding.[459] Dieser Fall führte zur sogenannten «Biber-Praxis».

f) Ablauf des Verantwortlichkeitsprozesses

Nach dem Konkurs kam es zu Strafanzeigen gegen diverse Verwaltungsräte und den VRP Christian Speiser. Auch aktienrechtliche Verantwortlichkeitsansprüche wurden geltend gemacht. Im nachfolgenden werden die unterschiedlichen straf- und aktienrechtlichen Verantwortlichkeitsklagen zusammengefasst dargestellt.

Der *strafrechtliche Verantwortlichkeitsprozess* fand am 4. September 2002 vor dem Bezirksgericht in Zürich statt. Zuvor hat am 23. Mai 2002 das Bezirksgericht Zürich die unter (3) beschriebenen strafrechtlichen Untersuchungsverfahren gegen die Verwaltungsräte weitgehend eingestellt. Schlussendlich wurde nur der VRP Christian Speiser betreffend den Tatbeständen Gläubigerbevorzugung, Veruntreuung und Zuwiderhandlung gegen diverse AHV- und Steuergesetze angeklagt. Speiser wurde vor dem Bezirksgericht Zürich am 4. September 2002 wegen Steuerhinterziehung zu einer Busse von CHF 18'000 verurteilt.

Die *erste aktienrechtliche Verantwortlichkeitsklage* wurde von der Schutzgemeinschaft der Investoren Schweiz (SIS) im Juni 1998 gegen den ehemaligen VRP Christian Speiser erhoben. Ihm wurde vorgeworfen, er habe wesentliche Informationen über die finanzielle Lage und die Sanierung in den 1990er-Jahren verschwiegen. Speiser stimmte in einem Vergleich einer Zahlung in Millionenhöhe zu.

Die *zweite aktienrechtliche Verantwortlichkeitsklage («Biber-Entscheid»)* wurde von einem unbekannten Investor im Januar 1997 gegen die ehemaligen VRP Truls Berg und Christian Speiser sowie gegen Verwaltungsrat Georg Schnell vor dem Amtsgericht Bucheggberg-Wasseramt erhoben.[460] Der Kläger erwarb im Zeitraum zwischen November 1994 und November 1995 an fünf unterschiedlichen Tagen insgesamt 3'500 Namenaktien der Biber Holding zu einem Preis von CHF 89'461.10.[461] Weil der Kläger aufgrund des Kon-

[459] KOCH, BGer verweigert Klagerecht.
[460] KOCH, BGer verweigert Klagerecht.
[461] Urteil BGer 4C.111/2004 vom 9. November 2004, B.

kurses der Biber Holding zu Verlusten kam, machte er Ansprüche aus aktienrechtlicher Verantwortlichkeit gemäss Art. 752 und Art. 754 OR gegen die drei Verwaltungsratsmitglieder geltend. Als Schadenersatz beantragte er den gesamten Betrag von CHF 89'461.10 zuzüglich 5% Zins seit dem 28. November 1995. Das Verfahren wurde mit Verfügung des Instruktionsrichters vorerst auf die Klärung der Aktivlegitimation beschränkt. Das Amtsgericht Bucheggberg-Wasseramt wies im November 2000 die Klage wegen fehlender Aktivlegitimation des Investors ab. Im Januar 2004 wies auch das Obergericht des Kantons Solothurn die aktienrechtliche Verantwortlichkeitsklage ab. So gelangte der Kläger mit dem Antrag ans Bundesgericht, dass das erstinstanzliche Urteil aufzuheben und seine Aktivlegitimation festzustellen sei.[462]

Zuerst stellte das Bundesgericht fest, dass die Vorinstanz den auf die aktienrechtliche Prospekthaftung gestützten Anspruch zu Recht abgewiesen hat, weil unter den gegebenen Umständen die Angaben im Prospekt nicht kausal für den Kaufentschluss des Investors waren.[463] Sodann prüfte das Bundesgericht die Ansprüche aus aktienrechtlicher Verantwortlichkeit in der für den «Biber-Entscheid» zentralen Erwägung 3. Die Argumentation wurde an der durch den «Raschein- und Raichle-Entscheid» eingeführten Rechtsprechung, der Erinnerung an die Grundsätze des Haftpflichtrechts und einer Darstellung der unterschiedlichen Situationen bezüglich der Schädigung der Gesellschaft, bzw. der Aktionäre und Gläubiger vor und nach der Konkurseröffnung aufgezogen.[464] Das Bundesgericht bezog sich danach auf die Situation, in welcher neben den Aktionären und Gläubigern auch die konkursite Gesellschaft direkt geschädigt ist, wobei in diesem Fall die Individualklage der Aktionäre und Gläubiger in Konkurrenz zu den Ansprüchen der Gesellschaft treten kann.[465] Somit hält das Bundesgericht fest, dass die modifizierte Schutzzwecklehre ausschliesslich nach Eintritt des Konkurses angewandt wird, was bedeutet, dass ausserhalb des Konkurses die Verletzung einer aktienrechtlichen Bestimmung zu einem ersatzfähigen Schaden führt.[466] Zur Verhinderung eines Wettlaufs zwischen den Aktionären und Gläubigern hat das Bundesgericht im «X. Corporation-Entscheid»[467] die Aktivlegitimation der Aktionäre und Gläubiger stark eingeschränkt. Gemäss den Ausführungen des Bundesgericht, dürfen diese ihren Schaden im Konkurs ausnahmsweise geltend

[462] Urteil BGer 4C.111/2004 vom 9. November 2004, C.
[463] BGE 131 III 306 E.2.
[464] BGE 131 III 306 E.3.1.1.
[465] BGE 131 III 306 E.3.1.2.
[466] VON DER CRONE/DOBLER, S. 216 f.
[467] Für Ausführungen zum «X. Corporation-Entscheid» vgl. Teil III. C. 19.

machen, wenn das Verhalten eines Gesellschaftsorgans gegen aktienrechtliche Bestimmungen, bzw. eine Schutznorm verstösst, die ausschliesslich dem Gläubiger-, bzw. Aktionärsschutz dient, oder wenn eine Schadenersatzpflicht aus OR 41 ff. oder aus der culpa in contrahendo geltend gemacht werden kann.[468] Im vorliegenden Fall präzisierte das Bundesgericht seine Rechtsprechung zur Abgrenzung des mittelbaren vom unmittelbaren Schaden. Das Bundesgericht stellte fest, dass der Wertverlust der Beteiligungen auf die Wertverminderung der Gesellschaft zurückzuführen sei, und der Investor aus diesem Grund einen Reflexschaden erlitten habe. Damit stützt das Bundesgericht die Abgrenzung des direkten vom indirekten Schaden auf die von der Schädigung betroffene Vermögensmasse und nicht, wie seit dem «X. Corporation-Entscheid» üblich, auf die Rechtsgrundlage der in Frage kommenden Ersatzpflicht.[469] Denn durch die «X. Corporation-Praxis» wurde die Klagemöglichkeiten der Aktionäre und Gläubiger stark eingeschränkt, da Normen mit exklusiver Schutzwirkung selten sind und meistens gleichzeitig den Schutz der Gesellschaft umfassen. Hiermit kommt das Bundesgericht im Verantwortlichkeitsrecht auf den vor dem «X. Corporation Entscheid» gültigen Schadensbegriff zurück. Das Ziel der Einschränkung von Individualklagen unmittelbar geschädigter Gläubiger und Aktionäre bei gleichzeitiger Schädigung der Gesellschaft aus derselben Pflichtverletzung kann trotzdem in der neuen Biber-Rechtsprechung beibehalten werden, indem das Mittel hierzu geändert wurde. Nämlich wurde die spezifische Definition des Schadens anhand einer Schutznorm aufgegeben, jedoch die Klagebefugnis, bzw. Aktivlegitimation eingeschränkt.[470]

Da im vorliegenden Fall ein Reflexschaden, bzw. mittelbarer Schaden seitens des Aktionärs vorliegt und dieser den Schaden im Konkurs nur subsidiär durch eine Individualklage geltend gemacht werden kann, die Konkursverwaltung die Ansprüche der Gesellschaft jedoch bereits durch einen Gesamtvergleich mit den ehemaligen Organen der Biber Holding AG geltend gemacht hat, wurde die Aktivlegitimation des Investors nicht anerkannt.[471] Die Verantwortlichkeits- und Schadenersatzansprüche gegenüber acht Verwaltungsräten – darunter die drei Beklagten – wurden dementsprechend bereits im Voraus

---

[468] Folgende BGE bestätigten die «X. Corporation-Praxis»: BGE 122 III 176 E. 7; BGE 125 III 86 E. 3a; BGE 127 III 374 E. 3b; BGE 128 III 180 E. 2c.

[469] BGE 131 III 306 E. 3.2.1;

[470] GLASL, S. 693.

[471] BGE 131 III 306 E. 3.2.1.

realisiert, womit weder eine Individual- noch eine Gesellschaftsklage unter den gegebenen Umständen möglich gewesen wäre.[472]

g) Aufwand und Schaden

Ende März 2001 konnte die Konkursverwalterin BDO Visura den Gläubigern eine Konkursdividende von 100% ausbezahlen.[473] Dies dank des zuvor abgeschlossenen Gesamtvergleichs. Sämtliche 778 Gläubigerforderungen mit einem Gesamtbetrag von CHF 358 Mio. konnten getilgt werden. Demgegenüber konnten die Finanz-Gläubiger nicht vollständig ausbezahlt werden. Den Grossbanken wurde eine Konkursdividende in der Höhe von 50,5% und den übrigen Finanzgläubigern eine Konkursdividende von 75% ausbezahlt.[474] Der Liquidationsüberschuss in der Höhe von CHF 30 Mio. der PBU ging an die Biber Holding, welche Alleinaktionärin war. Gemessen an der Grösse und Komplexität dieses Falles erscheint die ausbezahlte Konkursdividende als aussergewöhnlich hoch. Die Aktionäre erhielten 35% ihrer Forderungen.[475]

6. Spar- und Leihkasse Thun

a) Übersicht

Die Spar- und Leihkasse Thun (SLT) war im Jahr 1991 eine von insgesamt 204 Regionalbanken in der Schweiz und bestand zu dieser Zeit seit 125 Jahren.[476] Aufgrund einer alarmierenden Bewertung durch eine aussenstehende Revisionsstelle und schwerwiegender Organisationsmängel, ordnete die EBK am 3. Oktober 1991 die sofortige Schliessung der SLT an und entzog ihr am 18. Oktober 1991 die Bankenbewilligung endgültig.[477] Zwischen 1990 und 1995 reduzierte sich die Zahl der in der Schweiz tätigen Banken von 625 auf 413.[478] Dieser Redimensionierungsprozess betraf insbesondere die Regionalbanken, deren Anzahl sich zwischen 1990 und 2000 von 204 auf 103 Banken halbierte.[479] Heute gibt es insgesamt noch 63 Regionalbanken. Der Fall der SLT hat ein kaum dagewesenes Echo in der Bevölkerung ausgelöst.

472 GLASL, S. 693 f.
473 KOCH, Aktionäre.
474 UNBEKANNT, swissinfo.
475 KOCH, BGer verweigert Klagerecht.
476 HOLDEREGGER, NZZ.
477 GURTNER, BZ.
478 UNBEKANNT, Regionalbanken.
479 UNBEKANNT, swissinfo.

b) Unternehmensgeschichte

Aus dem Vermögen der aufgelösten Metzger-, Schmied- und Pfisterzünfte wurde 1866 die SLT mit einem Startkapital von CHF 128'000 gegründet.[480] Die SLT war während langer Zeit im üblichen Geschäftsfeld einer Regionalbank tätig. Jedoch zeichneten sich die 1980er-Jahre durch eine Überhitzungsphase des Immobilienmarkts mit übertriebenen Gewinnerwartungen ab. [481] Die Risikobereitschaft bezüglich der Finanzierung von – im Falle einer konservativen Bewertung – nicht kreditwürdigen Unternehmungen aber auch Privatpersonen stieg zunehmend an. So nahm das schweizweite Hypothekarvolumen der Schweizer Banken zwischen 1981 und 1991 von ursprünglich ca. CHF 150 Mrd. auf über CHF 380 Mrd. zu.[482] Die darauffolgende rezessive Entwicklung, ausgelöst durch die Zinserhöhungen der SNB, traf vorerst die nicht kreditwürdigen Unternehmungen und Privatpersonen. Darauffolgend führte diese Entwicklung zu Problemen bei deren Banken.[483] Zusätzlich erwies sich die vermeintlich sichere Deckung durch Grundpfänder als nicht wertstabil.

Der einsetzende Konjunktureinbruch, steigende Zinsen und der zusammenbrechende Immobilienmarkt setzten auch der SLT am Anfang der 1990er Jahre zu, denn diese ging ein zu grosses Risiko im nationalen Immobilienmarkt ein. Das Risiko stieg insbesondere durch Geschäfte ausserhalb des traditionellen Geschäftsbereichs der Bank und einer Ausdehnung der Bilanzsumme von ursprünglich knapp CHF 400 Mio. auf über CHF 1 Mrd. in nur 6 Jahren.[484] Mit dem Einsetzen der Immobilienkrise und den zahlreich zahlungsunfähigen Schuldnern, reichten die Reserven der SLT nicht aus, um die anfallenden Wertberichtigungen auszugleichen. Am 3. Oktober 1991 ordnete die EBK die sofortige Schliessung der Bank an. Die Schalter der SLT wurden geschlossen, die Gelder gesperrt und die Geschäftstätigkeit eingestellt. Die EBK setzte der SLT eine Frist von zwei Wochen, um mithilfe einer Grossbank eine Sanierungslösung zu finden.[485] Während dieser Frist zeichnete sich eine mögliche Übernahme der SLT durch den Verband der Schweizer Kantonalbanken mit einer oder mehreren Grossbanken ab.[486] Das Scheitern dieses

[480] BERGER, BZ.
[481] SCHMID, BaZ.
[482] ZIEGLER, NZZ.
[483] SCHMID, BaZ.
[484] UNBEKANNT, Der Spiegel.
[485] GURTNER, BZ.
[486] GURTNER, BZ.

Vorhabens führte am 18. Oktober 1991 zur definitiven Entziehung der Bankenbewilligung. Die vergleichsweise geringen Kosten einer allfälligen Übernahme stehen schlussendlich in kaum einer Relation zum Imageschaden der Schweizer Banken aus dem Zusammenbruch der kleinen SLT.[487] Zu dieser Zeit waren in Thun 71 Fernsehteams aus der ganzen Welt vor Ort.[488] Der Zusammenbruch der SLT war der Anfang einer Regionalbankenkrise, welche einen grossen Einfluss auf das Schweizer Bankenwesen hatte. Nach der SLT folgten Regionalbanken mit ähnlich gravierenden Problemen, welche aber von grösseren Instituten übernommen wurden.[489] Die Region Thun war einige Wochen zuvor zusätzlich durch die Schliessung der Unternehmung «Metallwerke Selve», welche zur Omni Holding von Werner K. Rey gehörte, betroffen.[490] Durch den Konkurs der SLT gingen 400 Arbeitsstellen verloren. Im Vergleich dazu gingen bei der SLT ca. 70 Arbeitsstellen verloren.[491]

Die SNB prüfte nach dem SLT-Zusammenbruch sämtliche Regionalbanken anhand dreier Kennzahlen, die aus den Problembereichen der SLT abgeleitet wurden. Als erstes wurde geprüft, ob ein überdurchschnittliches Bilanzwachstum vorliegt. Sodann wurde untersucht, ob unter den hypothekarisch gedeckten Krediten ein hoher Anteil an Baukrediten auszumachen ist. Eine steigende Quote in diesem Bereich zeigte, dass die Bank in den Bau von Liegenschaften investiert, deren Verkauf rückläufig war und somit die Baukredite nicht in Hypotheken umgewandelt wurden. Zuletzt wurden die Refinanzierungsmöglichkeiten der Kredite überprüft. Eine Bank, die ihre Kredite nur zu einem geringen Teil mit Spargeldern decken konnte, war bezüglich einer Veränderung der Zinsen sensitiver aufgestellt. Gemäss dieser Analyse war rund die Hälfte aller Regionalbanken Insolvenzgefährdet.[492]

c) Unternehmensstruktur

Über die Unternehmensstruktur der Spar- und Leihkasse Thun waren nicht ausreichend Informationen verfügbar, um daraus eine schlüssige Struktur zu schliessen.

---

487 HOLDEREGGER, NZZ.
488 PROBST, BZ, 2016.
489 ZIEGLER, NZZ.
490 UNBEKANNT, Der Bund.
491 UNBEKANNT, finews.
492 Mehr dazu: ZIEGLER, NZZ.

d) Hauptfehler

Die Bewertung der SLT durch eine aussenstehende Revisionsgesellschaft ergab Ende 1990 im günstigsten Fall einen Wertberichtigungsbedarf auf Immobilienkrediten in der ungefähren Höhe der damals vorhandenen anrechenbaren Eigenmittel.[493] Zusätzlich wurde die Bewertung durch eine «offensichtlich ungenügende Kreditdokumentation» erschwert.[494] In Einzelfällen konnte nicht ermittelt werden, ob das finanzierte Grundstück in einer Bauzone lag oder nicht. Ebenfalls fehlte es vielfach an Kaufverträgen, aktuellen Grundbuchauszügen, Verkehrswertschätzungen, Bauplänen und verlässlichen Kostenschätzungen.[495] Diese Mängel offenbarten eine «völlig ungenügende Kreditorganisation».[496]

Auch meldete die SLT das Bestehen von Klumpenrisiken im Umfang von 30% der Bilanzsumme oder 400% der Eigenmittel nicht rechtzeitig und verstiess gegen ihre gesetzlichen Verpflichtungen.[497] Gemäss Praxis der EBK hätten Klumpenrisiken in dieser Höhe niemals toleriert werden dürfen. Auch wurde trotz mehrfacher Aufforderung der EBK seitens der Organe zu spät und vergeblich versucht, Hilfe anderer Banken zu erlangen. Denn bei einer Übernahme wären einzelne Grossgläubiger mit einem teilweisen Forderungsverzicht einverstanden gewesen, und die Mehrheit der Aktionäre hätten ihre Aktien zu einem Symbolpreis hinsichtlich einer Aktienkapitalherabsetzung abgegeben.[498] Aufgrund dieser Tatsachen konnten die Organe der SLT laut EBK keine Gewähr für eine einwandfreie Geschäftsführung bieten. Im Angesicht dieser Situation und der damals in informierten Kreisen zirkulierenden Gerüchte, vermutete man eine Überschuldung der SLT.[499] Die EBK wollte deswegen nicht zulassen, dass weitere Gläubiger und Aktionäre zukünftig zu Schaden kommen und entzog der SLT – trotz den vorauszuahnenden Auswirkungen auf das Banken- und Zahlungssystem der Schweiz – die Bewilligung. Es wurde argumentiert, dass nur durch ein solches Vorgehen den damaligen Organen die Führung der Bank entzogen werden konnte.[500]

---

493 UNBEKANNT, finma, S. 26.
494 UNBEKANNT, finma, S. 26.
495 UNBEKANNT, finma, S. 26.
496 UNBEKANNT, finma, S. 26.
497 UNBEKANNT, finma, S. 26.
498 UNBEKANNT, finma, S. 26.
499 UNBEKANNT, finma, S. 27.
500 UNBEKANNT, finma, S. 27.

e) Ablauf des Verantwortlichkeitsprozesses

Der ehemalige Kreditchef Alfred Schmid wurde im strafrechtlichen Verfahren freigesprochen, stimmte 1997 einem Vergleich zu und bezahlte einen Betrag von CHF 20'000 und die Verfahrenskosten in der Höhe von CHF 243'800.[501] Der Verwaltungsratspräsident Heinrich Hoffmann und Bankdirektor Herbert Wäger sowie die übrigen Verwaltungsräte und die Revisionsstelle stimmten ebenfalls einem Vergleich über CHF 6,2 Mio. zu.[502] Von der SLT-Liquidatorin (Atag Ernst & Young) wurden anfänglich CHF 50 Mio. gefordert.[503] Gemäss Anmerkungen eines Interviewpartners kamen die Verantwortlichen mit einem Vergleich in der zuvor angegebenen Höhe davon. Um Hofmann wurde es nach dem Vergleich ruhig. Inzwischen ist er verstorben. Der Bankdirektor Herbert Wäger tauchte in Peru ab und leistete gemeinnützige Arbeit. In der Schweiz tauchte er im Jahr 2000 wieder im Umfeld von Erich von Däniken und dem Mystery Park auf.[504]

f) Aufwand und Schaden

Die Liquidation dauerte gesamthaft 14 Jahre. Die Aktionäre verloren ca. CHF 36 Mio. durch die Liquidation.[505] 6300 Bankkunden verloren ein Drittel ihres Vermögens, was einem Gesamtbetrag von CHF 223 Mio. entspricht.[506] Die Abschlusszahlung an die 6300 Gläubiger der 5. Klasse erfolgte im Dezember 2005.[507] Auch regionale Betriebe kamen zu Schaden. Die Konkursdividende beträgt 60,7% auf dem ursprünglichen Guthaben der Gläubiger.[508] Insgesamt wurden CHF 899 Mio. an die Gläubiger ausbezahlt.[509] Neben den negativen Ereignissen hatte der Zusammenbruch der SLT auch positive Seiten. So begann an dieser Stelle ein nötiger, geordneter Konsolidierungsprozess, das Banken-Insolvenzrecht wurde überarbeitet und der Einlegerschutz verbessert. Schweizweit wurden zwischen 1991 und 1996 insgesamt CHF 42 Mrd. auf Hypotheken abgeschrieben.[510]

---

[501] PROBST, BZ, 2016.
[502] PROBST, BZ, 2011.
[503] PROBST, BZ, 2016.
[504] Für Erich von Däniken führte er angeblich eine Aktienkapitalerhöhung durch (PROBST, BZ, 2016).
[505] GURTNER, BZ.
[506] HOLDEREGGER, NZZ.
[507] MOOR, FuW.
[508] HOLDEREGGER, NZZ.
[509] PROBST, BZ, 2016.
[510] SCHMID, BaZ.

7. Trans K-B

a) Übersicht

Rudolf J. Ernst gründete die Trans K-B im Jahre 1979 durch den Kauf eines Aktienmantels der börsenkotierten Trans-Anlage-Gesellschaft, ohne je ein Börsenzulassungsverfahren durchlaufen zu haben.[511] Die Trans-Anlage-Gesellschaft entwickelte sich aus der 1894 gegründeten Bank für Transportwerte. Mit der Trans K-B gründete Ernst die erste Schweizer Risikokapitalgesellschaft (Venture-Capital-Gesellschaft).[512] Ernst stammt einer bekannten Ostschweizer Familie ab. Sein Grossvater war 1912 Mitgründer und erster Präsident der Schweizerischen Bankgesellschaft (SBG).[513] Seit der Gründung wird Ernst und die Trans K-B durch Hans W. Kopp beraten, dem Ehemann der ersten Bundesrätin der Schweiz, Elisabeth Kopp. Später wurde Kopp als Verwaltungsratspräsident gewählt. Die Unternehmensstruktur sah wie folgt aus:[514] Mit einer Tochtergesellschaft im Immobiliengeschäft soll Sicherheit gewährleistet werden. Die Gewinne sollen mit einer weiteren Tochtergesellschaft namens Prime Computer erwirtschaftet werden. Künftiges Gewinnpotential sollte mit der dritten Tochtergesellschaft realisiert werden, welche sich insbesondere auf Risikobeteiligungen fokussierte. Diese Tochter investierte unter anderem in die amerikanische Gen-Tech-Gesellschaft International Plant Research Institute (IPRI) und hielt 22% der Beteiligungen.[515] Der Kurs der Trans K-B erhöhte sich 1981 innerhalb weniger Monate von CHF 300 auf den Höchststand von CHF 705 und fiel Anfang 1982 ebenso schnell auf CHF 160 und binnen drei Jahren auf CHF 3.[516] Der markante Kursanstieg wurde einerseits durch die Hoffnung in die durch die IPRI gezüchtete Tomoffel[517] ausgelöst und andererseits zusätzlich durch die Medien angeheizt. Da in einem späteren Entwicklungsstadium der Tomoffel weder Angebot, noch Nachfrage vorhanden waren, brach der Kurs wieder in sich zusammen. Der enorme Kurszusammenfall wurde durch Leerverkäufe zusätzlich verstärkt.[518] Im September 1982 wurde an der Generalversammlung nach der Bekannt-

511 LÜCHINGER, S. 129.

512 RÖSCH, FuW.

513 LÜCHINGER, S. 129 f.

514 LÜCHINGER, S. 130.

515 LÜCHINGER, S. 130.

516 RÖSCH, FuW.

517 Eine gentechnische Kreuzung zwischen Tomate und Kartoffel (genetisch instabil). Die IPRI ging davon aus, dass die Tomoffel nur Salzwasser bedarf und so Hungersnöten effektiv entgegengewirkt werden kann.

518 LÜCHINGER, S. 133 f.

gabe eines Verlustes in der Höhe von CHF 34,7 Mio. beschlossen, die Gesellschaft zu liquidieren, um die Deponierung der Bilanz oder den Konkurs zu verhindern. Erstaunlicherweise warnte Verwaltungsratspräsident Kopp bereits Anfang 1981 davor, dass es sich hinsichtlich der Kursentwicklung um eine Blase handeln könnte, was jedoch kaum auf Resonanz stiess.[519]

Als Elisabeth Kopp zwei Jahre später von der Zürcher FDP als Bundesratskandidatin aufgestellt und 1984 gewählt wurde, war der Fall Trans K-B und Hans W. Kopp eine von vielen Affären[520], die über die Kopps in den Medien kursierte. Der Druck der Medien und der Öffentlichkeit, aber auch von der eigenen Partei wurde auf Elisabeth Kopp derart gross, dass sie nach der Shakarchi-Affäre und dem berühmten Telefonat zwischen ihr und Hans W. Kopp von ihrem Amt Anfang 1989 zurücktrat. Später konnte ihr rechtlich kein Fehlverhalten nachgewiesen werden. Hinsichtlich der Ausübung des Mandats als Verwaltungsratspräsident bei der Trans K-B war für Kopp insbesondere problematisch, dass er zu dieser Zeit neben der Führung der eigenen Kanzlei, einem Lehrauftrag der Universität Zürich, der Tätigkeit als Oberst im Generalstab, dem Präsidialamt des Schweizerischen Aufklärungsdienstes (SAD), der Leitung der Expertenkommission für eine Mediengesamtkonzeption und als Talkmaster beim Schweizer Fernsehen moderierte über 50 weitere Verwaltungsratsmandate hatte – und das alles zur selben Zeit.[521]

b) Ablauf des Verantwortlichkeitsprozesses

Zivilrechtlich wurden Kopp und Ernst auf Schadenersatz in der Höhe von CHF 4,5 Mio. verklagt. Die Haftpflicht-Versicherung von Kopp übernahm einen Grossteil des Schadens.[522] Der Fall Kopp und Trans K-B war nach der Liquidation 1982 strafrechtlich nicht von grossem Interesse. Erst nach der «Kopp-Affäre» erhob die Staatsanwaltschaft im Herbst 1989 Anklage. Kopp und Ernst wurde vorgeworfen, dass die Bilanz der Trans K-B um CHF 2,77 bis 3,15 Mio. geschönt worden sei.[523] So werden beide im September 1991 in einem Strafverfahren vom Zürcher Obergericht wegen Betrug und Urkundenfälschung zu einem Jahr bedingter Freiheitsstrafe verurteilt.[524] Von ursprünglich acht Anklagepunkten wurde Kopp von deren sieben freigesprochen. Als

---

519 LÜCHINGER, S. 134.

520 Unter anderem: So genannte «Füdlitätsch-Affäre»; Trans K-B; entscheidendes Telefongespräch mit Warnung von Elisabeth Kopp an Hans Kopp im Zusammenhang mit dem Shakarchi-Fall. Mehr dazu: LÜCHINGER RENÉ, Elisabeth Kopp.

521 WOTTRENG, NZZ.

522 HONEGGER, NZZ.

523 BAUR, Weltwoche.

524 UNBEKANNT, NZZ.

Folge des Trans K-B-Urteils wurde Kopp 1997 zudem vom Luzerner Obergericht das Anwaltspatent entzogen.[525] Das Urteil war Sinnbild für das Ende einer der grössten politischen Skandale der 1980er Jahre. Die Liquidation der Trans K-B wurde 1994 beendet und die Gesellschaft aus dem Handelsregister gelöscht. Durch die Liquidation der Trans K-B gingen ca. CHF 10 Mio. Fremd- und ca. CHF 40 Mio. Eigenkapital verloren. Im Gegensatz zu den Anlegern wurden die Gläubiger nur geringfügig geschädigt. Die Anleger, welche bei hohen Kursen eingestiegen sind, verloren zusammen insgesamt ca. CHF 150 Mio.[526]

8. Suter + Suter AG

a) Übersicht

Die Suter + Suter AG wurde 1901 unter der Firma Suter & Burckhardt gegründet, hatte ihren Sitz in Basel und war an ihrem Zenit die grösste Generalplanungs- und Architekturunternehmung[527] in Europa.[528] Kernkompetenz waren der Bau von Industrie- und Bürogebäuden sowie Spitälern und Banken.[529] Nach einer rasanten Wachstumsphase Anfang der 1990er Jahre beschäftigte Suter + Suter weltweit über 1200 Angestellte. Dieser Wachstumsprozess wurde durch den Börsengang im Jahr 1986 und einer späteren Aktienkapitalerhöhung ausgelöst. So konnte der Umsatz in den ersten Jahren nach dem Börsengang verdoppelt werden. Der Reingewinn verdreifachte sich.[530] Das Wachstum wurde auch ausserhalb der Krenkompetenzen gesucht. Ebenfalls wurde ein weltweites Filialnetz aufgebaut. Problematisch wurden die breit angelegten, grösstenteils mit Fremdkapital getätigten Immobilieninvestitionen in Deutschland und Österreich.[531] Auf der Strategieebene war generell der Plan, dass man Grundstücke kauft, diese an Investoren weiterverkauft oder den Immobilienbau selbst realisierte. Damit geriet Suter + Suter möglicherweise in die gleiche Problemzone wie die Erb-Gruppe mit der CBB. Da sich zu dieser Zeit in Deutschland und Österreich ein Überangebot an Büro- und Gewerbeflächen abzuzeichnen begann, blieben die Leerstände hoch. Das Kerngeschäft von Suter + Suter vermochte die Lasten

---

525 HONEGGER, NZZ.
526 STREHLE, Tagesanzeiger.
527 Berühmte Bauten: Hochhaus Lonza, Kreditanstalt, Cyba-Hochhaus Klybeck (heute Novartis), Kantonsspital Basel, Kantonsspital Bruderholz, Postbetriebsgebäude usw.
528 UNBEKANNT, unibas.
529 SCHÜRCH, PL.
530 KNECHTLI, on.R.
531 SCHUPPLI, FuW.

der zu dieser Zeit ansteigenden Zinsen nicht zu tragen. Gleichzeitig sank die Investitionstätigkeit im Baugewerbe, die Margen sanken und Investoren drückten die Preise. Zusätzlich zum Verhängnis wurden Suter + Suter Akquisitionen ausserhalb aber auch innerhalb ihrer Kernkompetenzzone. Damit einhergehend kam es 1992 in der Schweiz zu einem grösseren Personalabbau und im Mai 1995 beantragte Suter + Suter mit einer Überschuldung von CHF 400 Mio. die Nachlassstundung.[532] Das ausgearbeitete Sanierungskonzept mit 32 Gläubigerbanken scheiterte am Widerstand der Schweizerischen Kreditanstalt.

Gemäss Firmenkennern «hatte die Unternehmung nicht die Fachkompetenz und Managementkapazität für eine derartige Expansion».[533] Verwaltungsratspräsident Hans R. Suter sprach sodann von «Fehlbeurteilungen» und von Investitionen in Fachgebiete und geografische Märkte, in denen «eine tragfähige Marktstellung nicht erreicht wurde».[534] Problematisch war insbesondere, dass lange Zeit vier Geschäftsleitungsmitglieder[535] im achtköpfigen Verwaltungsrat Einsitz hatten, die sich selbst beaufsichtigten. Für die Öffentlichkeit kam der Konkurs unerwartet, da es seitens der Suter + Suter AG an Kommunikation mangelte.[536]

b) Ablauf des Verantwortlichkeitsprozesses

Als Nachlassverwalterin bereitete Ernst & Young umfangreiche Verantwortlichkeitsklagen mit Forderungen weit über dem eigentlichen Vergleichsbetrag vor. Hauptanklagepunkt war der Vorwurf, dass der Verwaltungsrat und die Geschäftsleitungsmitglieder die schädigenden Entwicklungen schon Jahre vor der Nachlassstundung 1995 hätten erkennen müssen.[537] Aufgrund eines Stillhalteabkommens ist nicht viel über den Verlauf der Verhandlungen und die genaueren Details des Vergleichs bekannt, der im Januar 2001 geschlossen wurde. Bekannt ist, dass die Liquidatorin mit 11 Verwaltungsrats- und Geschäftsleitungsmitgliedern einen Vergleich in der Höhe von CHF 11 Mio. – ohne Schuldanerkennung – abschloss.[538] Nicht bekannt ist, ob und wenn ja, welcher Betrag von D&O-Versicherungen übernommen wurde. Unter den

---

[532] KNECHTLI, on.R.

[533] KNECHTLI, on.R.

[534] KNECHTLI, on.R.

[535] Hans R. Suter (Architekt und Unternehmer), Walter Langhans (Finanzchef, Promoter der Immobilienstrategie, mit grossem Einfluss), Beat Fahrni (Beratung und Engineering International), Felix Stalder.

[536] Im Geschäftsbericht 1993 wurde erklärt, dass das Schlimmste «überwunden» sei.

[537] KNECHTLI, on.R.

[538] KNECHTLI, on.R.

Verantwortlichen sind die folgenden Personen bekannt.[539] Hans Rudolf Suter als Verwaltungsratspräsident. Bernhard Menzinger, ehemaliger Generaldirektor der Danzas, als ehemaliger Vizepräsident. Hannes Goets, welcher bis zur GV 2000 VR-Präsident war, als Verwaltungsratsmitglied bei Suter + Suter. Fredmund Malik, Titularprofessor der Universität St. Gallen, als Verwaltungsrat und langjähriger Berater. Als weiterer Verwaltungsrat Prof. Robert Schnörr, ehemaliges Konzernleitungsmitglied der BBC und Daimler-Benz Manager. Zuletzt Prof. Peter Böckli, Wirtschaftsanwalt und Aktienrechtsspezialist. Er hatte diverse Verwaltungsratsmandate (bspw. Nestlé, UBS und Sandoz) und war langjähriger Verwaltungsrat bei Suter + Suter mit beratender Funktion. Auch vom Vergleich betroffen waren operativ tätige Verwaltungsräte oder Geschäftsleitungsmitglieder. So etwa Beat Fahrni, der die Bereiche Beratung und Engineering International vertrat. Felix Stalder, der für die Bereiche Architekten und Ingenieure Schweiz verantwortlich war. Paul Rambert, der für das französischsprachige Geschäft die Zuständigkeit innehatte und schlussendlich auch der nur kurzfristig tätige Finanzchef Heinrich Moser. Ebenfalls die Schweizerische Treuhandgesellschaft (STG) mit den leitenden Revisoren Edgar Fluri und Alexandre Stotz, war unter den 11 Vergleichenden dabei. Die Kriterien, nach denen diese Personen ausgewählt wurden, sind nicht offen zugänglich. Auch unklar ist, wie mit Verwaltungsrat und Finanzchef Walter Langhans weiter verfahren wurde, nachdem er dem Vergleich nicht zustimmte.

Über 1200 Gläubiger stellten Forderungen in der Höhe von CHF 500 Mio. Schlussendlich verblieben offene Forderungen in der Höhe von CHF 220 Mio. Die Konkursdividende wird auf ca. 16% geschätzt. Man geht davon aus, dass bei Zustandekommen der zuvor erwähnten Zahlung über CHF 11 Mio. im Jahr 1995 die Gläubigerbanken, bzw. die SKA, dem Sanierungskonzept zugestimmt hätten.[540]

9. AFG Arbonia-Forster Holding AG

a) Übersicht

Die AFG Arbonia-Forster AG (seit Dezember 2016 Arbonia AG) ist ein Schweizer Gebäudeausrüster mit Hauptsitz in Arbon. Die AFG ist in den Bereichen Heiz-, Klima- und Lüftungstechnik sowie Sanitär, Fenster, Türen Profilsysteme und Industriedienstleistungen tätig. Sie wurde 1973 durch die Übernahme

---

539 SCHUPPLI, FuW; KNECHTLI, on.R.

540 KNECHTLI, on.R.

der Aktienmehrheit von der damaligen Arbonia AG (seit 1904) durch die Hermann Forster AG (seit 1874) gegründet. Später wurde die Unternehmung unter dem Namen AFG Arbonia-Forster Holding AG an der Börse kotiert. Ab dem Jahr 2000 begann die AFG ihr Portfolio zu diversifizieren. Unter anderem wurden folgende Unternehmungen übernommen: EgoKiefer AG (2004), Küchensparte von Miele (2005), Schmidlin ASCO Swiss AG (2006), STI Surface Technology und die RWD Schlatter AG (beide 2007). Im Rahmen eines Sponsorings engagierte sich die AFG von 2006 bis 2016 für das Fussballstadion des FC St. Gallen und erwarb als Gegenleistung das Namensrecht: AFG Arena. Zwischen 2012 und 2014 wurde die Holding konsolidiert, einige Unternehmungen wieder abgestossen und die Tätigkeit auf spezifische Geschäftsfelder fokussiert. Seit der Generalversammlung im April 2015 ist der neue Hauptaktionär und Unternehmer Michael Pieper im Verwaltungsrat. Wiederum fanden grössere Umstrukturierungen statt und die Produktionswerke wurden aufgrund des Wettbewerbsdrucks ins europäische Ausland verlagert.[541]

Problematisch war die Anlage überflüssiger liquider Mittel in Depot-Plus-Geschäfte.[542] Hierbei handelt es sich um Festgeldanlagen bei einer Bank, die mit einer Fremdwährungsoption verknüpft sind. Am Verfalltag kann die Bank ihr Recht ausüben und statt in ursprünglicher Währung (i.c. Euro) in einer anderen Währung (i.c. US-Dollar) zurückzahlen. Da der US-Dollarkurs zu besagtem Zeitpunkt sank, zahlten die Banken vermehrt in US-Dollar zurück. Darauf wurden die Rückzahlungen in US-Dollar reinvestiert, wobei man darauf setzte, dass sich der US-Dollarkurs erholen würde.[543] Doch der Kurs erholte sich nicht, und die Verluste stiegen an. Die Depot-Plus-Geschäfte wurden durch den Finanzchef der AFG, unter Zusammenarbeit mit der Deutschen Bank und der UBS initiiert. Der Finanzchef erhielt hierfür im Jahr 1999 eine schriftliche Vollmacht des CEOs und Verwaltungsratspräsidenten Paul Gattiker.[544] Die ersten Jahre lohnten sich die US-Dollar-Geschäfte, wobei im Jahr 2002 ein hoher Millionenverlust resultierte. Gemäss Oehler hätten spätestens im Herbst 2002 die erzielten Verluste festgestellt, und eine Reaktion eingeleitet werden müssen.[545]

---

[541] Unbekannt, afg.ch.
[542] Fagetti, TB.
[543] Fagetti, TB.
[544] Jaquemart, NZZ.
[545] Jaquemart, NZZ.

b) Ablauf des Verantwortlichkeitsprozesses

Die AFG Arbonia-Forster-Holding klagte später unter der Führung von Edgar Oehler gegen die gesamte ehemalige Führungsebene aufgrund von Verlusten aus Währungsgeschäften eine Schadenssumme von CHF 6,7 Mio. ein.[546] Angeklagt wurden der ehemalige CEO und Verwaltungsratspräsident Paul Gattiker, der ehemalige Finanzchef und Verwaltungsrat Theo Bubendorff, zwei weitere Verwaltungsräte sowie die Erben der verstorbenen Verwaltungsräte Manfred Timmermann und Jakob Züllig.[547] Die beklagten Verwaltungsräte stellten ihrerseits Forderungen in der Höhe von CHF 1,4 Mio. für Honorare und Spesen. Es stellte sich die Frage, ob die Währungsgeschäfte der ehemaligen AFG-Verwaltungsräte Bestandteil des normalen Geschäftsgangs oder doch unverantwortliche Spekulation waren.[548] Der Kläger argumentierte, dass es sich dabei um Spekulationsgeschäfte handelte, welche nicht zur Geschäftstätigkeit der AFG gehörten. Auch habe für die Geschäftstätigkeit der AFG kein Bedarf an US-Dollar bestanden. Indem der Verwaltungsrat, der CEO und der VRP es unterliessen, den Finanzchef von solchen Geschäften abzuhalten, hätten sie pflichtwidrig gehandelt. Seitens der Beklagten wurde hervorgebracht, dass die Revisionsstelle und die Generalversammlung von den Währungsgeschäften Kenntnis gehabt hätten und den damals Verantwortlichen für das besagte Geschäftsjahr die Décharge erteilten. Des Weiteren gehören solche Währungsgeschäfte mit betrieblich nicht notwendiger Liquidität in einem international tätigen Konzern zum unternehmerischen Alltag, wobei Währungsverluste wie auch andere Risiken dazugehören. Dazu komme, dass die Klägerin Ende 2004 selbst ein noch grösseres Währungsgeschäft in US-Dollar tätigte.[549]

Anfänglich scheiterten die Vergleichsverhandlungen im Herbst 2007. Nach einem umfangreichen Beweisverfahren des Gerichts und längeren Verhandlungen der Parteien kam es schlussendlich im Juni 2010 zu einem aussergerichtlichen Vergleich.[550] Über den Inhalt des Vergleichs sind keine Informationen verfügbar. Der ehemalige Geschäftsführer und Verwaltungsrat der AFG war der einzige, welcher sich nicht auf einen vollumfänglichen Vergleich einliess. Er forderte vor dem Bezirksgericht Arbon ein Verwaltungsratshonorar

546 SCHILLINGER, HZ.
547 JAQUEMART, NZZ.
548 JAQUEMART, NZZ.
549 FAGETTI, TB; JAQUEMART, NZZ.
550 UNBEKANNT, TB.

für ein Jahr mit Verzugszinsen. Das Bezirksgericht Arbon wies diese Forderungsklage im Juni 2010 ab.[551]

Aus der Corporate Governance-Perspektive war es bei diesem Fall insbesondere problematisch, dass keine zweistufige Lösung gesucht wurde. Mit dem CEO als Verwaltungsratspräsidenten und dem Finanzchef als Verwaltungsrat bestanden zugleich zwei Fälle einer Personalunion. Sie beaufsichtigten sich selbst und waren, wie vorher dargestellt, beide treibende Kräfte der kritischen Währungsgeschäfte.

10. Kreditanstalt Grabs (KAG)

a) Übersicht

Die Kreditanstalt Grabs (KAG) war eine im Rheintal regional verankerte Bank und wurde 1880 gegründet. Die Geschäftsbereiche waren das gewöhnliche Tages- und Hypothekargeschäft.[552] Auf Initiative des Direktors verfolgte die KAG ab Ende der 1980er Jahre eine aggressive Expansionsstrategie. Dabei war problematisch, dass ca. 50% der Kredite und Hypotheken mit der unübersichtlichen Unternehmensgruppe von Hans-Peter Brunner, ehemals Lehrling bei der KAG, abgeschlossen wurden.[553] Dieser finanzierte den Kauf diverser Immobilien im Zürcher Kreis 4 (Langstrassenquartier) fast ausschliesslich mit Krediten der KAG, was bei dieser zu einem gefährlichen Klumpenrisiko führte. Obwohl die problematische Geschäftsbeziehung bereits 1989 im Verwaltungsrat besprochen wurde, leitete dieser keine Gegenmassnahmen ein.

Die Krise der KAG entwickelte sich zwischen den Jahren 1989 und 1995 fortlaufend.[554] Im Oktober 1995 machte ein Bericht der Zeitschrift Bilanz auf die persönlichen und wirtschaftlichen Beziehungen zwischen dem VRP der KAG, dem Treuhänder X[555] und dem Stiefsohn des VRP, Hans-Peter Brunner, aufmerksam.[556] Darauf verlangte die EBK Auskunft über sämtliche dieser Geschäftsbeziehungen und setzte einen Beobachter bei der KAG ein. Es wurde ein beachtliches Klumpenrisiko und ein Wertberichtigungsbedarf in der Höhe

[551] Jaquemart, NZZ.
[552] Gyr, Ruin.
[553] Gyr, Brunner.
[554] Urteil BGer 4A_67/2008 vom 27. August 2009.
[555] Treuhänder X kontrollierte die bankengesetzliche Revisionsstelle der KAG.
[556] Wild, S. 68 ff.; Urteil BGer 4A_65/2008 vom 3. August 2009.

von CHF 34 bis 43,8 Mio. festgestellt, wovon ca. CHF 23 Mio. im Zusammenhang mit den Darlehen an Brunner stehen. [557] Nachdem die EBK grösseren Druck auf die Raiffeisen-Gruppe ausübte, übernahm diese am 27. September 1996 die faktisch überschuldete KAG zum Nulltarif.[558] Dies, da die EBK sich nach dem Konkurs der Spar- und Leihkasse Thun im Oktober 1991 keinen weiteren Konkurs in diesem Rahmen leisten wollte. An der Generalversammlung vom 28. September 1996 trat praktisch der ganze Verwaltungsrat zurück und wurde neu besetzt.[559] Im Jahresabschluss 1996 wurde unter Berücksichtigung von Rückstellungen, Wertberichtigungen und sonstigen Verlusten in der Erfolgsrechnung ein Jahresverlust von CHF 19'861'896.45 und in der Bilanz ein Bilanzverlust von CHF 19'850'000 festgestellt.[560] Nach der Übernahme durch den SVRB wurde die KAG auf Beschluss der Generalversammlung am 13. Juni 1998 zur Liquidation angemeldet. Schlussendlich wurde an der Generalversammlung im August 2010 die endgültige Löschung der KAG in Liquidation entschieden.[561] Hans-Peter Brunner zahlte bis im Frühling 2004 sämtliche seiner Schulden in der Höhe von CHF 23 Mio. inkl. Zinszahlungen in der Höhe von weiteren Mio. zurück.[562]

b) Ablauf des Verantwortlichkeitsprozesses

Am 2. Januar 2001 reichte die KAG in Liq. am Handelsgericht in St. Gallen eine Verantwortlichkeitsklage mit einer Schadenersatzforderung in der Höhe von CHF 10 Mio. nebst Verzugszins zu 5% seit dem 2. November 2000 wegen Verletzung von banken- und aktienrechtlichen Bestimmungen gegen den ehemaligen Verwaltungsratspräsidenten, die ehemalige Revisionsstelle, den ehemaligen Direktor sowie gegen fünf weitere ehemalige Verwaltungsräte ein. Da der KAG in Liq. kaum Mittel zur Prozessführung zur Verfügung standen, übernahm die Kosten ein deutscher Prozessfinanzierer. Nach der Einreichung der Klage und dem ersten Schriftenwechsel gingen zwei Beklagte frühzeitig einen Vergleich ein. Später kam es im Dezember 2005 zu einem Teilvergleich zwischen der Klägerin und den fünf Verwaltungsratsmitgliedern, gemäss welchem sich diese fünf Verwaltungsratsmitglieder zur Zahlung von CHF 2,525 Mio. an die der Klägerin verpflichteten.[563] Am 15. November 2007

[557] Urteil BGer 4A_65/2008 vom 3. August 2009.
[558] GYR, letzter Prozess.
[559] KUMMER, S. 14.
[560] Urteil BGer 4A_67/2008 vom 27. August 2009.
[561] KUMMER, S. 16.
[562] GYR, NZZ.
[563] SCHWIZER, Betreibung.

verurteilte das Handelsgericht des Kantons St. Gallen die übrigen drei Beklagten (VRP, Direktor, Revisionsstelle) zur solidarischen Schadenersatzzahlung von CHF 7,475 Mio. nebst Zins zu 5% seit dem 2. November 2000.[564] Das Urteil wurde beim Kassations- und Bundesgericht angefochten, wobei das Kassationsgericht die Nichtigkeitsbeschwerde am 18. November 2008 ablehnte. Auch die Einheitsbeschwerde vor Bundesgericht wurde am 3. August 2009 (Beklagte: Revisionsstelle) und am 27. August 2009 (Beklagte: VRP) abgewiesen, wobei sich kurz vor Urteilsspruch der ehemalige Direktor und die KAG in Liq. zu einem Vergleich einigten. Den Beklagten wurde generell die Nichtmeldung des durch die Darlehen an Brunner entstandenen Klumpenrisikos und die damit einhergehende Verletzung von bankengesetzlichen Bestimmungen vorgeworfen. Des Weiteren wurde den Verwaltungsräten und dem Direktor ungenügende Finanzplanung und –kontrolle sowie ungenügende Kreditdokumentation vorgeworfen. Sodann unterliess die Revisionsstelle die Beanstandung der rechtzeitig vorgebrachten Mängel und Risiken in den Revisionsberichten.[565]

Da der Schaden aus der Differenz des Unternehmenswertes bei ordentlicher Geschäftsführung per 30. Juni 1996 von CHF 23,233 Mio. und dem Wert der Übernahme des Bankbetriebes der KAG zum Preis Null besteht, beträgt der Schaden CHF 23,233 Mio. Vor Gericht wurde der Schadenersatz in der Höhe von CHF 10 Mio. eingeklagt. Zusätzlich zum Schadenersatz kamen Gerichts-, Anwalts- und Gutachtenskosten in der Höhe von CHF 692'000 dazu.[566]

11. Sparkasse der Administration (SPARAD)

a) Übersicht

Die Sparkasse der Administration (SPARAD) wurde im Jahr 1906 gegründet und war vor ihrem Zusammenbruch die drittgrösste St. Galler Regionalbank mit einer Bilanzsumme von CHF 1,15 Mrd. In den 1990er Jahren betrieben die Organe der SPARAD eine risikofreudige Kreditpolitik. Hinzu kam, dass das Zinsrisiko nicht abgesichert wurde. Aufgrund des einsetzenden Zinsanstiegs und der sinkenden Liegenschaftspreise stieg der Wertberichtigungsbedarf massiv an.[567] Wegen der fehlenden Absicherung des Zinsänderungsrisikos

[564] VRP: CHF 7,475 Mio.; Revisionsstelle: CHF 6,969 Mio.; Direktor: CHF 5,808 Mio.

[565] Zusammengefasst aus: Urteil BGer 4A_65/2008 vom 3. August 2009 und Urteil BGer 4A_67/2008 vom 27. August 2009.

[566] Urteil BGer 4A_65/2008 vom 3. August 2009; Urteil BGer 4A_67/2008 vom 27. August 2009; Urteil Handelsgericht St. Gallen vom 15. November 2007; Urteil Kassationsgericht St. Gallen vom 18. November 2008.

[567] UNBEKANNT, Tagblatt.

verengte sich die Zinsmarge bis auf 0,28%. Im Jahr 1994 wurde die SPARAD deswegen von der St. Galler Kantonalbank (SGKB) übernommen. Die darauffolgende Überprüfung der Bilanz durch die SGKB, brachte zahlreiche faule Kredite hervor. Neben dem Kreditgeschäft mussten auch im aktiven Bankgeschäft hohe Wertberichtigungsaufwendungen vorgenommen werden. Schlussendlich resultierte eine Unterbilanz von insgesamt CHF 13 Mio.[568] Darauf wurde die Liquidation der SPARAD im Jahr 1995 eingeleitet. Anfang 1995 wurden Verluste in der Höhe von CHF 69 Mio. festgestellt. Aufgrund des sorgfältigen Vorgehens der Liquidatoren konnte gemäss Administrationsrat das Liquidationsergebnis fortlaufend verbessert werden. Sodann wies die SPARAD in Liquidation Ende 2006 einen Überschuss von CHF 10,44 Mio. aus. Schlussendlich konnte dem katholischen Konfessionsteil ein Überschuss von CHF 10,51 Mio. übertragen werden. Die Liquidation konnte am 13. Juli 2007 mit der Löschung der SPARAD aus dem Handelsregister beendet werden.[569] Der Liquidationsüberschuss wurde sodann in einen Fonds übertragen, wobei CHF 5 Mio. als unantastbar gehalten werden. Die restlichen CHF 5,51 Mio. wurden in Bauprojekte des Konfessionsteils investiert. Für Umbau- und Renovationsarbeiten am Stiftsgebäude erfolgte ein Baubeitrag von CHF 4,5 Mio.[570]

b) Ablauf des Verantwortlichkeitsprozesses

Die Administration machte zu Beginn der Liquidation gegen die ehemaligen Verantwortlichen Verantwortlichkeitsansprüche geltend. Diesbezüglich wurde ein Gutachten durch Prof. Dr. Hans Schmid von der Universität St. Gallen geschrieben, welches eine Haftung der ehemaligen Organe und Revisionsstelle teilweise bejahte. Nach längeren Verhandlungen zwischen der Regierung des Konfessionsteils und den Verantwortlichen der damaligen SPARAD, führte unter anderem dieses Gutachten im Jahr 1996 schlussendlich zu einem Vergleich. Die Direktions- und Bankenkommissionsmitglieder sowie die Revisionsstelle der früheren SPARAD anerkannten keine Rechtspflicht, sondern bezahlten einen gemäss ihrer Aussage «freiwilligen Solidaritätsbeitrag» in der Höhe von CHF 2,25 Mio. Deswegen verzichtete man darauf, Verantwortlichkeitsansprüche auf dem Prozessweg geltend zu machen.[571]

---

568 UNBEKANNT, NZZ.

569 UNBEKANNT, volksblatt.li.

570 UNBEKANNT, Tagblatt, Sparad-Fonds.

571 UNBEKANNT, NZZ; UNBEKANNT, Tagblatt; UNBEKANNT, volksblatt.li.

12. Sasea Holding – Florio Fiorini

a) Übersicht

Der Fall der Sasea Holding, welche ihren Sitz an der Rue du Rhone in Genf hatte, dreht sich insbesondere um die Personen Florio Fiorini und Giancarlo Paretti. Fiorini übernahm 1985 die Sasea für CHF 500'000 von der Kreditanstalt und von der Crédit Commercial de France. Es handelte sich um eine praktisch inaktive Gesellschaft, bzw. um eine Mantelgesellschaft, welche an der Genfer Börse kotiert war und früher dem Vatikan zur Verwertung von Agrarprodukten diente. Fiorini zeichnete die Aktien persönlich, wobei nicht bekannt ist, wie er diesen Kauf finanzieren konnte (sein früheres Gehalt hätte nicht dazu gereicht). Den Verwaltungsrat setzte Fiorini aus Persönlichkeiten der Politik und Wirtschaft zusammen: Nello Celio, früherer Bundespräsident der Schweiz, wurde Verwaltungsratspräsident. Yann Richter, ehemaliger FDP-Präsident, wurde Vizepräsident. Des Weiteren wurden ein Genfer Privatbankier und ein bekannter Rechtsanwalt in den Verwaltungsrat gewählt.[572]

Basierend auf dieser Grundlage begann Fiorini mit der Sasea Holding diverse Transaktionen zu tätigen. Zwischen 1985 und 1988 wurden über 100 Gesellschaften übernommen und das Aktienkapital stieg auf CHF 200 Mio. und später auf über CHF 400 Mio. an. Die Bilanzsumme der Sasea Holding stieg in derselben Zeit von CHF 32 Mio. auf CHF 1,12 Mrd. Dieser Anstieg geschah hauptsächlich aufgrund von Ölgeschäften mit Libyen und den Seychellen. Beiläufig vervielfachte sich der Aktienkurs. Neben den zugekauften Gesellschaften in Frankreich, Italien und Spanien gründete Fiorini Tochtergesellschaften in Luxemburg, Holland, Monaco und Panama, wobei deren Verwaltungsräte mit Berühmtheiten aus der Finanzwelt besetzt wurden.[573] Zu dieser Zeit wendete sich Giancarlo Paretti an die Sasea Holding, um 98% an der französischen Filmgesellschaft und Kinobetreiberin Pathé aufzukaufen. Verwaltungsratspräsident Celio war damit nicht einverstanden, da ihm Giancarlo Paretti zu suspekt war, und trat daraufhin von seinem Amt zurück. Er wurde mit Eric Baudat, Vizepräsident der Fides-Generaldirektion ersetzt, welche mit der Revisionsgesellschaft der Sasea, der KPMG Fides Peat, in engem Kontakt stand.[574] Die Pathé-Transaktion konnte schlussendlich nicht vollzogen werden, da die französische Regierung diese blockierte, weil die Übernahme als

[572] HÄMMERLI, zeit.de.
[573] ZOLLER, FuW.
[574] HÄMMERLI, zeit.de.

«eine Gefahr für die öffentliche Ordnung» bezeichnet wurde und Paretti nicht solide finanziert sei.[575]

Durch das schnelle Wachstum wurden die Strukturen der Sasea Holding unübersichtlich, diverse Gesellschaften wurden mit Hypotheken belastet und gaben sich untereinander unzählige Darlehen. Zu dieser Zeit gab es bereits rege Personalwechsel in den Verwaltungsräten, ebenfalls bei den CFOs. Auch wurde eine holländische Gesellschaft von der Börsenaufsicht vom Handel ausgeschlossen. Mit der Migros und der lybischen Oilinvest kaufte Fiorini im Jahr 1989 die damals viertgrösste Schweizer Tankstellenkette Gatoil inklusive Raffinerie.[576] Ein Jahr später, als die Sasea Holding merklich angeschlagen war, übernahm Fiorini zusammen mit Paretti den Filmriesen Metro-Goldwyn-Mayer (MGM) aus Hollywood zu einem Preis von USD 1,2 Mrd. Die Übernahme wurde mit der holländischen Tochtergesellschaft der Crédit Lyonnais finanziert und war beinahe ausschliesslich fremdfinanziert. Ebenfalls sämtliche Rechte bzw. Einnahmen aus der Filmbibliothek von MGM wurden für mehrere Jahre an die Mediengruppe Time Warner und Silvio Berslusconi abgetreten, da diese für den Kauf USD 650 Mio. zur Verfügung stellten. Aufgrund der ausfallenden Einnahmen schrieb MGM bereits 1991 grössere Verluste und die Finanzierung von neuen Filmen wurde schwieriger. Die Crédit Lyonnais stellte einen Überbrückungskredit von USD 145 Mio. zur Verfügung, Paretti musste jedoch als Bedingung als Boardvorsitzender der MGM zurücktreten. Über verschiedene Absicherungsmechanismen hielt die Crédit Lyonnais schlussendlich faktisch 82% an der MGM. Nachdem Paretti und Fiorini zahlungsunfähig wurden, übernahm das Management der Crédit Lyonnais faktisch die operative Führung der Sasea Holding. Die Crédit Lyonnais verkaufte schlussendlich die MGM und fuhr einen Verlust von geschätzt mindestens USD 1,9 Mrd. ein.[577] Fiorini musste sich von seinem Geschäftspartner Paretti trennen, welcher aufgrund einer Verhaftung in Italien wegen Steuerbetrugs in die USA flüchtete. Im gleichen Jahr wurde die Sanierung der Sasea Holding bekannt gegeben, wobei bereits im Juni 1992 die Nachlassstundung verhängt wurde. Der Konkurs war Tatsache als die Tochtergesellschaft der Crédit Lyonnais sämtliche Kredite – insgesamt über CHF 1 Mrd. – kündigte. Zum Zeitpunkt des Konkurses zählte die Sasea Holding über 400 Gesellschaften. Das Defizit wird auf über CHF 2 Mrd. geschätzt.[578]

---

[575] ZAGST/GOLDBRUNNER/SCHLOSSER, S. 44 f.
[576] HÄMMERLI, zeit.de.
[577] ZAGST/GOLDBRUNNER/SCHLOSSER, S. 45 ff.; HÄMMERLI, zeit.de.
[578] ZOLLER, FuW; ZAGST/GOLDBRUNNER/SCHLOSSER, S. 48.

b) Ablauf des Verantwortlichkeitsprozesses

Sofort nach der Konkurseröffnung begannen die strafrechtlichen Ermittlungen und Fiorini kam im Jahr 1992 in Untersuchungshaft im Genfer Untersuchungsgefängnis Champ Dollon. Neben Fiorini wurden weitere Personen verhaftet. Fiorini wurde im Juni 1995 in Genf wegen leichtsinnigem betrügerischen Konkurses, Betrugs, Pfändungsbetrugs, Urkundenfälschung und der Erschleichung eines gerichtlichen Nachlassvertrags zu sechs Jahren Freiheitsstrrafe verurteilt. Die Untersuchungshaft wurde ihm angerechnet. Nach vier Jahren Haft wurde Fiorini nach Italien ausgeliefert, wo er ein weiteres Mal zu acht Jahren Freiheitsstrafe verurteilt wurde.[579] Weitere Informationen zum strafrechtlichen Verantwortlichkeitsprozess oder allfälligen zivilrechtlichen Verantwortlichkeitsklagen stehen nicht zu Verfügung. Die Konkursdividende betrug schlussendlich 5,5%, wobei zu Beginn eine Konkursdividende von lediglich 0,25% erwartet wurde.[580]

13. BVK – Daniel Gloor

a) Übersicht

Die Personalvorsorge des Kantons Zürich (BVK) ist die berufliche Vorsorgeeinrichtung des Kantons sowie zusätzlichen 450 Unternehmungen. Sie ist die grösste Vorsorgeeinrichtung der Schweiz (Vermögen ca. CHF 30 Mrd., zu Zeiten von Daniel Gloor ca. CHF 20 Mrd.). Als erste Pensionskasse der Schweiz wurde die BVK 2013 als privatrechtliche Stiftung verselbstständigt.[581] In den 1990er Jahren liefen die Anlagegeschäfte gut, und der Deckungsgrad betrug bis zu 129,8%. Im Jahr 2012 sah man sich aber mit einem Deckungsgrad von nur noch 83,4% und einem Rückgang von ca. CHF 3,7 Mrd. konfrontiert.[582]

Die BVK-Affäre gilt als einer der aufsehenerregendsten Prozesse der Zürcher Gerichte und legte ein korruptes Netzwerk rund um den ehemaligen Anlagechef Daniel Gloor frei.[583] Gloor, dereinst Vermögensverwalter von Eric Honegger, hat von Geschäftspartnern während seiner Amtszeit insgesamt mindestens CHF 1,7 Mio. an unrechtmässigen Zuwendungen erhalten.[584] Generell funktionierte das System von Gloor so, dass er in Unternehmungen und

579 Heller, NZZ Folio.

580 Schneider, FuW.

581 Als gesetzliche Grundlage gelten das BVG, FZG, die dazugehörigen Verordnungen und ferner die Reglemente der BVK.

582 Baur, Die Weltwoche.

583 Gyr, NZZ.

584 Unbekannt, NZZ.

Fonds von engen Bekannten das Kapital der BVK investierte und als Gegenleistung einen Anteil von deren Honoraren und Retrozessionen in Bar oder auf versteckte Bankkonten ausbezahlt bekam. Revisor Ernst Züst von der Revisionsgesellschaft Coopers & Lybrand entdeckte bereits 1997 Auffälligkeiten bei der BVK, insbesondere im Zusammenhang mit der Investmentunternehmung BT&T. Nachdem er die fehlende Transparenz und unübliche Anlagen bemängelte, entzog ihm die kantonale Finanzkontrolle, anscheinend auf Gloors verlangen hin, das Mandat und wechselte zur Konkurrenz. Ausgelöst durch die Dotcom-Blase ging die BT&T 2002 Konkurs und verursachte bei der BVK einen Verlust von ca. CHF 285 Mio.[585]

Im September 2012 wurde der zwei Jahre zuvor in Auftrag gegebene PUK-Bericht zum Korruptionsfall der BVK veröffentlicht. Daraus ging hervor, dass die BVK erhebliche Organisations- und Strukturmängel vorwies. Die BVK wurde nicht der sich verändernden Gesetzgebung angepasst, was zu einer Strukturverzögerung führte. Durch diesen Rückstand ergab sich eine grosse Machtfülle bei Gloor, welcher sowohl für die Anlagestrategie, als auch für deren Umsetzung zuständig war und sich teilweise selbst überwachte. Die Mandatsvergabe im Asset Management erfolgte in vielen Fällen freihändig und ohne Ausschreibungsverfahren, teilweise an neu gegründete Gesellschaften. Einige dieser Gesellschaften entschädigten die Mandatsvergabe «mit erheblichen Zahlungen an den Leiter Asset Management». Seit 2002 waren Sanierungsmassnahmen bei der BVK fällig, was dem Regierungsrat bekannt war. Diese wurden aber erst 2010 eingeleitet, wobei man in der Zwischenzeit mit risikoreichen Anlagen versuchte, den zu tiefen Deckungsgrad zu erhöhen. Ebenfalls ein Bericht der Staatsanwaltschaft III des Kantons Zürich, der auf fragwürdige Anlagen hinwies, löste keine strukturellen Veränderungen aus. Des Weiteren war der ehemalige Geschäftsführer und Vorgesetzte von Gloor mit den zu dieser Zeit aufkommenden Managementaufgaben überfordert, was von seinen Vorgesetzten nicht erkannt wurde. Die Gremien waren gemäss PUK-Bericht nicht mit ausreichend qualifizierten und kritischen Fachleuten besetzt. Diese Entwicklungen wurden dadurch begünstigt, dass Akteure, welche durchaus mit Kontroll- und Überwachungsaufgaben betraut waren, diese nicht nutzten und Gloor walten liessen. Erst mit dem Amtsantritt des neuen Geschäftsführers wurden die Organisationsstrukturen erstmals seit 2009 wesentlich verändert.[586]

[585] BAUR, Die Weltwoche; UNBEKANNT, NZZ.
[586] BISCHOFF, PUK-Bericht, S. 1 ff.

b) Ablauf des Verantwortlichkeitsprozesses

Die Staatsanwaltschaft des Kantons Zürich eröffnete 2005 das Strafverfahren gegen Gloor und sein Netzwerk. Im Mai 2010 wurde dieser verhaftet und im November 2012 verurteilte ihn das Bezirksgericht Zürich zu einer Freiheitsstrafe von 6 Jahren und 3 Monaten. Das Zürcher Obergericht folgte der Urteilsbegründung des Bezirksgerichts und erklärte Gloor im August 2014 wegen Bestechung und ungetreuer Amtsführung ebenfalls für schuldig. Die Freiheitsstrafe wurde um 3 Monate reduziert. Zusätzlich muss er eine Ersatzforderung von CHF 200'000 bezahlen.[587] Strittiger Punkt war die Frage, ob Gloor aus strafrechtlicher Sicht als Beamter zu qualifizieren sei, was von beiden Instanzen bejaht wurde.[588] Gegen das Urteil des Obergerichts reichte Gloor strafrechtliche Beschwerde ans Bundesgericht ein, welches diese abwies.[589] Neben Gloor wurden fünf seiner Geschäftspartner angeklagt. Unter anderen wurde Alfred Castelberg, ehemaliger Direktor der CS und der Investmentgesellschaft BT&T, in diversen Verfahren wegen Betrug, Bestechung und Urkundenfälschung jeweils zu mehreren Jahren Freiheitsstrafe verurteilt.[590] Mit den strafrechtlichen Verurteilungen ist der BVK-Fall jedoch noch nicht abgeschlossen. Gemäss dem PUK-Bericht war die Verantwortlichkeit angesichts der Komplexität des Falles schwierig zu ermitteln. Der neue Stiftungsrat müsse sich eingehend mit der Frage der Verantwortlichkeit beschäftigen. Im Falle, dass der adäquate Kausalzusammenhang zwischen Schaden und Pflichtverletzungen bewiesen werden kann, «würden dafür in erster Linie die Regierungsräte persönlich aber auch der Kanton als Träger der BVK sowie allenfalls weitere Organe haften».[591] Gemäss PUK-Bericht beträgt der geschätzte Schaden zwischen einigen CHF hundert Mio. bis zu CHF 1,5 Mrd.[592] Gloor selbst hat gemäss Obergericht bei der BVK einen Schaden von ca. CHF 50 Mio. verursacht.[593]

---

587 Eigentlich CHF 1 Mio. Wegen des fortgeschrittenen Alters und seiner beruflichen und finanziellen Aussichtslosigkeit wurde der Betrag herabgesetzt.

588 GYR, NZZ; GYR, NZZ, Obergericht.

589 MINOR, TA.

590 UNBEKANNT, Bilanz.

591 BISCHOFF, PUK-Bericht, S. 5.

592 BISCHOFF, PUK-Bericht, S. 5.

593 GYR, NZZ.

14. Distefora Holding

a) Übersicht

Die Distefora Holding AG (Abkürzung für Distribution, Television, Foto, Radio) wurde aus der Mantelgesellschaft der aufgelösten Berner Interdiscount-Holding im Jahr 1997 durch den Verlagserben Alexander Falk gegründet und hatte ihren Sitz in Zumikon. Die Mantelgesellschaft wurde mit einem Verlustvortrag von CHF 250 Mio. übernommen, wobei dieser mit Gewinnen aus Verkäufen von Beteiligungen verrechnet wurde. In den Jahren 1998 und 1999 begann Falk diverse Unternehmungen aufzukaufen. Unter anderem die beiden Informatikunternehmungen CIS und GPS Gear, Kabelnetz Kiel, die britische NetDirect, die von Thyssen gehaltene IS Internet, die auf Mobilkommunikation spezialisierte Minick sowie mehrere kleinere Internetunternehmungen. In dieser Zeit steigt der Aktienkurs innerhalb von wenigen Wochen um 500% auf über CHF 100. Der Distefora gelingt der Durchbruch zur Internet Providerin und wird so zur Dienstleistungsanbieterin von Focus, Spiegel Online, McDonalds und Lufthansa. Im Dezember 1999 weist die Distefora einen Börsenwert von CHF 1,2 Mrd. auf. Im September 1999 werden neun im Internet-Bereich spezialisierte Tochtergesellschaft zu einer Gesellschaft mit dem Namen Ision zusammengefasst.[594]

Anfang 2000 übernimmt die Distefora die auf digitale Nachrichtentechnik spezialisierte BCS. Der Börsenwert steigt weiter auf CHF 3,5 Mrd., wobei die Tochtergesellschaft Ision mit DM 900 Mio. bewertet wird (9 Monate zuvor waren es DM 75 Mio.). Im Mai 2000 erwirtschaftet die Distefora einen Betriebsverlust in der Höhe von CHF 24,1 Mio., der durch die Aktivierung von künftigen Steuergutschriften neutralisiert wird. Danach kann ein Gewinn von CHF 8,2 Mio. ausgewiesen werden. Ende 2000 verkauft die Distefora 67% der Ision an die britische Energis für CHF 1,09 Mrd.[595] Falk war zu dieser Zeit Verwaltungsratspräsident, CEO und Grossaktionär.[596] Für das Geschäftsjahr 2000 beträgt der Verlust CHF 31,2 Mio. Bis in den Oktober 2001 wurden 150 Stellen abgebaut, wobei die gesamte Restrukturierung CHF 100 Mio. kostet und Falk die Geschäftsleitung an Patrick Hofmann überträgt. Die Distefora soll sich nun auf die Bereiche Media und Mobile beschränken. Nachdem sich die Liquidität der Distefora stark reduzierte, trat Falk im April 2002 auch aus dem Verwaltungsrat zurück.[597]

---

594 HEBEISEN, FuW.
595 UNBEKANNT, NZZ.
596 UNBEKANNT, manager-magazin.de.
597 HEBEISEN, FuW.

An der Generalversammlung im Juni 2002 mussten die Aktionäre darüber entscheiden, ob die Distefora entweder liquidiert, oder von der deutschen Adori-Gruppe übernommen wird. Die Liquidation wurde abgelehnt. Zu dieser Zeit pendelte sich der Aktienkurs auf CHF 2,30 ein. Drei Angehörige der Adori-Gruppe wurden in den Verwaltungsrat gewählt, welche später einen CEO aus den eigenen Reihen einstellten.[598] Unter ihrer Führung wurden die letzten liquiden Mittel abgezogen, sodass die Distefora im August 2002 überschuldet war. Anfang Dezember 2003 wurde der Konkurs über die Distefora Holding AG eröffnet.[599]

b) Ablauf des Verantwortlichkeitsprozesses

Im Juni 2003 wurde Alexander Falk verhaftet und befand sich bis Ende April 2005 in Hamburg in Untersuchungshaft.[600] Ihm wurde vorgeworfen, er habe durch Bilanzfälschungen den Wert der Ision künstlich in die Höhe getrieben, um einen zu hohen Verkaufspreis zu erzielen. Mit Falk waren vier weitere Geschäftsleitungsmitglieder der Ision angeklagt. Ihnen wurde Betrug, Kursmanipulation und Steuerhinterziehung vorgeworfen. Im Mai 2008 wurde Falk vor dem Landgericht Hamburg zu vier Jahren Haft wegen versuchten gemeinschaftlichen Betrugs und Bilanzfälschung verurteilt. Die Beschwerde an den Bundesgerichtshof scheiterte. Falk wurde nach drei Jahren im August 2011 frühzeitig aus der Haft entlassen. In einem zivilrechtlichen Verfahren wurde er wegen dem manipulierten Verkauf der Ision im September 2012 erstinstanzlich zu Schadenersatz in der Höhe von EUR 209 Mio. verurteilt.[601]

Das Konkursamt Küsnacht stellte an die Hauptverantwortlichen des Distefora-Konkurses Schadenersatzforderungen in Millionenhöhe. Die Distefora hat für solche Fälle Ende 2000 mit den auf Organhaftpflicht spezialisierten Versicherungen AIG Europe und Chubb Insurance Europe eine entsprechende Police mit einer Schadenssumme von CHF 30 Mio. abgeschlossen. Diese wurde Ende 2001 auf CHF 50 Mio. erhöht.[602] Der Zürcher Rechtsanwalt Franco Lorandi war Sachwalter bei der Distefora Holding AG und erarbeitete ein umfassendes Dossier zur aktienrechtlichen Verantwortlichkeit der früheren Organe. In diesem Dossier werden finanzielle Aspekte betreffend die Transaktionen und deren Bewertungen aufgezeigt, wobei Lorandi zusammenfassend erläutert, dass die bis im Juli 2002 amtierenden Verwaltungsräte Hans Georg Hahnloser

[598] DITTLI, FuW.
[599] UNBEKANNT, NZZ, Konkurs eröffnet.
[600] HOLDENEGGER, NZZ.
[601] UNBEKANNT, spiegel.de.
[602] HEBEISEN, FuW, Zivilklagen.

und Gaston Guex gegenüber den Gläubigern der Distefora solidarisch haftbar sind. Er geht von einer Schadenssumme zwischen EUR 41,6 Mio. und 368,8 Mio. aus. Aus diesem Grund forderte das Konkursamt Küsnacht von den beiden Organhaftpflichtversicherungen den ausschliesslichen und alleinigen Anspruch auf die gesamte Versicherungsleistung der Police. Darauf lösten die AIG und Chubb umgehend und mit sofortiger Wirkung den Organhaftpflicht-Vertrag der Distefora wegen Grundlagenirrtums und/oder absichtlicher Täuschung auf und erklärten diesen für die jeweiligen Gesellschaften für unwirksam. Hahnloser war insbesondere betroffen, da er Aufsichtsratsvorsitzender der Ision und Verwaltungsrat der Distefora war. Zusätzlich profitierte er durch den Ision-Verkauf von einem Aktienerlös über CHF 3 Mio.[603] Hahnloser und Guex stimmten schlussendlich einem Vergleich zu und bezahlten CHF 360'000. Die gegen Falk erhobene Forderung wurde nicht beglichen.[604]

15. Swiss Life/Rentenanstalt – LTS

a) Übersicht

Die Swiss Life Holding AG (früher Lebensversicherungs- und Rentenanstalt, kurz Rentenanstalt) wurde 1857 gegründet und ist heute der grösste Lebensversicherungskonzern der Schweiz mit Sitz in Zürich. Ausgangspunkt dieses Falls war die Gründung des Anlagevehikels Long Term Strategy (LTS) im Jahr 1999, mit welchem Hedge-Fund-Geschäfte getätigt wurden. Gegründet und bewirtschaftet wurde die LTS von sechs der acht Swiss Life-Konzern-, bzw. Geschäftsleitungsmitgliedern Roland Chlapowski, Dominique Morax, Manfred Zobl, Hannes Meyer, Markus Weisskopf und Hans-Rudolf Strickler.[605] Ein Jahr nach der Gründung wurde die LTS für die Geschäftsleitungsmitglieder geöffnet. Diese investierten zwischen 2000 und 2002 privates Kapital (auf eigenes Risiko) von insgesamt CHF 3,8 Mio. in den internen Fonds LTS und verdienten aus den Hedge-Fund-Geschäften insgesamt CHF 11,5 Mio. Der Gewinn betrug im Einzelnen für Morax CHF, 3,6 Mio., für Konzernchef Zobl CHF 2,2 Mio. und für Chlapowski CHF 3,2 Mio.[606] Danach wurde auch Geschäftsvermögen von der Swiss Life mit der Investmentgesellschaft LTS angelegt. Seitens der Swiss Life konnten mit der LTS Gewinne in der Höhe von CHF 14,6 Mio. verzeichnet werden.[607] Die Geschäftsleitungsmitglieder Karl

603 Hebeisen, FuW, Zivilklagen.
604 Goldfinger, Bilanz.
605 Stricker, NZZ.
606 Schletti, Tagesanzeiger.
607 Stricker, NZZ.

Mühlebach und Ernst Schneebeli beteiligten sich nicht an der LTS, da sie einen Interessenkonflikt zwischen geschäftlichen und privaten Interessen befürchteten. Ihnen wurden sodann Informationen über die LTS vorenthalten.[608]

Diese Geschäfte fielen in eine Zeit, in der bei der Swiss Life Pensionskassenleistungen für Versicherte vermehrt gekürzt wurden. Zudem musste die damalige Swiss-Life-Führung für das Geschäftsjahr 2002 einen Rekordverlust von CHF 1,7 Mrd. bekanntgeben. Die Affäre gelangte schliesslich an die Öffentlichkeit und schadete dem Ansehen des Lebensversicherers. Insbesondere problematisch für die involvierten Geschäftsleitungsmitglieder war die fragliche Trennung von Geschäfts- und Privatinteressen, weil mit der LTS sowohl Geschäfts- als auch Privatvermögen investiert wurden. Ebenfalls kritisch war, dass die Existenz des Anlagevehikels LTS gegenüber dem Aktionariat nicht bekannt gegeben wurde.[609] Einerseits trat Verwaltungsratspräsident Andreas F. Leuenberger im November 2002 zurück. Andererseits wuchs der politische Druck auf Verwaltungsrat Gerold Bührer, damals Präsident der FDP Schweiz. Der spätere Economiesuisse-Chef Bührer gab aufgrund der Tragweite der LTS-Affäre sämtliche politischen Ämter auf.[610]

b) Ablauf des Verantwortlichkeitsprozesses

Die Swiss Life erhob auf Anweisung des Bundesamtes für Privatversicherungen im April 2003 Schadenersatzansprüche in der Höhe von CHF 3,5 Mio. in einem zivilrechtlichen Verfahren. Das Verfahren gegen die sechs Geschäftsleitungsmitglieder endete schlussendlich mit einem gerichtlichen Vergleich, ohne die Anerkennung einer Rechtspflicht seitens der Angeklagten. Fünf der sechs Angeklagten verpflichteten sich in diesem Vergleich, dem Konzern insgesamt CHF 350'000 zurückzuerstatten. Dies entspricht 10% der ursprünglich geforderten Klagesumme. Mit diesem Vergleich endete das zivilrechtliche Verfahren gegen die sechs Geschäftsleitungsmitglieder im Dezember 2005.[611]

Die für Wirtschaftsdelikte zuständige Zürcher Staatsanwaltschaft prüfte zudem, in welchem Umfang mit der LTS illegale Gewinne erzielt worden sind. Im Februar 2009 stand fest, dass der ehemalige CFO Dominique Morax als geistiger Urheber und eigentlicher Drahtzieher der LTS-Anlagen galt. Im November 2010 begann sodann das Strafverfahren vor dem Bezirksgericht Zürich gegen Morax, der durch Strafverteidiger Lorenz Erni vor Gericht vertreten

[608] SCHLETTI, Tagesanzeiger.
[609] SCHLETTI, Tagesanzeiger.
[610] SZENOGRADY, TA.
[611] SCHLETTI, Tagesanzeiger.

wurde. Er musste sich betreffend die Tatbestände Veruntreuung und ungetreue Geschäftsbesorgung verantworten. Die Staatsanwaltschaft ging davon aus, dass sich Morax in den Jahren 2001 und 2002 mit über CHF 4 Mio. unrechtmässig bereichert hatte.[612] Morax verkaufte den Geschäftsleitungsmitgliedern im Jahr 2001 die LTS-Aktien zum Nominalwert von CHF 10 pro Titel, statt wie vom Verwaltungsrat beabsichtigt zum Net Asset Value (NAV), welcher zu dieser Zeit CHF 20,76 betrug.[613] Ein Jahr später verkauften Sie diese Aktien mit Gewinn zurück an die Swiss Life. Durch dieses Vorgehen verschaffte Morax sich und den übrigen fünf Geschäftsleitungsmitgliedern einen unrechtmässigen Vermögensvorteil zulasten der Swiss Life. Gemäss Staatsanwalt Giger hatte Morax weitreichende Einzelentscheidungsbefugnisse und stand zu keinem Zeitpunkt unter einer wirkungsvollen Aufsicht.[614] Mangels Beweisen wurden die Verfahren gegen die übrigen Geschäftsleitungsmitglieder eingestellt.

Das strafrechtliche Verfahren wurde über sämtliche Instanzen bis vor Bundesgericht gezogen. Im Juli 2014 wurde Morax vom Zürcher Obergericht zum zweiten Mal wegen ungetreuer Geschäftsbesorgung zu einer bedingten Freiheitsstrafe von 22 Monaten zuzüglich einer Zahlung von CHF 1'072'123 an den Kanton Zürich verurteilt. Des Weiteren wurden vier mitbeschuldigte Geschäftsleitungsmitglieder zur Zahlung von insgesamt CHF 3,37 Mio. verurteilt. Im ersten Urteil des Obergerichts wurde dieser Betrag noch um CHF 1,89 Mio. tiefer angesetzt.[615]

16. BCV – Waadtländer Kantonalbank

a) Übersicht

Die Waadtländer Kantonalbank (BCV) wurde 1845 gegründet und hat ihren Sitz in Lausanne. Es handelt sich um eine Universalbank mit Fokus auf standardisierte Basisbankendienstleistungen, Immobilienfinanzierung, Unternehmensfinanzierung sowie Private Banking. Neben der Berner Kantonalbank ist die BCV die einzige der 24 Kantonalbanken der Schweiz, welche über keine Staatsgarantie verfügt. Vergleicht man die Bilanzsumme, ist die BCV nach der Zürcher Kantonalbank die zweitgrösste Kantonalbank.

Der Ursprung der BCV-Affäre liegt unter anderem in der Schliessung der Spar- und Leihkasse Thun. Ausgelöst durch dieses Schockereignis, drängte damals

612 UNBEKANNT, TA.
613 UNBEKANNT, NZZ.
614 SCHLETTI, Tagesanzeiger.
615 UNBEKANNT, Bilanz.

die EBK zu einer schweizweiten Konsolidierung im Regionalbankenbereich. Darauf übernahm im Jahr 1993 die Crédit Foncier Vaudois (CFV) die Caisse d'Epargne et de Crédits und die BCV übernahm die von der Schliessung bedrohte Banque Vaudoise de Crédit. Im Jahr 1995 fusionierten die beiden Kantonalbanken BCV und CFV zur neuen BCV.[616] Ebenfalls im Jahr 1995 wurde erstmals die Höhe der Risikokredite falsch eingestuft. Im Nachhinein wird der EBK vorgeworfen, sie hätte nach einer solchen Fusion die äusserst expansiv agierende BCV besser prüfen müssen.[617] Erste Anzeichen für nicht ausreichende Rückstellungen kamen durch eine Ankündigung bezüglich nicht ausreichend gedeckter Kredite der BCV an die Öffentlichkeit. Im Dezember 2001 wurde bekannt, dass ein hoher Betrag an Krediten zu wertberichtigen sei und dazu Reserven im Umfang von CHF 235 Mio. aufgelöst werden müssen. Im Jahr 2002 gab es wiederum mehrere Ankündigungen wegen unterschätzten Kreditrisiken. Zusätzlich wurde der Abbau von 220 Stellen bekanntgegeben.[618] Als Folge musste der Kanton Waadt der BCV mehrmals Kapital zur Verfügung stellen, da deren Reserven zu gering waren. Der BCV wurden seitens des Kantons, im Rahmen einer Kapitalerhöhung von CHF 611 Mio. und der Schaffung von neuem Partizipationskapital in der Höhe von CHF 1,25 Mrd., insgesamt CHF 1,861 Mrd. zur Verfügung gestellt.[619] Die Offenlegung dieser Vorkommnisse führte bis zum Februar 2003 zu einer Entlassungs- und Austrittskaskade von damaligen Geschäftsleitungs- und Verwaltungsratsmitgliedern.

Aufgrund der Vorkommnisse in den 1990er Jahren, gab die BCV und der Kanton Waadt einen externen Untersuchungsbericht an den Experten und ehemaligen Tessiner Staatsanwalt Paolo Bernasconi in Auftrag. Der Untersuchungsbericht wurde im Januar 2003 veröffentlicht.[620] Laut diesem Bericht soll das BCV-Management ab 1996 Delkredere-Risiken im Umfang von ca. CHF 500 Mio. geschönt haben. Diese Vertuschung wurde bis 2000 aufrechterhalten.[621]

616 BACHES, FuW.
617 BACHES, FuW, Klagen.
618 BACHES, FuW.
619 GYSI, FuW.
620 BERTOZZI, news.ch.
621 BACHES, FuW, Klagen.

b) Ablauf des Verantwortlichkeitsprozesses

Aus dem Untersuchungsbericht von Bernasconi kann geschlossen werden, dass es schwierig zu ermitteln war, wer für die mangelnde Kreditrisikoeinschätzung, bzw. die fehlenden Rückstellungen verantwortlich ist. Sodann wurde im November 2002 gegen 14 ehemalige Verantwortungsträger der BCV ein Strafverfahren eingeleitet. Aufgrund ausreichender Materialien erhob die Staatsanwaltschaft des Kantons Waadt im Jahr 2006 gegen sechs ehemalige Geschäftsleitungs- und Verwaltungsratsmitglieder[622] eine Strafklage wegen Urkundenfälschung und ungetreuer Geschäftsbesorgung. Das Strafverfahren gegenüber acht weiteren Personen wurde aufgrund mangelnder Beweise eingestellt.[623] Am 29. Februar 2008 wurden alle sechs Angeklagten vor dem Bezirksgericht Lausanne von den Hauptanklagepunkten freigesprochen.[624] Trotz der Anhörung von über 50 Zeugen gelang es nicht, die Erfüllung der beiden Straftatbestände hinreichend zu beweisen.[625] Jedoch wurden der ehemalige CEO Gilbert Duchoud sowie der ehemalige Verwaltungsratspräsident Jacques Treyvaud in einem Nebenanklagepunkt verurteilt. Gemäss dem Bezirksgericht Lausanne haben sich die Beiden betreffend Bonuszahlungen an Kadermitarbeiter der Veruntreuung schuldig gemacht. Duchoud wurde zu einer auf zwei Jahre bedingten Geldstrafe von 90 Tagessätzen zu je CHF 400 und Treyvaud wegen Komplizenschaft zu einer bedingten Geldstrafe von 30 Tagessätzen zu je CHF 500 verurteilt.[626]

Die Staatsanwaltschaft sowie Duchoud und Treyvaud legten gegen das Urteil Rekurs ein. Die Staatsanwaltschaft war der Ansicht, dass mit der verfehlten Risikoeinschätzung der Jahresabschlüsse 1996 und 1997 eine Urkundenfälschung vorliegt. In diesem Fall hätten sich die Angeklagten ebenfalls der ungetreuen Geschäftsbesorgung schuldig gemacht. Für Duchoud wurde eine bedingte Freiheitsstrafe von 16 Monaten und für Treyvaud eine bedingte Geldstrafe von 360 Tagessätzen gefordert.[627] Im April 2009 bestätigte das Kantonsgericht in Lausanne den Freispruch des Bezirksgerichts in sämtlichen Hauptanklagepunkten. Einzig die Strafe von Duchoud wird auf 180 Tagessätze zu CHF 400 verdoppelt.[628] Zum Zeitpunkt des Urteils hat die BCV das

---

[622] Gilbert Duchoud (CEO), Jacques Treyvaud (VRP), Jean-Pierre Schrepfer und Daniel Crausaz (Mitglieder Generaldirektion), zwei Revisoren.

[623] UNBEKANNT, NZZ, Aufarbeiten.

[624] UNBEKANNT, news.ch.

[625] BAUER, NZZ.

[626] UNBEKANNT, HZ.

[627] UNBEKANNT, HZ, Berufungsprozess.

[628] UNBEKANNT, AZ.

gesamte Kapital, das ihnen durch den Kanton Waadt durch mehrere Zahlungen zur Verfügung gestellt wurde, samt einer Risikoprämie von 2% an diesen zurückerstattet.[629]

17. Raschein-Praxis

a) Übersicht

Der durch diesen Fall ergehende BGE war der Ursprung der sogenannten «Raschein-Praxis».[630] Der zugrundeliegende Sachverhalt[631] stellt sich wie folgt dar. Die Bank AG betrieb in Zürich die üblichen Bankgeschäfte. Als Verwaltungsräte amtierten der VRP, ein VR-Delegierter und Direktor, sowie eine Prokuristin, wobei alle drei über Kollektivunterschrift zu zweien verfügten. Der VR-Delegierte/Direktor benötigte 1973 und 1974 für eine von ihm beherrschte Gesellschaft mit finanziellen Problemen und für eine Projektfinanzierung Kredite in Millionenhöhe. Hierzu nahm er bei verschiedenen Gläubigern, unter anderen auch bei Jürg D., Darlehen auf, welche er durch Garantien und Bürgschaften seitens der Bank AG absicherte. Die Prokuristin leistete hierfür die zweite Unterschrift. Nachdem der VR-Delegierte sämtliche liquiden Mittel der Bank AG entnahm und flüchtete, schloss die Bank AG am 6. Dezember 1974 die Schalter. Darauf wurde der Bank AG im Januar 1975 eine sechs monatige Nachlassstundung gewährt, während der mit den Gläubigern ein Nachlassvertrag mit Vermögensabtretung abgeschlossen wurde. Das von der Bank AG verbürgte Darlehen von Jürg D. an den VR-Delegierten/Direktor war Gegenstand eines Kollokationsprozesses und wurde vergleichsweise mit CHF 96'000 kolloziert. Die gesamten Gläubigerforderungen beliefen sich auf CHF 22 Mio., wobei eine Nachlassdividende von 71% ausbezahlt wurde. Die noch ausstehende Schlussdividende war sodann Gegenstand einer Verantwortlichkeitsklage.

b) Ablauf des Verantwortlichkeitsprozesses

Im Dezember 1983 liess sich Jürg D. von der Liquidatorin die Verantwortlichkeitsansprüche gegenüber der Prokuristin abtreten.[632] Am 12. April 1984 reichte Jürg D. die Verantwortlichkeitsklage «als Anteil für die Wiedergutmachung des Schadens namens der Bank AG CHF 500'000 zuzüglich 5% Zins

---

629 UNBEKANNT, HZ, Berufungsprozess.

630 Bestätigung der «Raschein-Praxis» durch weitere Urteile: BGE 122 III 176, E. 7 und BGE 122 III 166, E. 3.

631 Vgl. hierzu: BGE 117 II 432, A., B. und C.

632 BGE 117 II 432, B. und C.

seit 1. Dezember 1983» beim Bezirksgericht Zürich ein.[633] Die Klage wurde am 24. Juni 1987 im Umfang von CHF 30'000 gutgeheissen. Nach Berufung beider Parteien, hob das Obergericht des Kantons Zürich am 14. April 1989 den Entscheid des Bezirksgerichts auf und sprach Jürg D. CHF 500'000 nebst Verzugszinsen zu. Die Berufung der Prokuristin an das Bundesgericht zeigte keine Wirkung. Der angefochtene Entscheid wurde am 27. August 1991 bestätigt.[634] Das Bezirksgericht ging davon aus, dass ein Gläubiger, welchem aktienrechtliche Verantwortlichkeitsansprüche der Gläubigergesamtheit abgetreten worden sind, einerseits gestützt auf Art. 260 SchKG die Ansprüche der Gesellschaft und andererseits gemäss Art. 757 Abs. 2 OR Ansprüche aus eigenem Recht geltend machen kann.[635] Hierbei unterscheide sich die Gesellschaftsklage von der Klage auf Schadenersatz des mittelbaren Gläubigerschadens dahingehend, dass der Gesellschaft gegenüber der Einwand möglich wäre, dass sie der schädigenden Handlung ihrer Organe zustimmte.[636] I.c. läge gemäss Bezirksgericht genau diese Konstellation vor, da der VR-Delegierte mit den Eventualverpflichtungen zulasten der Bank AG einverstanden gewesen sei. Das bedeutet, dass sich Jürg D. nur auf seine eigenen Ansprüche gemäss Art. 757 Abs. 2 OR berufen und folglich nur seinen eigenen mittelbaren Schaden geltend machen könne. Das Obergericht war der Ansicht, dass Jürg D. auch die Klage aus dem Recht der Gesellschaft zustehe, da es nicht von einer Einwilligung der Gesellschaft ausging, weil die übrigen VR keine Kenntnis über die Eventualverpflichtungen hatten und zusätzlich die Zustimmung aller Aktionäre nötig gewesen wäre.[637]

Das Bundesgericht erörterte, ob es richtig sei, zwischen einer Klage aus eigenem Recht und einer solchen aus dem Recht der Gesellschaft zu unterscheiden. Dies gehe dem Wortlaut von Art. 260 Abs. 2 SchKG entgegen.[638] RASCHEIN setzte ebenfalls an dieser Stelle an[639], was schlussendlich das Bundesgericht zur Auslegung der entsprechenden Normen bewegte. Das Bundesgericht ging davon aus, dass der Gesellschaftsschaden deckungsgleich mit dem gesamten Schaden aller Aktionäre und Gläubiger sein muss und daher im Konkurs beide Gruppen ein Interesse an der Verantwortlichkeit der Organe haben. Im Konkurs hat der einzelne Gläubiger jedoch keinen unmittelbaren

633 BGE 117 II 432, C.
634 BGE 117 II 432, D.
635 Basis der Argumentation des Bezirksgerichts bildete BGE 111 II 182.
636 BGE 117 II 432, E. 1a/aa.
637 BGE 117 II 432, E. 1a/bb.
638 BGE 117 II 432, E. 1b/aa; Vgl. zur Unklarheit der gesetzlichen Regelung: Botschaft, Revision Obligationenrecht 1983; FORSTMOSER, Aktienrechtliche Verantwortlichkeit, S. 91 f.
639 RASCHEIN, S. 357 ff.

Anspruch gegen die verantwortlichen Organe, sondern bloss den Anspruch auf anteilsmässige Befriedigung seiner Forderung aus den Aktiven gegenüber der Konkursmasse.[640] Daher ist der den Gläubigern gesetzlich verliehene Anspruch gegen die verantwortlichen Organe nicht von individueller Art. Leitet die Konkursmasse eine Verantwortlichkeitsklage ein, muss sie sich dementsprechend auf einen einheitlichen Anspruch der Gläubigergesamtheit stützen. Falls die Konkursmasse auf die Geltendmachung der Ansprüche verzichtet, kann gemäss Art. 757 OR jeder Aktionär und Gläubiger deren Abtretung verlangen. Folglich lebt mit der Abtretung kein individuelles Klagerecht des Klagenden auf, sondern das Klagerecht der Konkursmasse wird übertragen.[641] Daher stellt Art. 757 Abs. 2 OR lediglich ein Anwendungsfall von Art. 260 SchKG dar und besteht nicht parallel zu diesem. Weil der Abtretungsgläubiger aus dem Recht der Gläubigergesamtheit klagen kann, ergibt sich daraus, dass er den gesamten Schaden fordern kann, und dass dem Kläger dabei die Einrede gegen ihn persönlich oder gegen die Gesellschaft nicht entgegengehalten werden können.[642] Somit hat das Bundesgericht präzisiert, dass die Verantwortlichkeitsklage, gestützt auf Art. 260 SchKG i.V.m. Art. 757 OR «nicht auf zwei verschiedenen Klagegrundlagen beruht, sondern als einheitliche Klage aus dem Recht der Gläubigergesamtheit aufzufassen ist».[643]

18. Raichle – Entscheid

a) Übersicht

Raichle war von 1999 bis 2003 ein Schweizer Hersteller für Wander- und Wintersportschuhe. Obwohl Raichle erfolgreich war, wurden die wachsende Konkurrenz und die steigenden Kosten unterschätzt. Dies führte dazu, dass die Gesellschaft 1995 Konkurs ging und durch die Kneissl Gruppe übernommen wurde.[644] Seit 2003 gehört die Marke zur Mammut Gruppe.[645] Am 8. Juli 1994 wies die Thurgauer Kantonalbank Raichle darauf hin, dass deren Eigenmittel zu gering sind.[646] Des Weiteren wurde Raichle ab Herbst 1994 von der SBG, bzw. deren Abteilung «Spezialfinanzierung» betreut.[647] Sodann

---

640 BGE 117 II 432, E. 1b/ee.
641 BGE 117 II 432, E. 1b/ff.
642 BGE 117 II 432, E. 1b/gg mit Verweis auf BGE 106 II 145.
643 BGE 117 II 432, E. 1b/hh.
644 SDA, NZZ.
645 SDA, Tagblatt.
646 Urteil BGer 5C.29/2000 vom 19. September 2000, E. 3c.
647 Die SBG war zuständig für Gesellschaften in wirtschaftlich heiklen Situationen.

mussten im Geschäftsjahr 1994 stille Reserven in der Höhe von CHF 8,193 Mio. aufgelöst werden und das kurz- und mittelfristige Fremdkapital wurde von CHF 52,6 Mio. auf CHF 72,9 Mio. erhöht. Auf der Aktivseite wurden währenddessen keine Wertberichtigungen für beträchtliche Debitoren gegenüber Gruppengesellschaften in der Höhe von CHF 34 Mio. vorgenommen.[648] Für das Jahr 1995 sah das Budget weitere Verluste vor. Zusätzlich trat in dieser Zeit eine negative Wechselkursentwicklung ein. Am 11. Mai 1995 errechnete die Revisionsstelle nach Liquidationswerten eine Überschuldung von CHF 74 Mio. Der Konkurs wurde am 15. Juni 1995 eröffnet.[649] Diesbezüglich problematisch war die Erteilung eines Darlehens von CHF 2,3 Mio. am 21. Juni 1994 von der Verwaltungsratspräsidentin an Raichle. Dieses Darlehen wurde in zwei Tranchen am 13. und 15. Juli 1994 über eine Finanzierungsgesellschaft an Raichle ausbezahlt. Abgesichert wurde das Darlehen u.a. durch ein Kaufrecht an einer Parzelle zugunsten der Verwaltungsratspräsidentin. Am 13. Februar 1995 wurde die Parzelle zum Preis von CHF 1,782 Mio. verkauft, worauf Raichle zur Tilgung des Kaufpreises ihre Kaufpreisforderung an die Finanzierungsgesellschaft zedierte, welche ihrerseits die Forderung mit dem bestehenden Darlehen der Verwaltungsratspräsidentin verrechnete.[650] Die verbleibende Darlehensforderung im Umfang von CHF 537'962 wurde am 26. April 1995, kurz vor der Konkurseröffnung direkt an die Verwaltungsratspräsidentin ausbezahlt.

b) Ablauf des Verantwortlichkeitsprozesses

Nach der Konkurseröffnung klagte die Konkursverwalterin der Raichle im Juli 1997 beim Bezirksgericht Steckborn betreffend paulianischer Anfechtung und Verantwortlichkeitsklage gegen die Verwaltungsratspräsidentin, den Verwaltungsratsvizepräsidenten sowie gegen eine Finanzierungsgesellschaft.[651] Mit Urteil vom 23. April 1998 wurde die Klage teilweise gutgeheissen und die VRP wurde verpflichtet, die Parzelle im Sinn von Art. 291 Abs. 1 SchKG zurückzugeben. Alle Beteiligten erhoben Berufung ans Obergericht des Kantons Thurgau. Hierbei beantragte Raichle nebst der bereits angeordneten Rückgabe der Parzelle, dass die beiden Verwaltungsräte unter solidarischer Haftung, basierend auf Art. 754 OR, zur Bezahlung der noch ausste-

648 Urteil BGer 5C.29/2000 vom 19. September 2000, E. 3c.
649 Urteil BGer 5C.29/2000 vom 19. September 2000, B.
650 Urteil BGer 5C.29/2000 vom 19. September 2000, A.
651 Urteil BGer 5C.29/2000 vom 19. September 2000, B.

henden CHF 521'870 nebst Zins zu verpflichten seien. Dies wurde vom Obergericht bestätigt.[652] Das Bundesgericht bestätigte das Urteil des Obergerichts Thurgau im September 2000. Durch den Konkurs gingen ca. 65 Arbeitsstellen verloren, wobei 30 erhalten blieben. Die Gerichtskosten und Parteientschädigung betrugen CHF 208'500.[653]

In seinem Urteil entschied das Bundesgericht, dass im Falle der Überschuldung die Pflicht zur Gläubigergleichbehandlung nach Massgabe der gesetzlichen Rangordnung im Sinne von Art. 219 SchKG bestehe.[654] Insbesondere wurde der Konkursverwaltung die Aktivlegitimation zur Erhebung einer Verantwortlichkeitsklage im Interesse der Gläubigergesamtheit mit Verweis auf die Raschein-Praxis zuerkannt. Dies, obwohl durch die Tilgung der Schuld bei der Gesellschaft gar kein Schaden, sondern lediglich eine Verminderung des Verwertungssubstrats entstanden ist und der eigentliche Schaden nur bei den Gläubigern eintrat.[655]

Im erst vor kurzem ergangenen SAirGroup-Entscheid bezüglich «Zahlungen im September 2001» hat sich das Bundesgericht von der «Raichle-Praxis» distanziert.[656] Diese müsse vor dem Hintergrund der zu dieser Zeit herrschenden «X-Corporation-Praxis» gesehen werden.[657] Anhand dieser Praxis versuchte man den Wettlauf zur Erhebung einer Verantwortlichkeitsklage im Konkurs zwischen direkt geschädigten Gläubigern und der Konkursverwaltung zu minimieren, indem man den Schadensbegriff nicht mehr auf Basis der betroffenen Vermögensmasse, sondern auf dem Vorliegen einer Rechtsgrundlage, bzw. Schutznorm definierte. Dies führte dazu, dass im Konkurs weitgehend die Konkursverwaltung zur Verantwortlichkeitsklage aktivlegitimiert war. Mit der «Raschein- und Biber-Praxis» und «Swissair – Zahlungen im September 2001» wurden später aber neue Massstäbe gesetzt, welche eine Überholung des «Raichle-Entscheids» bedeuteten.

19. X. Corporation – Entscheid

a) Übersicht

Der durch diesen Fall ergehende BGE führte zur Neudefinition des direkten Gläubigerschadens. Im April 1983 genehmigte das Kantonsgericht Schwyz

[652] Urteil BGer 5C.29/2000 vom 19. September 2000, C.
[653] Urteil BGer 5C.29/2000 vom 19. September 2000, C. 2a-c; SDA, NZZ.
[654] Urteil BGer 5C.29/2000 vom 19. September 2000, E. 4b/aa.
[655] Urteil BGer 5C.29/2000 vom 19. September 2000, E. 4c.
[656] Urteil BGer 4A_425/2015 vom 10. Dezember 2015, E. 4; BAUM/VON DER CRONE, S. 232 f.
[657] BGE 112 III 176, E. 7.

der Z. AG einen Nachlassvertrag mit teilweiser Vermögensabtretung. Gemäss Nachlassvertrag wurde ein Teil des Vermögens der Z. AG an deren Gläubiger zur Liquidation überlassen. Ebenfalls wurde die Schaffung von Genussscheinkapital angeboten und das Grundkapital herabgesetzt. Um die Vermögenswerte der Gläubiger zu liquidieren, wurden diese auf die ebenfalls zur Liquidationsmasse gehörende V. AG übertragen und deren Aktien treuhänderisch auf den Liquidator übereignet. Gegenüber Dritten sollte die V. AG als Veräussererin auftreten und intern für die Rechnung aller Gläubiger handeln. Dementsprechend führte die Z. AG ihre Geschäfte nach der Kapitalherabsetzung mit den verbliebenen Mitteln fort. Die Genussscheine wurden auf den Namen der Abwicklungsgesellschaft ausgestellt und sollten nach der Verwertung der Aktiven unter den Gläubigern aufgeteilt werden. Gegenstand der Vermögensabtretung waren auch die Verantwortlichkeitsansprüche gegenüber den früheren Verwaltungsratsmitgliedern und der ehemaligen Kontrollstelle. Im August 1985 trat der Liquidator diese Ansprüche an die X. Corporation ab. Die Forderung wurde in der Höhe von CHF 13 Mio. in der 5. Klasse kolloziert.[658]

b) Ablauf des Verantwortlichkeitsprozesses

Im Dezember 1987 klagte die X. Corporation beim Bezirksgericht Zürich gegen ein Mitglied der Kontrollstelle auf Zahlung von CHF 500'000.- aus aktienrechtlicher Verantwortlichkeit. Der eingeklagte Schaden wurde in der Replik auf CHF 1 Mio. nebst Verzugszins erhöht.[659] Das Bezirksgericht stellte mit Vorentscheid im August 1990 fest, dass die X. Corporation zur aktienrechtlichen Verantwortlichkeitsklage aktivlegitimiert ist. Das Obergericht des Kantons Zürich wies die Klage mangels Aktivlegitimation im Juni 1991 soweit ab, als sich die Klage auf Art. 260 und Art. 316 Abs. 1 SchKG oder Art. 756 Abs. 2 aOR stützt, stellte jedoch fest, dass die Klägerin aktivlegitimiert sei, den eingeklagten Betrag geltend zu machen, wenn sie einen direkten Gläubigerschaden behaupte.[660] Das Kassationsgericht des Kantons Zürich wies eine Nichtigkeitsbeschwerde der Klägerin ab. Auch das Bundesgericht trat auf die Berufung der Klägerin gegen das Teilurteil des Obergerichts nicht ein. Sodann wies das Bezirksgericht im März 1993 die Klage ab. Auf Berufung der Klägerin hob das Obergericht im Juni 1994 dieses Urteil bezüglich der Abtretung im Sinne von Art. 260/316 SchKG oder Art. 756 Abs. 2 aOR auf und

[658] Vgl. hierzu: BGE 122 III 176, A., B. und C.
[659] BGE 122 III 176 B.
[660] BGE 122 III 176 B.

bestätigte die Abweisung der Klage betreffend den direkten Gläubigerschaden. Gegen die Urteile des Obergerichts im Juni 1991 und Juni 1994 reichte die Klägerin Berufung ein.[661]

Mit der Neudefinition des direkten Schadens schränkte das Bundesgericht die Aktivlegitimation der Gläubiger ein, was kontrovers aufgefasst wurde. Später kehrte das Bundesgericht mit dem Biber-Entscheid zum allgemein gültigen Schadensbegriff zurück.[662] Die Klägerin beanstandete im vorliegenden Fall vor Bundesgericht gegenüber dem Urteil des Obergerichts vom Juni 1994, dass der unmittelbare Gläubigerschaden zu Unrecht als mittelbarer Schaden qualifiziert wurde. Die X. Corporation wäre nicht Gläubigerin geworden, wenn die Kontrollstelle ihre Berichte rechtzeitig und pflichtgemäss erstellt hätte.[663] Der unmittelbare Schaden umfasse den Ausfall ihrer kollozierten Forderung. Zuerst bestätigte das Bundesgericht den Raichle-Entscheid[664], in dem die Doppelnatur der Verantwortlichkeitsklage eines Gläubigers aufgegeben wurde.[665] Aufgrund der Neukonzeption des Anspruchs der Gläubigergesamtheit, prüfte das Bundesgericht die Grenzziehung des mittelbaren und unmittelbaren Gläubigerschadens erneut. Nach der früheren Auffassung war das massgebende Kriterium, in welcher Vermögensmasse der Schaden unmittelbar eintritt.[666] Das Bundesgericht stellte fest, dass es als nicht sachgerecht erscheint, «Schadenersatzansprüche, die einer unterschiedlichen rechtlichen Regelung unterstehen, nach dem Kriterium zu unterscheiden, welche Vermögensmasse direkt betroffen ist».[667] Abzustellen sei aus diesem Grund auf die Rechtsgrundlage der jeweiligen Schadenersatzpflicht. Dementsprechend liegt eine unmittelbare Gläubigerschädigung vor, wenn das Organ durch sein Verhalten, Pflichten verletzt, welche ihm gegenüber dem betreffenden Gläubiger obliegen. Hierbei handelt es sich üblicherweise um ein Verhalten im Sinne von Art. 41 OR.[668] Der Anspruch aus unmittelbarem Gläubigerschaden sei daher als Anwendungsfall der Haftung gemäss Art. 41 OR aufzufassen, wobei Art. 754 OR als kumulative Haftungsgrundlage gelte. Daher sind bei der Geltendmachung eines unmittelbaren Gläubigerschadens Art. 756 und Art. 758

[661] BGE 122 III 176 C.
[662] Vgl. dazu: Teil II. D. 4. a).
[663] BGE 122 III 176 E. 7.
[664] BGE 117 II 432; Vgl. «Raichle-Entscheid» Teil III. C. 18.
[665] BGE 122 III 176 E. 7a.
[666] BGE 110 II 391 E. 1; FORSTMOSER, Aktienrechtliche Verantwortlichkeit, S. 80.
[667] BGE 122 III 176 E. 7b.
[668] Hinweise auf den deliktischen Charakter der Haftung für unmittelbare Gläubigerschäden gibt es gemäss BGer in folgenden Entscheiden: BGE 106 II 257 E. 2 und BGE 110 II 391 E 2b.

aOR nicht anwendbar.[669] So muss der geschädigte Gläubiger seinen Schadenersatzanspruch individuell und im Konkurs unabhängig von den Konkursorganen selbstständig, basierend auf einer Schutznorm, geltend machen. Als klassisches Beispiel wird der Fall genannt, in dem ein Organ durch eine Falschauskunft über die finanzielle Lage der Gesellschaft einen Dritten zur Kreditgewährung veranlasst.[670]

Zuletzt prüfte das Bundesgericht, wie Fälle einzuordnen sind, welche Bestimmungen verletzen, die den Interessen der Gesellschaft sowie dem Schutz des Gläubigers dienen.[671] Da die Konkursorgane erst nach der zweiten Gläubigerversammlung über die Abtretung von bestrittenen Verantwortlichkeitsansprüchen entscheiden, und die unmittelbar geschädigten Gläubiger bereits ab Konkurseröffnung klagen können, entsteht zwischen den beiden Gruppierungen ein Wettlauf zur Klageerhebung. Dies widerspreche jedoch dem Sinn von Art. 756 und 758 aOR, durch diese eine einheitliche Geltendmachung angestrebt werde.[672] Daher müsse «ab dem Zeitpunkt der Konkurseröffnung der einheitliche Anspruch der Gläubigergesamtheit aus mittelbarem Schaden konkurrierende Ansprüche aus unmittelbarem Gläubigerschaden, welche auf dieselbe Handlung oder Unterlassung gestützt werden, ausschliessen».[673]

20. Business Judgement Rule

a) Übersicht

A war vom September 1988 bis am 4. Juni 2002 Verwaltungsratspräsident sowie Delegierter des Verwaltungsrates der X Holding AG. Dieselben Funktionen hatte er in vier Tochtergesellschaften der X Holding AG, welche jeweils zu 100% von der X Holding AG gehalten wurden.[674] Im Jahr 2000 organisierte A, dass die X Holding AG ein Darlehen in der Höhe von CHF 1,5 Mio. an die Tochtergesellschaft XQ AG gewährte. Die Tochtergesellschaft war zu diesem Zeitpunkt bereits überschuldet.[675] Im September 2002 wurde sodann

[669] BGE 122 III 176 E. 7b.

[670] BGE 106 II 257.

[671] Hierzu gehören Bilanzvorschriften und die Bestimmungen über das Verhalten bei eingetretener Überschuldung der Gesellschaft.

[672] BGE 122 III 176 E. 7c.

[673] BGE 122 III 176 E. 7c.

[674] Urteil BGer 4A_74_2012 vom 18. Juni 2012, A.

[675] Urteil BGer 4A_74_2012 vom 18. Juni 2012, E. 3 und 4.1.

über drei der vorher erwähnten Tochtergesellschaften der Konkurs eröffnet.[676] Die Darlehensgewährung in der Höhe von CHF 1,5 Mio. führte bei der X Holding AG aufgrund des Konkurses der Tochtergesellschaft XQ AG zu einem Schaden. Die Höhe des Schadens leitet sich aus der per 31. Dezember 2000 bilanzierten Höhe der Darlehensforderung der X Holding AG gegenüber deren Tochter ab und beträgt CHF 1'165'000.[677]

Die beiden dadurch geschädigten Tochtergesellschaften X AG und Y AG liessen sich von der Konkursmasse allfällige Ansprüche in der Höhe von ca. CHF 1 Mio. zuzüglich Zins von 5% seit Klageerhebung aus aktienrechtlicher Verantwortlichkeit im Sinne von Art. 754 i.V.m. Art. 260 SchKG abtreten.[678] Das Handelsgericht Aargau hiess die Klage am 6. Dezember 2011 gut. Das Bundesgericht wies die von A gegen das Urteil des Handelsgerichts erhobene Beschwerde am 18. Juni 2012 ab.[679]

b) Ablauf des Verantwortlichkeitsprozesses

Im vorliegenden BGE von Bedeutung waren insbesondere die Tatbestandselemente Pflichtverletzung und Verschulden. Vorerst behandelte das Bundesgericht das Tatbestandsmerkmal der Pflichtverletzung und damit die Einwendung von Beschwerdeführer A, dass keine Überschuldung der XQ AG bestanden habe. Die Tatsache, dass in der Bilanz von 2000 Verbindlichkeiten für Ferien- und Überzeitguthaben nicht passiviert wurden, führt zwar gemäss Bundesgericht noch nicht zu einer Überschuldung, hätte aber gestützt auf Art. 725 Abs. 1 OR die Einberufung einer Generalversammlung zwecks Beantragung von Sanierungsmassnahmen nach sich ziehen müssen. Zusätzlich kommt hinzu, dass hinsichtlich einer strittigen Forderung aus einem Werkvertrag eine Wertberichtigung hätte vorgenommen werden müssen. Bei richtiger Bilanzierung hätte daher Ende 2000 insgesamt eine Überschuldung bestanden.[680]

Des Weiteren prüfte das Bundesgericht, ob die Darlehensgewährung durch die Mutter- an die Tochtergesellschaft eine Pflichtverletzung darstellte. Diesbezüglich erfolgt ein Mittelabfluss bei der Muttergesellschaft in pflichtwidriger Weise, wenn keine Aussicht auf Rückzahlung gegeben ist. Das ist der Fall,

[676] Urteil BGer 4A_74_2012 vom 18. Juni 2012, A.
[677] Urteil BGer 4A_74_2012 vom 18. Juni 2012, E. 3.
[678] Urteil BGer 4A_74_2012 vom 18. Juni 2012, A.
[679] Urteil BGer 4A_74_2012 vom 18. Juni 2012, B.
[680] Urteil BGer 4A_74_2012 vom 18. Juni 2012, E. 4.1.

wenn die Tochtergesellschaft überschuldet ist und keine konkreten Sanierungsmassnahmen eingeleitet worden sind. Daher ist in casu eine Pflichtverletzung gegeben.[681]

Sodann darf ein Darlehen nur dann nach dem «arms's length principle» gewährt werden, wenn dies zwischen unabhängigen Parteien geschieht. Nach Auffassung des Bundesgerichts hätte das Darlehen in diesem Zusammenhang unter den gegebenen Bedingungen nicht gewährt werden dürfen. Das Argument von A, es wären wesentliche stille Reserven aufgrund von unterbewerteten Immobilien vorhanden gewesen, führte ebenfalls ins Leere.[682]

Hinsichtlich des Verschuldens hielt das Bundesgericht fest, dass Verwaltungsratsmitglieder für jedes Verschulden gemäss einem objektivierten Verschuldensmassstab haften.[683] A beanstandete vor Bundesgericht, dass die Vorinstanz einen falschen Sorgfaltsmassstab anwendete, weil sie die Business Judgement Rule bei Transaktionen unter Konzerngesellschaften nicht habe gelten lassen. Das Bundesgericht bestätigte sodann die Anwendung eines strengeren Massstabs als bei externen Transaktionen: «Das Bundesgericht anerkennt mit der herrschenden Lehre, dass die Gerichte sich bei der nachträglichen Beurteilung von Geschäftsentscheiden Zurückhaltung aufzuerlegen haben, die in einem einwandfreien, auf einer angemessenen Informationsbasis beruhenden und von Interessenskonflikten freien Entscheidungsprozess zustande gekommen sind [...]».[684] Im Konzernverhältnis wird angenommen, dass bei Organpersonen ein besonderer Wissensstand[685] über die Faktoren zur Einschätzung der Risiken vorliegt, daher darf auch erwartet werden, dass bei der Beurteilung der Sorgfaltspflichtverletzung ein strengerer objektiver Verschuldensmassstab angewendet wird.[686]

Das Bundesgericht geht davon aus, dass A «aufgrund seiner Stellung als Doppelorgan in der X Holding AG und der XQ AG die prekäre finanzielle Situation der letzteren Gesellschaft im Jahre 2000 zu jedem Zeitpunkt hätte kennen müsse, denn der Verwaltungsrat muss eine prekäre finanzielle Situation nicht nur dann erkennen, wenn eine Bilanz darüber Aufschluss gibt, sondern auch

---

681 Urteil BGer 4A_74_2012 vom 18. Juni 2012, E. 4.2.

682 Urteil BGer 4A_74_2012 vom 18. Juni 2012, E. 4.2.

683 Urteil BGer 4A_74_2012 vom 18. Juni 2012, E. 5.

684 Das BGer verweist auf: Urteil BGer 4A_306/2009 vom 8. Februar 2010, E. 7.2.4; WIDMER/GERICKE/WALLER, BSK OR II, S. 1440 ff.; BÖCKLI, S. 1772.

685 Es ist auf die Information abzustellen, die ein Verwaltungsratsmitglied zum Zeitpunkt der Pflichtverletzung verfügte oder verfügen konnte. Vgl. hierzu: VOGT/BÄNZIGER, S. 610 ff.

686 Urteil BGer 4A_74_2012 vom 18. Juni 2012, E. 5.1.

soweit andere Alarmzeichen im Zusammenhang mit der Geschäftsentwicklung bestehen».[687] Das Bundesgericht geht davon aus, dass bei pflichtgemäss-realistischer Beurteilung der finanziellen Situation die bilanzmässige Überschuldung für A zum massgebenden Zeitpunkt erkennbar gewesen wäre.[688]

21. Lorze AG vs. Verwaltungsrat Reishauer Beteiligungen AG

a) Übersicht

Der hier behandelten Verantwortlichkeitsklage liegt eine über 20 Jahre andauernde Fehde zugrunde. Die Reishauer Beteiligungen AG ist ein Maschinen- und Werkzeugbauer aus Wallisellen. Der Mehrheitsaktionär (Familie Bodmer) steht seit 1989 mit einem Aktienanteil von ca. 52% dem Minderheitsaktionär (Lorze AG) mit einer Beteiligung von ca. 47% gegenüber.[689] Die 47%-Beteiligung setzte sich aus den 2093 Inhaberaktien der Lorze AG und den 2530 Namenaktien von deren Tochtergesellschaft, der Schmid AG zusammen. Die Namenaktien der Tochtergesellschaft waren im Aktienbuch der RB AG eingetragen. Im Jahr 1998 fusionierte die Lorze AG mit deren Tochtergesellschaft. Sodann beantragte die Lorze AG im November 1998 beim Verwaltungsrat der RB AG die Übertragung der Namenaktien auf ihren eigenen Namen. Der Verwaltungsrat der RB AG lehnte dies mit Verweis auf die Statuten[690] ab und bot der Lorze AG die Übernahme des Aktienpakets zum wirklichen Wert gemäss Art. 685b Abs. 1 OR an.[691] In darauffolgenden Verhandlungen beharrte die Lorze AG auf dieser Eintragung und der Verwaltungsrat der RB AG bot seinerseits an, das gesamte Aktienpaket der Lorze AG aufzukaufen.[692] Nach gescheiterten Verhandlungen reichte die Lorze AG im Juli 1999 beim Handelsgericht Zürich Klage auf Eintragung ein. Das Verfahren ging bis vor das Bundesgericht, welches die Beschwerde des VR der RB AG im März 2003 abwies. Das Bundesgericht stellte fest, «dass die Weigerung des Verwaltungsrates der RB AG, die Namenaktien ins Aktienbuch einzutragen, ausschliesslich im Interesse des Mehrheitsaktionärs lag und damit gegen

[687] Urteil BGer 4A_74_2012 vom 18. Juni 2012, E. 5.2.

[688] Urteil BGer 4A_74_2012 vom 18. Juni 2012, E. 5.3.3.

[689] ZERN, schweizeraktien.net; UNBEKANNT, NZZ.

[690] Die damaligen Statuten enthielten in § 3 Abs. 2 die Bestimmung, dass der Verwaltungsrat die Eintragung im Aktienbuch ohne Angabe von Gründen verweigern könne.

[691] Urteil BGer 4C.242/2001 vom 5. März 2003, A. und Urteil BGer 4P.118/2001 vom 5. März 2003.

[692] Urteil Bezirksgericht ZH CG030256 vom 27. Februar 2006, E. 6.3.

das Gleichbehandlungsgebot von Art. 717 Abs. 2 OR verstiesse» und der Verwaltungsrat dies rechtsmissbräuchlich ausgenutzt habe.[693]

b) Ablauf des Verantwortlichkeitsprozesses

Die Lorze AG reichte danach als Aktionärin der RB AG beim Bezirksgericht Zürich eine aktienrechtliche Verantwortlichkeitsklage gegen die Verwaltungsräte der RB AG ein. Als Schaden[694] machte die Klägerin Kosten geltend, die durch das zuvor erwähnte Gerichtsverfahren entstanden sind. Im Februar 2006 wies das Bezirksgericht Zürich die Klage ab, wobei auf Berufung der Lorze AG das Obergericht Zürich im April 2007 diesen Entscheid aufhob und zurück an das Bezirksgericht wies.[695] Die kantonale Nichtigkeitsbeschwerde der Verwaltungsräte der RB AG betreffend diesen Entscheid wurde vom Kassationsgericht des Kantons Zürich im März 2008 abgewiesen, worauf das Bezirksgericht im Juni 2011 die Klage der Lorze AG im Umfang von ca. CHF 1,2 Mio. nebst Zins zu 5% ab Juli 2001 guthiess.[696] Die Verwaltungsräte der RB AG erhoben Beschwerde an das Obergericht Zürich, welches diese im Mai 2012 abwies. Wiederum zogen die Beschwerdeführer den Fall weiter ans Bundesgericht, welches das Urteil des Obergerichts des Kantons Zürich im November 2012 mehrheitlich bestätigte.[697]

Das Bundesgericht stellte fest, dass aufgrund der Treuepflicht nach Art. 717 OR das Verhalten des Verwaltungsrats im Gesellschaftsinteresse liegen muss. Hierbei haben sich die Gerichte bei der nachträglichen Beurteilung von Geschäftsentscheiden Zurückhaltung aufzuerlegen, sofern diese «in einem einwandfreien, auf einer angemessenen Informationsbasis beruhenden und von Interessenkonflikten freien Entscheidungsprozess, zustande gekommen sind».[698] Zuvor stellte das Obergericht fest, dass es sich beim Entscheid des Verwaltungsrates der RB AG, das Urteil betreffend Eintragung der Namenaktien, durch sämtliche Instanzen weiterzuziehen, um einen Geschäftsentscheid handelt. Dieser sei, im Rahmen eines aktienrechtlichen Verantwortlichkeitsprozesses von den Gerichten mit einer gewissen Zurückhaltung zu prüfen. In

[693] Urteil Handelsgericht ZH HG990234 vom 21. Mai 2001; Urteil BGer 4C.242/2001 vom 5. März 2003, E. 3 f.

[694] Angefallene Gerichtsgebühren, Parteientschädigungen, weitere Prozesskosten.

[695] Urteil Bezirksgericht ZH CG030256 vom 27. Februar 2006; Rückweisungsbeschluss des Obergerichts ZH LB060037 vom 4. April 2007.

[696] Urteil Kassationsgericht ZH AA070068 und AA070070 vom 4. April 2007; Urteil Bezirksgericht ZH CG080114 vom 10. Juni 2011.

[697] Urteil Obergericht ZH LB110042 vom 11. Mai 2012, E. 2.1.

[698] Das BGer stellt in diesem Entscheid erstmals Kriterien bezüglich der Business Judgement Rule auf; Urteil BGer 4A_375/2012 vom 20. November 2012, E. 3.2.

diesem Zusammenhang wurde die Business Judgement Rule erwähnt.[699] Gemäss Bundesgericht kann dementsprechend durch den Entscheid zur Führung eines missbräuchlichen Gerichtsverfahrens ein Verstoss gegen die Treuepflicht vorliegen, da es sich um einen Geschäftsentscheid handelt. Wenn ein solches Verfahren zum Voraus aussichtslos erscheint und im Falle des Unterliegens mit hohen Kostenfolgen gerechnet werden müsse, läuft das dem Gesellschaftsinteressen zuwider. Dies müsse im Einzelfall geklärt werden. Gemäss Bundesgericht gibt es bei der Beurteilung von Prozessführungsentscheiden im Zusammenhang mit dem Geschäftsinteresse generell zwei Punkte zu beachten: Erstens liegt es nicht im Interesse der Gesellschaft, bereits zum Voraus aussichtslose Prozesse zu führen, die unnötig Kosten verursachen. Zweitens liegt es ebenfalls nicht im Gesellschaftsinteresse, ein Gerichtsverfahren zu führen, dessen Ziel ausserhalb des Gesellschaftsinteressens liegt.[700] I.c. liegt die Eintragungsverweigerung betreffend die Namenaktien und damit der geführte Prozess gemäss Bundesgericht nicht im Gesellschaftsinteresse, sondern im Interesse des Mehrheitsaktionärs der RB AG. Daher hat der Verwaltungsrat der RB AG pflichtwidrig gehandelt und einen Schaden in der Höhe von ca. CHF 1,2 Mio. verursacht.[701] Bezüglich des Verschuldens stellte bereits das Obergericht fest, dass Fahrlässigkeit genüge und ein Verwaltungsrat, der den Gleichbehandlungsgrundsatz missachte und die Eintragung von Aktien rechtsmissbräuchlich verweigert, sich nie im Gesellschaftsinteresse und somit schuldhaft verhält.[702]

D. Folgerungen aus dem praktischen Teil

Der im Theorieteil angesprochene Anstieg an Verantwortlichkeitsklagen in den vergangenen Jahren kann anhand der quantitativen und qualitativen Studie bestätigt werden. Die Anzahl der aktienrechtlichen Verantwortlichkeitsklagen wird als relativ stabil, wenn nicht als etwas rückläufig bezeichnet. Der generelle Anstieg wird auf den Anstieg an Klagen aus dem Sozialversicherungsrecht zurückgeführt. Ebenfalls die Versicherer bemerken einen Anstieg an gestellten Ansprüchen, wobei von einem Versicherer die Verdoppelung der Fallanzahl festgestellt wurde. Ebenfalls bestätigt wurde die Tatsache, dass ca. 90-95% der Ansprüche mit einem Vergleich erledigt werden. Hierbei

[699] Rückweisungsbeschluss Obergericht ZH LB060037 vom 4. April 2007, E. 9.1. Eingehend: BRUGGER/VON DER CRONE, S. 178 ff.
[700] Urteil BGer 4A_375/2012 vom 20. November 2012, E. 3.3.
[701] Urteil BGer 4A_375/2012 vom 20. November 2012, E. 3.4, E. 3.5 und E. 3.6.
[702] Rückweisungsbeschluss Obergericht ZH LB060037 vom 4. April 2007, E. 9.7.

bleibt jedoch zu beachten, dass in derselben Zeit in der Schweiz auch die Anzahl an Aktiengesellschaften bemerkbar zugenommen hat. Als besonders gross und bedeutend wurden die Fälle «Swissair», «Erb-Gruppe» und «Omni Holding» eingestuft. Auch die Fälle «Biber Holding» sowie «Spar- und Leihkasse Thun» sind von grosser Bedeutung. Dies zeigt sich auch anhand der Fallanalyse auf der Tabelle in Anhang 4. Bei den drei grössten Fällen wurden Nachlassforderungen im Milliardenbereich gestellt. Von 10 Fällen konnte die Konkursdividende ermittelt werden, welche über diese Fälle gerechnet durchschnittlich ca. 40% beträgt. Die Konkursdividende der grössten drei Fälle beträgt jedoch nur ca. 11,9%. Bei diesen drei Fällen konnten insgesamt CHF 15,89 Mrd. an Nachlassforderungen nicht mehr gedeckt werden. In der Hälfte der analysierten Fälle gab es neben Vergleichsverhandlungen und zivilrechtlichen Verfahren auch ein strafrechtliches Verfahren. Die Freiheitsstrafen befinden sich hierbei im Bereich zwischen 4 und 7 Jahren. In den meisten Fällen war ein grobfahrlässiges bis kriminelles Handeln der verantwortlichen Personen feststellbar. Da sich die Fälle bezüglich ihres Sachverhaltes teilweise stark unterscheiden, fallen auch die Hauptfehler unterschiedlich aus. Auffällig ist, dass praktisch in jedem Fall ein Führungsproblem kombiniert mit Informationsproblemen und fehlender Transparenz vorlag. Ebenfalls interessant ist die Tatsache, dass die Fälle untereinander teilweise mehr sachliche und personelle Zusammenhänge aufweisen als erwartet. Auf diese Zusammenhänge wurde jeweils in der Fallzusammenfassung hingewiesen.

Die Anforderungen an die Haftung und Verantwortlichkeit von Verwaltungsräten werden in der quantitativen wie auch in der qualitativen Studie als ausreichend eingestuft. Obwohl die Gerichte bezüglich Verantwortlichkeitsklagen aktuell einen grossen Ermessensspielraum haben und die Beweislast stark auf den Klagenden lastet, wird aus einem betriebswirtschaftlichen Standpunkt gegen eine Erhöhung der Anforderungen argumentiert, da dies die Risikoaversion von Verwaltungsräten zusätzlich bestärken würde. Eine Verschärfung der gesetzlichen Anforderungen an die Haftung und Verantwortlichkeit von Verwaltungsräten wird ebenfalls mehrheitlich abgelehnt, da die aktuelle Funktionalität und Gesetzessystematik als ausreichend effizient erachtet wird. Einige Interviewpartner stehen einer gesetzlichen Altersbegrenzung und/oder einer gesetzlichen Frauenquote positiv gegenüber. Die Mehrheit der Interviewten spricht sich für eine liberale Lösung aus und möchte solche Regelungen jeder Unternehmung, bzw. der Generalversammlung selbst überlassen. Wie im Theorieteil dargestellt, wäre die Einführung einer möglichen Haftungsbeschränkung für Verwaltungsräte durch einen Mehrheitsentscheid der Generalversammlung auf die grobe Fahrlässigkeit und Absicht wünschenswert.[703]

Die Aus- und Weiterbildungsmöglichkeiten für Verwaltungsräte werden hinsichtlich der Quantität und der Qualität in der Schweiz zurzeit als sehr gut eingestuft. Nach den Fällen «Swissair», «Erb-Gruppe» und Weiteren war die Schweiz im europäischen Vergleich betreffend die Corporate-Governance-Standards am unteren Ende einzustufen. In den letzten 15 Jahren gab es jedoch kaum ein Land, dass eine derartige Entwicklung und damit auch eine derartige Verbesserung verzeichnen kann. Diese Entwicklung und die hohen Anforderungen, welche durch die Schweizer Gesetzgebung an die Verwaltungsräte gestellt werden, führen zu einer hohen Nachfrage nach solchen Aus- und Weiterbildungsmöglichkeiten. Auch als beachtenswert wird die Kommunikation unter Verwaltungsräten verschiedener Gesellschaften erachtet.

[703] Vgl. dazu: Teil II. B. 2. d).

IV. Zusammenfassung und Empfehlungen

A. Zusammenfassung der Ergebnisse

1. Übersicht

Vor der Zusammenfassung der Resultate aus der vorliegenden Studie, werden die Ausgangslage und die Hauptziele im Folgenden nochmals dargestellt. Da es noch nicht gelungen ist, die grössten und bedeutendsten Verantwortlichkeitsklagen empirisch zu ermitteln und auch keine Übersicht, bzw. Fallzusammenfassung der wichtigsten Fälle besteht, wurde dies mit der vorliegenden Studie erarbeitet. In einem ersten Schritt wurden im theoretischen Teil die Grundlagen für den praktischen Teil und die Fallzusammenfassung erarbeitet. Anhand einer quantitativen Studie konnten die fünf grössten und bedeutendsten Verantwortlichkeitsklagen der vergangenen 20 Jahre ermittelt sowie weitere Fragen, welche mit dieser Thematik zusammenhängen, gestellt werden. Um weitere 15 grosse und bedeutende Fälle zu definieren und die Resultate aus der quantitativen Studie weiter zu vertiefen, wurden sodann 10 Experteninterviews durchgeführt. Die Resultate der beiden Studien wurden darauffolgend im praktischen Teil zusammengefasst. Ebenfalls im praktischen Teil wurden die 20 grössten und bedeutendsten Verantwortlichkeitsklagen auf jeweils zwei bis fünf Seiten zusammengefasst. Als vierter und letzter Schritt folgt die Zusammenfassung der Ergebnisse und Empfehlungen für die Praxis.

Hauptziel ist es, einen besseren Überblick über die grössten und bedeutendsten Verantwortlichkeitsklagen in der Schweiz während den letzten 20 Jahren zu verschaffen. Diese sollen anhand einer umfassenden Recherche, sowie durch eine quantitative und qualitative Studie ausfindig gemacht werden. Um einen besseren Überblick über diese Fälle zu erhalten, sollen die fünf grössten Fälle auf jeweils fünf und weitere 15 Fälle auf jeweils zwei Seiten einheitlich zusammengefasst werden. Ebenfalls anhand der quantitativen und qualitativen Studie soll herausgefunden werden, welches die Hauptklagegründe, bzw. die generellen Fehler von Verwaltungsräten sind sowie ob die gesetzlichen Mindestanforderungen, bzw. die Anforderungen der Rechtsprechung betreffend die Haftung und Verantwortung von Verwaltungsräten ausreichend sind. Schlussendlich sollen die aktuellen Aus- und Weiterbildungsmöglichkeiten von Verwaltungsräten in der Schweiz analysiert werden.

2. Allgemeiner theoretischer Teil

Im theoretischen Teil konnte im ersten Unterkapitel gezeigt werden, dass die Anforderungen an einen Verwaltungsrat in der Schweiz als hoch einzustufen sind. Die Anforderungen werden einerseits von Gesetzes wegen mit Art. 716a ff. OR und durch die Rechtsprechung vorgegeben. Andererseits wachsen die Anforderungen an Verwaltungsräte mit den heutigen Megatrends wie z.B. der Globalisierung und Digitalisierung. Es konnte gezeigt werden, dass dadurch Problemfelder wie z.B. die Expectation Gap zwischen der Erwartung der Aktionäre und der möglichen Leistung des Verwaltungsrates, die Zunahme der Risikoaversion von Verwaltungsräten und der Verdrängungseffekt auf dem Markt für Verwaltungsräte entstehen können. Des Weiteren ist zu vermerken, dass die grundlegenden drei Funktionen der aktienrechtlichen Verantwortlichkeit nicht vollständig erfüllt werden.

Ebenfalls konnten im Theorieteil in einem zweiten Unterkapitel die statistischen Entwicklungen der Verantwortlichkeitsklagen aufgezeigt werden. Die Lehre stellte während der letzten 20 Jahren eine stetige Zunahme an Verantwortlichkeitsklagen fest. Dies wird von den Gerichten nicht bestätigt, jedoch wird darauf verwiesen, dass ein Grossteil der Ansprüche, vorprozessual durch einen gerichtlichen oder aussergerichtlichen Vergleich gelöst wird. Seitens der Versicherer war ein Anstieg der gestellten Ansprüche zu verzeichnen. Anhand von Rohdaten vom Bundesamt für Sozialversicherungen konnte nach der approximativen Herausrechnung weiterer Wachstumsfaktoren gezeigt werden, dass die Fallanzahl der Verantwortlichkeitsklagen aus Art. 52 AHVG seit 2010 sowie die Schadenssummen der einzelnen Fälle gestiegen sind. Rechnet man zur jährlichen Zahl der aktienrechtlichen Verantwortlichkeitsklagen ebenfalls die Anzahl an Verantwortlichkeitsklagen aus Sozialversicherungsrecht, erhält man für das Jahr 2015 1'800 – 2'000 Klagen.

Schlussendlich wurde ersichtlich, dass das Thema Verantwortlichkeitsklage im Zusammenhang mit einer Fallanalyse nicht nur auf der aktienrechtlichen Verantwortlichkeit aufgebaut werden kann, sondern straf-, sozialversicherungs- und steuerrechtlichen Aspekte ebenfalls miteinbezogen werden müssen, weil diese oft miteinander zusammenhängen.

3. Resultate der quantitativen Studie

Anhand der Interviews konnte gezeigt werden, dass die Anzahl an aktienrechtliche Verantwortlichkeitsklagen in den letzten 10 bis 15 Jahren relativ stabil, oder sogar etwas rückläufig war. Dies wird auf die strikte Rechtsprechung zurückgeführt und erklärt den hohen Anteil von ca. 90-95% der Ansprüche, welche durch einen Vergleich erledigt werden. Demgegenüber ist, wie zuvor erwähnt, ein Anstieg der jährlichen Verantwortlichkeitsklagen aus Art. 52 AHVG festzustellen. Die Entwicklung der sozialversicherungsrechtlichen Verantwortlichkeitsklagen wird unter anderem durch die Konkursrate, bzw. durch die Entwicklung des Schweizerfrankens beeinflusst. Bei der Entwicklung des Schweizerfrankens fällt die Sensitivität je nach Branche unterschiedlich aus. Fasst man Verantwortlichkeitsklagen aus dem Aktien-, Straf-, Sozialversicherungs- und Steuerrecht sowie die gestellten Schadenersatzansprüche, die durch einen Vergleich beigelegt werden zusammen, kann von einer zunehmenden Tendenz ausgegangen werden. Im Zusammenhang mit der Analyse der Fallanzahlentwicklung muss aber auch beachtet werden, dass die Anzahl an Aktiengesellschaften im Zeitraum zwischen 2001 bis 2016 von 173'127 auf 211'926[704] angestiegen ist, was einem prozentualen Anstieg von 22,4% entspricht. Zusätzlich muss auch beachtet werden, dass im Zusammenhang mit einer Wirtschaftskrise ebenfalls die Konkursrate steigt und dadurch auch ein Anstieg an Verantwortlichkeitsklagen eintreten kann. Betreffend steuer- und strafrechtlicher Verantwortlichkeit sind jedoch keine Zahlen verfügbar. Die Interviewpartner aus dem juristischen Bereich bemerkten, dass es sich bei der Haftung nach Art. 52 AHVG faktisch um eine Kausalhaftung mit Exkulpationsmöglichkeit handelt. Neben der Haftung für nicht einbezahlte Sozialversicherungsbeiträge ist aber auch die Haftung für nicht einbezahlte Verrechnungssteuern von Bedeutung. Zwar fällt diesbezüglich die Häufigkeit der Klagen deutlich geringer aus, der jeweils geforderte Schadenersatz kann jedoch viel höher ausfallen.

Sodann wurden die vergangenen 20 Jahre die folgenden fünf grössten und bedeutendsten Verantwortlichkeitsklagen ermittelt: «Swissair», «Erb-Gruppe», «Omni Holding», «Biber Holding» sowie «Spar- und Leihkasse Thun». Erstaunlich war, dass die Umfrageteilnehmer und auch die interviewten Personen kaum weitere Verantwortlichkeitsklagen aufzählen konnten. Bei den weiter aufgezählten Fällen handelte es sich meistens um aktuell laufende Verantwortlichkeitsklagen. Des Weiteren stellte sich heraus, dass es die folgenden drei Stufen betreffend die Vorwerfbarkeit für das Handeln eines Verwaltungsrates gibt: Fahrlässiges Handeln, grobfahrlässiges Handeln und absichtliches/kriminelles Handeln. Sämtliche Fälle wurden in der Tabelle in Anhang 4 in diese drei «Stufen» unterteilt.

[704] Siehe dazu: http://www.zefix.ch im Untermenu Statistiken.

Als generelle Fehler von Verwaltungsräten wurden von den Interviewpartnern mit betriebswirtschaftlichem Hintergrund ein schlechter Entscheidungsprozess im Verwaltungsrat als zentraler Problempunkt erachtet. Davon ausgehend wird beobachtet, dass in einer solchen Fallkonstellation der Verwaltungsrat nicht richtig führt, zu wenig kritisch hinterfragt und dadurch der Geschäftsleitung zu viel Spielraum überlässt und seine unübertragbaren Aufgaben schlecht oder ungenügend erfüllt. Auch als häufig vorkommend, wird ein mangelhaftes oder fehlendes IKS erwähnt. Darauffolgend gibt es eine Vielzahl an verschiedenen Entwicklungsmöglichkeiten, bzw. unterschiedliche Fehlergruppen, welche in der Tabelle in Anhang 5 genauer dargestellt sind. Den in dieser Arbeit zusammengefassten Fällen wurden in der Tabelle in Anhang 4 jeweils die hauptsächlichen, in diesem Fall ergangenen Fehler, zugeordnet. Ausgehend von diesen Fehlern kann es sodann zu Schwierigkeiten, Unternehmenskrisen oder einem Konkurs der Gesellschaft kommen. Wenn darauffolgend Verantwortlichkeitsklagen erhoben werden.

Betreffend die Ermittlung der häufigsten Fallgruppen in Bezug auf die aktienrechtliche Verantwortlichkeit wurde klar die Überschuldung gemäss Art. 725 OR als häufigste Ursache bestimmt. Gemäss mehrheitlicher Meinung der interviewten Personen sind ca. 70-80% aller Verantwortlichkeitsklagen dieser Fallgruppe zuzurechnen. Nach der mehrheitlichen Meinung der Interviewpartner wird sich dies jedoch in Zukunft ändern. Bei grossen Verantwortlichkeitsklagen wird zukünftig eine Transformation weg von der Fallgruppe der Überschuldung, hin zu komplexeren Rechtsproblemen erwartet.

Die Mehrheit der Umfrageteilnehmer und Interviewpartner schätzen die Anforderungen an die Haftung und Verantwortlichkeit von Verwaltungsräten in der Schweiz als ausreichend ein, wobei zwei praktisch gleich grosse Gruppen die Haftung und Verantwortlichkeit als zu weit-, bzw. zu wenig weitgehend einstuften. In den Interviews wurde darauf hingewiesen, dass es zwischen der eigentlichen Gesetzgebung und der Rechtsprechung Unterschiede gibt, da letztere zurzeit relativ streng ausfällt. So wird kritisiert, dass die Gerichte mit der Business Judgement Rule einen zu grossen Ermessensspielraum haben und die Beweislast stark zu Lasten des Klägers ginge. Generell wird aber in diesem Zusammenhang eine strikte Rechtsprechung als gut erachtet, da das geschäftliche Risiko der Aktionäre und Gläubiger nicht auf den Verwaltungsrat überwälzt werden dürfe, weil die Risikoaversion von Verwaltungsräten ansonsten weiter steigen würde und auch die Problempunkte «Expectation

Gap» und «Verdrängungseffekt auf dem Markt für Verwaltungsräte» zunehmen könnten.[705] Die aktuelle Rechtsprechung wird von den Interviewten mehrheitlich so zusammengefasst, dass Managementfehler schlussendlich von den Aktionären, bzw. Gläubigern und Verstösse gegen Rechtsvorschriften von den Verwaltungsräten getragen werden müssen.

Eine gesetzliche Änderung der Anforderungen an Verwaltungsräte wird mehrheitlich abgelehnt. Einige Interviewpartner stufen eine gesetzliche Altersbeschränkung und/oder eine Frauenquote für börsenkotierte Unternehmungen als positiv ein. Grundsätzlich wird aber die liberale Meinung vertreten, dass solche Regelungen nicht vom Gesetzgeber, sondern von der Gesellschaft, bzw. der Generalversammlung im Einzelfall bestimmt werden müssen. Die Aus- und Weiterbildungsmöglichkeiten für Verwaltungsräte in der Schweiz werden hinsichtlich der Qualität und Quantität als sehr gut eingestuft. Die Schweiz sei im internationalen Vergleich auf dem zweiten Platz nach Kanada einzustufen. Es wird festgestellt, dass kein europäisches Land in den letzten 15 Jahren bezüglich der Corporate Governance derart grosse Fortschritte machte wie die Schweiz. Im KMU-Bereich fehlt es tendenziell jedoch immer noch an den nötigen Fachkenntnissen. Der KMU-Bereich macht in der Schweiz einen bemerkenswerten Anteil von 99,8% aller Unternehmungen aus.[706]

4. Erkenntnisse aus der Fallzusammenfassung

Die Recherche der einzelnen Fälle gestaltete sich unterschiedlich. Bei den meisten Fällen ist die Informationslage als ausreichend bis gut einzustufen, wobei sich die Quellen qualitativ unterscheiden. Anhand diverser Quellen wurde versucht, den einzelnen Fall so gut wie möglich zu rekonstruieren, wobei es teilweise sich widersprechende Quellen, bzw. sich widersprechende Informationen gab. Durch eine vertiefte Recherche oder mithilfe eines Interviewpartners wurde versucht, diese Problempunkte zu klären. Es stellte sich heraus, dass insbesondere die Rekonstruktion der vier grössten Fälle[707] aufgrund ihres grossen Umfangs und der sehr guten Informationslage komplex war. Wegen der Komplexität der Fälle, der unterschiedlichen Qualität der Quellen und dem begrenzten Umfang der einzelnen Zusammenfassungen von fünf, bzw. zwei Seiten pro Fall, wird kein Anspruch auf Vollständigkeit erhoben.

[705] Vgl. dazu: Teil II. B. 2.
[706] Studie Universität St. Gallen: Aktuellste Zahlen über KMU – Ausgabe 2017.
[707] Swissair, Erb-Gruppe, Omni Holding, Biber Holding.

Von grösster Bedeutung sind die ersten drei Fälle «Swissair», «Erb-Gruppe» und «Omni Holding» Dies, da sie einerseits ein viel diskutiertes Thema in der Öffentlichkeit und den Medien, andererseits aber auch betreffend der Schadenhöhe einzigmalig waren und sich deswegen deutlich von den übrigen Fällen abheben. Auch in den Interviews wurde mehrmals auf die Einzigartigkeit der ersten drei bis vier Fälle verwiesen. Der Tabelle in Anhang 4 ist zu entnehmen, dass in den drei grössten Fällen, Nachlassforderungen im Milliardenbereich gestellt wurden. Die Konkursdividende dieser drei Fälle beträgt im Durchschnitt ca. 11,9%. Nachlassforderungen in der Höhe von CHF 15,89 Mrd. konnten in diesen Fällen schlussendlich nicht mehr gedeckt werden. Auffällig ist, dass es in den letzten 10 bis 15 Jahren zu keinem derartig grossen und bedeutenden Fall mehr kam und die Verantwortlichkeitsklagen weniger gross und bedeutend ausfielen. Diese Entwicklung ist auf die bereits erwähnte positive Entwicklung der Corporate Governance, das gute Angebot von Aus- und Weiterbildungsmöglichkeiten sowie auf eine Sensibilisierung und ein verbessertes Bewusstsein der verantwortlichen Personen zurückzuführen.

Von 10 Fällen konnte die Konkursdividende ermittelt werden. Diese beträgt durchschnittlich ca. 40%. Hierbei fällt auf, dass die Konkursdividende der grössten drei Fälle mit nur 11,9% unterdurchschnittlich tief ausfällt. In 75% aller Fälle mussten sich die Unternehmung Konkurs melden. In der Hälfte der analysierten Fälle gab es neben Vergleichsverhandlungen und zivilrechtlichen Verfahren auch ein strafrechtliches Verfahren. Die durchschnittliche Verfahrensdauer der grössten und bedeutendsten 20 Fälle beträgt grob geschätzt 6,4 Jahre. Die Verfahren der grössten drei Fälle dauerten zwischen 10 und 14 Jahren. Die Bussen und Schadenersatzzahlungen fielen unterschiedlich aus und sind, wo bekannt, auch in der Tabelle in Anhang 4 dargestellt. Wenn es durch ein strafrechtliches Verfahren zu einer Freiheitsstrafe kam, lag diese jeweils im Bereich zwischen 4 und 7 Jahren. Weiter fällt auf, dass in den meisten Fällen ein grobfahrlässiges bis kriminelles Handeln der Verantwortlichen Personen feststellbar ist. Je nach Fall stellte sich der Sachverhalt sehr unterschiedlich dar, was dazu führt, dass auch die generellen Fehler der Verwaltungsräte unterschiedlich ausfielen. Interessant ist jedoch, dass in praktisch jedem Fall ein Führungsproblem im Zusammenhang mit Informationsproblemen und fehlender Transparenz vorlag. Unternehmungen, die ein solches Muster aufweisen, sind dementsprechend besonders gefährdet. Wider Erwarten konnten mehrere Zusammenhänge unter den einzelnen Fällen festgestellt werden.

B. Empfehlungen

1. Lehre und weitere Forschungsmöglichkeiten

Über das Thema Verantwortlichkeitsklagen wurde in vergangener Zeit bereits umfangreich geforscht und geschrieben. Mit dieser Studie kommt ein weiterer Beitrag hinzu, welcher eine bessere Übersicht über die grössten und bedeutendsten Verantwortlichkeitsklagen der letzten 20 Jahre verschafft. Trotz der umfangreichen Literatur über Verantwortlichkeitsklagen, gibt es noch unerforschte Bereiche. Z.B. Wäre eine statistische Analyse der Fallentwicklung von straf- und steuerrechtlichen Verantwortlichkeitsklagen von Interesse, um zusammen mit den bereits bekannten Zahlen aus der aktien- und sozialversicherungsrechtlichen Verantwortlichkeit, ein gesamthaftes Bild über die Anzahl von jährlich geltend gemachten Verantwortlichkeitsansprüchen zu erhalten. Anhand der bekannten Fälle betreffend die Haftung aus Steuerrecht könnte eine Rechtsprechungsanalyse, bzw. eine Fallanalyse ähnlich der Fallanalyse dieser Studie durchgeführt werden. Sodann ist unklar, inwiefern, bzw. wie stark sich die Faktoren «jährliches Wachstum der Aktiengesellschaften» und «Konkursrate» auf die aktuelle Entwicklung von Verantwortlichkeitsklagen auswirken. Eine statistische Analyse unter Herausrechnung dieser Faktoren könnte dies zeigen.

2. Gesetzgebung

In den vergangenen Jahren wurde teilweise gefordert, dass die gesetzlichen Anforderungen an die Haftung und Verantwortlichkeit von Verwaltungsräten höher sein sollten. Diesbezüglich gilt es zu erwähnen, dass die gesetzlichen Anforderungen an Schweizer Verwaltungsräte im internationalen Vergleich bereits als hoch einzustufen sind und ebenfalls die aktuelle Rechtsprechung als streng eingeschätzt wird. Gesamtwirtschaftlich würde eine weitere Erhöhung der gesetzlichen Anforderungen kaum Sinn machen, da die negativen Effekte[708] dadurch verstärkt würden. Das Gesetz soll vielmehr einen Rahmen vorgeben, indem sich der Verwaltungsrat und die Gesellschaften bewegen können, als im Einzelnen zu versuchen, viele Details und Einzelfälle zu regulieren und vorzuschreiben. Eine zu detaillierte gesetzliche Regulierung dieses Bereiches wird der Komplexität der heutigen Wirtschaft in der Schweiz kaum mehr gerecht und birgt mehr negative, als positive Effekte. Dazu kommt, dass

[708] Risikoaversion von Verwaltungsräten, Verdrängungseffekt auf dem Markt für Verwaltungsräte, Expectation Gap zwischen der Leistungsfähigkeit der Verwaltungsräte und den Erwartungen der Aktionäre; Vgl. dazu: Teil II. B. 2.

die Rechtsprechung einen grösseren Ermessensspielraum im Zusammenhang mit Verantwortlichkeitsklagen hat, mithilfe dem sie sich an aktuelle Entwicklungen besser und schneller anpassen kann, als der Gesetzgeber.

Ob die Einführung einer gesetzlichen Frauenquote und/oder einer Altersbeschränkung für Verwaltungsräte als optimale Lösung bezeichnet werden kann, bleibt fraglich. Im Falle einer gesetzlichen Regulierung, sollte der Komplexität der Schweizer Wirtschaft und den verschiedenen Anspruchsgruppen angemessen Rechnung getragen und eine liberale Lösung gesucht werden.

Im Sinne einer liberalen Gesetzgebung wäre die Einführung einer optionalen Haftungsbeschränkung wegen Sorgfaltspflichtverletzung für Verwaltungsräte wünschenswert. Die Haftungsbeschränkung hätte Wirkung *erga omnes*. Durch einen Mehrheitsentscheid der Generalversammlung könnte die Haftung von Verwaltungsräten auf die grobe Fahrlässigkeit und Absicht beschränkt werden.[709] Dies würde dem rechtspolitischen Ziel der Angleichung der Verantwortung und Schadenstragungsfähigkeit von Verwaltungsräten und Organpersonen entgegenkommen.

3. Rechtsprechung

Die aktuelle Rechtsprechung im Zusammenhang mit Verantwortlichkeitsklagen wird grundsätzlich als strikt empfunden, wobei den Gerichten gemäss mehrheitlicher Meinung der Interviewten mit der Business Judgement Rule ein grosser Ermessensspielraum zukommt und die Beweislast besonders den Kläger trifft. Da die aktuelle Gesetzgebung von einem system- und effizienztechnischen Standpunkt als ausreichend, bzw. gut eingeschätzt wird und auch die Anforderungen an die Haftung und Verantwortlichkeit von Verwaltungsräten als ausreichend erachtet wird, kommt der Rechtsprechung eine grosse Verantwortung in der Umsetzung und Anwendung dieser Gesetze zu. Da mit den heutigen Megatrends die Komplexität und dadurch die Anforderungen an Verwaltungsräte steigen und die bereits vorherrschenden gesetzlichen Anforderungen an die Haftung und Verantwortung von Verwaltungsräten als hoch eingestuft werden, ist die relativ strenge Rechtsprechung aus einem betriebswirtschaftlichen Standpunkt zu begrüssen. Um den drei Problemfeldern Risikoaversion, Verdrängungseffekt auf dem Markt für Verwaltungsräte und Expectation Gap entgegenzuwirken, wird die aktuelle Rechtsprechung als positiv erachtet. Es ist zu beachten, dass es bei Veränderungen und Entwicklungen nicht direkt einer Gesetzesänderung und der Erhöhung

[709] Vgl. dazu: Teil II. B. 2. d).

der Anforderungen an Verwaltungsräte bedarf, denn die Rechtsprechung kann sich im durch das Gesetz gegebenen Rahmen den aktuellen Entwicklungen anpassen und so ein Gleichgewicht herstellen, das jedoch nicht immer einfach zu finden ist. Da es sowohl schlüssige Argumente für eine Erhöhung, bzw. eine Senkung der Anforderungen an die Haftung und Verantwortlichkeit von Verwaltungsräten gibt, stellt die Verantwortlichkeitsklage für die Rechtsprechung eine «Gratwanderung» dar.

4. Kläger und Beklagte

Mehrere Interviewpartner stellten fest, dass sich die Verteidigung eines angeklagten Verwaltungsrates in einem aktienrechtlichen Verantwortlichkeitsprozess einfacher gestaltet, als eine Verantwortlichkeitsklage auf Klägerseite zu erheben und zu führen. Generell gilt, dass sich eine allfällig verantwortliche Person im Zweifelsfall von einem auf Verantwortlichkeitsklagen spezialisierten Anwalt beraten lassen sollte. In der Praxis wird auf Klägerseite oftmals auch mit guten Chancen auf eine erfolgreiche Abwehr einer Verantwortlichkeitsklage ein Vergleich eingegangen, da dieser in den meisten Fällen als kosten- und zeiteffizienter erachtet wird. Dies ist der Fall, da in solchen Fällen oft ein zu kleines Prozessbudget für einen lang andauernden Verantwortlichkeitsprozess besteht. Bei sozialversicherungsrechtlichen Verantwortlichkeitsklagen gemäss art. 52 AHVG kann jedoch von einem umgekehrten Sachverhalt ausgegangen werden. Im Falle von nicht einbezahlten Sozialversicherungsbeiträgen stellt sich ein Exkulpationsbeweis seitens des Beklagten als schwierig dar, wobei in den meisten Fällen mit einer Verurteilung zu einer Schadenersatzzahlung zu rechnen ist. An dieser Stelle wird noch einmal darauf hingewiesen, dass die D&O-Versicherungen dieses Risiko vom Versicherungsschutz grundsätzlich ausschliessen. Es besteht jedoch meistens die Möglichkeit einer Zusatzversicherung.

In den Interviews wurde erwähnt, dass die Wahrscheinlichkeit einer erfolgreichen Anklage mit steigendem Umfang, bzw. steigender Komplexität des Sachverhaltes in etwa proportional sinkt. Bei umfangreichen und komplexen Fällen und Verantwortlichkeitsklagen ist die Prozessstrategie von grosser Bedeutung, gestaltet sich jedoch als schwierig. Im Swissair-Fall wurden mehrere Verantwortlichkeitsklagen in mehreren «Klagewellen» eingereicht, welche jeweils auf Einzelentscheide und abgegrenzte Sachverhalte beschränkt wurden. In einem Interview wurde erwähnt, dass dies ev. zu einer gewissen Hemmung seitens der Gerichte führte, die Angeklagten zu verurteilen, da weitere Verantwortlichkeitsklagen erwartet wurden. Die Wahrscheinlichkeit, nach der ersten Verurteilung einen Vergleich mit den Verantwortlichen aushandeln zu können, wurde jedoch auf Klägerseite als hoch eingeschätzt. Als weiteres Strategie-Szenario hätte anstelle mehrerer Verantwortlichkeitsklagen eine einzige, möglichst ausführliche Klage, in welche die meisten Fehlentscheide der Verwaltungsräte integriert sind, eingereicht werden können. Die Prozesschancen wären in dieser Konstellation aber sehr schlecht, da die Klage sehr komplex wäre und die Haftungsvoraussetzungen der einzelnen Sachverhalte schwierig zu verknüpfen wären. So besteht in dieser Konstellation das Risiko, dass die Seite der Beklagten die Verantwortlichkeitsklage relativ einfach abwehren könnten. Jedoch besteht die Vermutung, dass anhand dieser Strategie ohne Verurteilung vorprozessual ein Vergleich hätte ausgehandelt werden können.

5. Verwaltungsräte

Zur Ausübung des Verwaltungsratsmandats können kaum Empfehlungen abgegeben werden, welche noch nicht bekannt, bzw. in der einschlägigen Literatur nachlesbar sind, weshalb diese Punkte im Folgenden kurz zusammengefasst werden.

Vor Antritt eines Verwaltungsratsmandates gilt es, die im Theoriekapitel erwähnten nötigen Anforderungen und die vorausgesetzten Kenntnisse zu erfüllen, um die sorgfältige Erfüllung aller VR-Pflichten sicherzustellen. Ein Verwaltungsrat sollte sich vor Antritt des Verwaltungsratsmandates einen genauen Überblick über die Gesellschaft verschaffen und sollte hierzu sämtliche wichtigen Geschäftsunterlagen einsehen und vorsichtig analysieren.

Generell sollte während der Ausübung des VR-Mandats bei jeder Geschäftsentscheidung die Einhaltung der Business Judgement Rule beachtet werden. Insbesondere muss darauf geachtet werden, dass die unübertragbaren Aufgaben gemäss Art. 716a OR eingehalten werden. Konkret ist dies die Oberleitung und Organisation der Gesellschaft, die finanzielle Führung der Gesellschaft, die Ernennung und Abberufung der Geschäftsleitung, die Oberaufsicht der Geschäftsleitung[710], die Pflicht zur Erstellung des Geschäftsberichts und zur Vorbereitung der GV sowie deren Durchführung und Vollzug derer Beschlüsse. Schlussendlich trifft den Verwaltungsrat die Pflicht zur Benachrichtigung des Richters im Falle der Überschuldung (Deponierung der Bilanz). Die Einhaltung von Sorgfalts- und Treuepflichten muss speziell beachtet werden. Des Weiteren gilt es im Falle eines Cash Poolings die Rechtmässigkeit zu

[710] Namentlich im Hinblick auf die Befolgung der Gesetze, Statuten, Reglemente und Weisungen.

überprüfen. Ebenfalls von grosser Bedeutung ist die Geschäftsdokumentation und die Aufbewahrung dieser Akten für mind. 10 Jahre. Dies, da dadurch, im Falle einer Verantwortlichkeitsklage, die Beweislage markant verbessert werden kann. Auch gilt es zu überprüfen, ob und in welchem Umfang ein Versicherungsschutz besteht und falls keiner vorhanden ist, wird empfohlen, eine auf das Mandat zugeschnittene Versicherungslösung abzuschliessen. Für weitere Ausführungen der VR-Pflichten wird auf die Checkliste von MÜLLER verwiesen.[711] Es wird darauf hingewiesen, dass in praktisch jedem in dieser Studie untersuchten Fall ein Führungsproblem im Zusammenhang mit Informationsproblemen und fehlender Transparenz vorlag. Unternehmungen, die ein solches Muster aufweisen, sind dementsprechend besonders gefährdet und als riskant einzustufen. Zur Vermeidung der gängigsten Fehler von Verwaltungsräten wird auf die Tabelle in Anhang 5 verwiesen.

6. Versicherungen

Es gilt zu beachten, dass gemäss mehrerer Interviewten bei grossen Verantwortlichkeitsklagen aktuell und in Zukunft eine Entwicklung der Fallgruppe stattfindet, bzw. stattfinden wird. So wird erwartet, dass es weniger grosse und bedeutende Fälle in der Fallgruppe der Überschuldung und mehr grosse und bedeutende Fälle in der Fallgruppe von komplexen Rechtsproblemen, ähnlich dem Sika-Fall, geben wird. Dies lässt sich auch dadurch bestätigen, dass sich in den vergangenen 15 Jahren kein Fall in der Grössenordnung der grössten und bedeutendsten drei Fälle[712] ereignete. Da seit einiger Zeit die Möglichkeit besteht, das Risiko für eine Haftung aus Sozialversicherungsrecht zu versichern, wird auch auf dieses Gebiet kurz eingegangen. Es konnte festgestellt werden, dass Verantwortlichkeitsklagen aus Sozialversicherungsrecht eng im Zusammenhang mit der Entwicklung des Schweizerfrankens und der damit tendenziell ähnlich verlaufenden Entwicklung der Konkursrate stehen. So dürfte die Anzahl solcher Klagen nach einer Wirtschaftskrise mit einer Verzögerung von ca. ein bis zwei Jahren ansteigen.

7. Institutionelle Aus- und Weiterbildungsanbieter

Die Aus- und Weiterbildungsmöglichkeiten in der Schweiz wurden in der Onlineumfrage und den Interviews durchgehend als sehr gut erachtet. Die im

[711] MÜLLER, unsorgfältige Führung, S. 1026 ff.; Vgl. auch MÜLLER/LIPP/PLÜSS, S. 798 ff.
[712] Swissair, Erb-Gruppe, Omni Holding.

internationalen Vergleich überdurchschnittlich hohe Nachfrage wird mit einem ausreichenden Angebot bedient. Es wird jedoch beobachtet, dass es vielfach im KMU-Bereich besonders an den nötigen Kenntnissen fehlt. Dies lässt sich auch an der hohen Fallanzahl an Verantwortlichkeitsklagen aufgrund nicht einbezahlter Sozialversicherungsbeiträge bestätigen. Da der KMU-Bereich in der Schweiz 99,8% aller Unternehmungen ausmacht[713], besteht hier ein hohes, ev. noch nicht richtig abgeschöpftes Potenzial, dass mit den richtigen Marketingmassnahmen sensibilisiert werden könnte. Dies würde wiederum zu einer Verbesserung der relevanten Kenntnisse von Verwaltungsräten und Organpersonen im KMU-Bereich führen. Neben der allgemeinen Behandlung der aktienrechtlichen Verantwortlichkeit und der Verantwortlichkeit aus Art. 52 AHVG, sollte auch auf die Gefahr von steuerrechtlichen Verantwortlichkeitsklagen hingewiesen werden. Insbesondere sollte der Sachverhalt betreffend Upstream Darlehen erklärt werden. Zwar ist die Wahrscheinlichkeit einer solchen Klage deutlich kleiner als einer Klage aus Sozialversicherungsrecht, der einklagbare Schadenersatz kann jedoch um einiges höher ausfallen.

Da teilweise kritisiert wird, dass der Wissenstransfer in die Praxis nach einer Aus- oder Weiterbildung nicht richtig funktioniert, wird empfohlen, das Kursprogramm entweder weniger breit und dafür tiefer zu gestalten, bspw. durch vertiefende Übungsaufgaben in besonders komplexen Themengebieten. Wenn das Kursprogramm den vollen Themenbereich abdecken soll, wird empfohlen, die Anzahl Kurstage zu erhöhen. Das VR-Zertifikats-Programm (VR-CAS-HSG) der Swiss Board School setzt dies um und findet an 14 Kurstagen über ein Jahr verteilt statt. Unter anderem auch angeboten wird ein sechstägiger VR-Lehrgang während einem halben Jahr.

Da gewisse Bereiche des gelernten in der Praxis selten zur Anwendung kommen und daher teilweise in Vergessenheit geraten, sollte darauf hingewiesen werden, sich auch nach einem Aus- oder Weiterbildungskurs stetig mit der Materie und den aktuellen Entwicklungen auseinanderzusetzen, den Austausch mit anderen Verwaltungsräten zu suchen und sich gegebenenfalls extern beraten zu lassen. Denn oft wird beobachtet, dass in ernsteren Situationen externe Hilfe zu spät oder gar nicht beigezogen wird. Denkbar wäre an dieser Stelle eine kostenpflichtige Onlineplattform, auf welcher relevante Literatur, Tagungstermine, Beratungsmöglichkeiten usw. in regelmässigen Abständen zur Verfügung gestellt werden. Auch könnte gezeigt werden, wie und in welcher Form das neu angeeignete Wissen in einen Verwaltungsrat

[713] Studie Universität St. Gallen: Aktuellste Zahlen über KMU – Ausgabe 2017.

eingebracht werden und wie mit dadurch entstehenden Unstimmigkeiten ein unerfahrener Verwaltungsrat umgehen könnte.

Anhang

Anhang 1: Verzeichnis der Interviewpartner

Name	Unternehmung	Datum
Prof. Dr. Dr. Rolf Dubs	Diverse	Gespräch vom 9. Nov. 2016
Eva Gut-Schweizer	Staiger Rechtsanwälte	Telefonat vom 15. Nov. 2016
Valentin Vogt	Burckhardt Compression	Gespräch vom 21. Nov. 2016
Dr. Thierry Luterbacher	AXA-ARAG Rechtsschutz	Telefonat vom 29. Nov. 2016
Prof. Dr. Urs Schenker	Walder Wyss Diverse	Telefonat vom 7. Dez. 2016
Pascal Schweingruber	Kessler & Co. Versicherungsbroker	Gespräch vom 7. Dez. 2016
Prof. Dr. Martin Hilb	International Center for Corporate Governance	Gespräch vom 16. Dez. 2016
Dr. Reto Müller	Diverse	Telefonat vom 21. März 2017
Karl Wüthrich	Wenger Plattner	Gespräch vom 25. April 2017
Hans Peter Schwald	Diverse BianchiSchwald	Telefonat vom 1. Mai 2017

Anhang 2: Interview-Leitfaden

Die folgenden Fragen dienen lediglich als Leitfaden für die Interviews und wurden je nach Interviewpartner im Einzelfall angepasst. Der Leitfaden dient als Rahmen des Gesprächs, wobei auf allfällige Anschlussfragen und -Diskussionen eingegangen wurde.

1. Frage: Statistischer Überblick Verantwortlichkeitsklagen
Wie beurteilen Sie die Zunahme der Schadenersatzklagen aus Art. 52 AHVG in den vergangenen Jahren?

2. Frage: Verantwortlichkeitsklagen
Welches sind gemäss Ihres Erachtens die grössten bzw. bedeutendsten Verantwortlichkeitsklagen der letzten 20 Jahre?

3. Frage: Weitere Verantwortlichkeitsklagen
Gibt es weitere Verantwortlichkeitsklagen, die in diese Liste aufgenommen werden sollten? Welche BGE der letzten 20 Jahre waren massgebend?

4. Frage: Häufigste Hauptklagegründe/generelle Fehler von Verwaltungsräten
Welches sind Ihrer Meinung nach die häufigsten Hauptklagegründe, welche zu einer Verantwortlichkeitsklage führen. Oder: Welches sind die häufigsten, bzw. folgenreichsten Fehler von Verwaltungsräten?

5. Frage: Anforderungen an Verantwortlichkeit und Haftung von Verwaltungsräten
Wie beurteilen Sie die derzeitigen Anforderungen an die Verantwortlichkeit von Verwaltungsräten und deren Haftung?

6. Frage: Aus- und Weiterbildungsmöglichkeiten
Wie beurteilen Sie die derzeitigen Aus- und Weiterbildungsmöglichkeiten für Verwaltungsräte?

7. Frage: Aus- und Weiterbildungsmöglichkeiten
Welche Aus- und Weiterbildungsmöglichkeiten sind Ihnen bekannt?

8. Frage: Gesetzliche Mindestanforderungen für Verwaltungsräte
Sollten die gesetzlichen Mindestanforderungen für Verwaltungsräte erhöht werden?

9. Frage: Schluss
Haben Sie weitere Bemerkungen zu den befragten Themen?

Anhang 3: Umfrage und Rohdaten

Frage 1: Wählen Sie aus den folgenden 10 Verantwortlichkeitsklagen die 5 grössten, bzw. bedeutendsten Fälle aus.

Antwortoptionen	Absolut	Relativ
Swissair	46	90%
Erb-Gruppe	41	80%
Omni Holding – Werner K. Rey	37	73%
Biber Holding	26	51%
Spar- und Leihkasse Thun	25	49%
Trans K-B	15	29%
Suter + Suter AG	7	14%
AFG Arbonia-Forster Gruppe	7	14%
Kreditanstalt Grabs (KAG)	6	12%
Sparkasse der Administration (SPARAD)	1	2%

Anzahl Teilnehmer: 51

Frage 2: Falls eine grosse/bedeutende Verantwortlichkeitsklage nicht in der oberen Auflistung erwähnt wurde, welche Ihres Erachtens in die Top 5 aufgenommen werden muss, können Sie diese im Textfeld unterhalb erwähnen.

Antworten zur Frage:

- Organe der GLKB inkl. Revisionsstelle. Noch nicht rechtskräftig, aber wichtig.
- Raichle, BGer 5C.29/2000 vom 19. September 2000 (Praxisänderung mit BGer 4A_425/2015 vom 10. Dezember 2015)
- Verantwortlichkeitsklage Glarner Kantonalbank gegenüber ehemaligen Verwaltungsräten, Geschäftsleitungsmitgliedern und der Revisionsstelle. Diese wurde in 1. Instanz (Kantonsgericht) bejaht. Nun ist die Entscheidung der 2. Instanz (Obergericht) hängig.
- BVK Skandal Zürich. Hier müsste wohl bei der Definition noch evaluiert werden, ob zum Bsp. auch ggf. Verantwortlichkeit des Regierungsrates Zürich unter die Definition fällt. Zu prüfen wäre sodann, wie die Schnittstelle zwischen öffentlichem Haftungsrecht und Verantwortlichkeitsklage im zivilrechtlichen definiert werden kann.
- Ich würde bei Swissair die Holding-Ebene von der Ebene der Tochtergesellschaften getrennt, als je sehr bedeutend ansehen.

Anzahl Teilnehmer: 5

Frage 3: Welches sind Ihrer Meinung nach die häufigsten Hauptklagegründe/Fallgruppen einer Verantwortlichkeitsklage?

Erstellen Sie eine Rangliste.

Antwortoptionen	Absolut	Relativ
Überschuldung		
1. Rang	**21**	**50%**
2. Rang	7	17%
3. Rang	6	14%
4. Rang	5	12%
5. Rang	3	7%
Pflichtverletzung		
1. Rang	10	23%
2. Rang	**24**	**56%**
3. Rang	8	19%
4. Rang	0	0%
5. Rang	1	2%
Schaden		
1. Rang	14	33%
2. Rang	12	28%
3. Rang	**14**	**33%**
4. Rang	3	7%
5. Rang	0	0%
Kausalzusammenh.		
1. Rang	1	3%
2. Rang	0	0%
3. Rang	9	23%
4. Rang	**19**	**49%**
5. Rang	10	26%
Prozessuales		
1. Rang	0	0%
2. Rang	1	3%
3. Rang	3	8%
4. Rang	10	27%
5. Rang	**23**	**62%**

Anzahl Teilnehmer: 42, 43, 43, 39, 37

Frage 4: Falls ein Hauptklagegrund nicht in der oberen Auflistung erwähnt wurde, welcher Ihres Erachtens in die Liste aufgenommen werden muss, können Sie diesen im folgenden Textfeld erwähnen.

Antworten zur Frage:

- Der wichtigste Grund ist sicherlich Art. 725 OR
- Psychologische Gründe sprechen häufig für eine Klage: Irgendjemand anderes als der Investor muss doch einfach schuld sein.
- Wirtschaftliche Interessen

Anzahl Teilnehmer: 3

Frage 5: Wie beurteilen Sie die derzeitigen Anforderungen an die Verantwortlichkeit von Verwaltungsräten und deren Haftung?

Wählen Sie eine Antwort aus.

Antwortoptionen	Absolut	Relativ
Verantwortlichkeit/Haftung ist ausreichend	25	54%
Verantwortlichkeit/Haftung geht zu weit	11	24%
Verantwortlichkeit/Haftung geht zu wenig weit	10	22%

Anzahl Teilnehmer: 46

Frage 6: Wie beurteilen Sie die derzeitigen Aus- und Weiterbildungsmöglichkeiten für Verwaltungsräte?

Wählen Sie eine Antwort aus.

Antwortoptionen	Absolut	Relativ
Hoher Standard und ausreichend Möglichkeiten	25	58%
Tiefer Standard und ausreichend Möglichkeiten	8	19%
Hoher Standard und zu wenig Möglichkeiten	5	12%
Tiefer Standard und zu wenig Möglichkeiten	5	12%

Anzahl Teilnehmer: 43

Frage 7: Welche Aus- und Weiterbildungsmöglichkeiten sind Ihnen bekannt?

Antworten zur Frage:

- Unzählige Seminare, Praxiserfahrung, Beratung durch Anwälte etc.
- Kurse der SIX Swiss Exchange, Nachdiplomstudien an HSG / UZH, CFO Forum
- Allenfalls individuelle Schulungen
- VR-Ausbildungen und Tagungen an der Universität St. Gallen, Weiterbildungen durch swissVR, Luzern IFZ, PwC
- Uni St.Gallen, ZfU VR-Managementpraxis Luzern
- Es werden von verschiedenen Institutionen Konferenzen und Seminare zum Thema angeboten. Zudem deckt das Versicherungsrecht (D&O) einige Felder ab.
- HSG (Prof. Hilb in St. Gallen und Lausanne), VR-Management Luzern, sivg ganze Schweiz, CERBO, ACAD Genf, HKP für Spezialfragen. Europainstitut VR-Seminar im November. Viele kürzere/punktuellere Kurse.
- Verantwortlichkeit im Unternehmensrecht, Weiterbildungsveranstaltungen des Europainstituts der UNI Zürich u.a.m.

Anzahl Teilnehmer: 9

Frage 8: Sollten die gesetzlichen Mindestanforderungen an Verwaltungsräte erhöht werden?

Markieren Sie die entsprechenden Antworten. Es sind mehrere Antworten möglich.

Antwortoptionen	Absolut	Relativ
Nein, es sollten keine zusätzlichen Mindestanforderungen an Verwaltungsräte gestellt werden	31	61%
Mandatsanzahlbeschränkung	10	20%
Amtszeitbeschränkung	6	12%
Grundschulung	6	12%
Altersbegrenzung	4	8%
Aktionärseigenschaft	2	4%
Behördliche Zulassung	1	2%

Anzahl Teilnehmer: 50

Frage 9: Haben Sie weitere Bemerkungen zu den befragten Themen?

- Bei den Klagegründen wäre m.E. zu unterscheiden ob im Konkurs oder ausserhalb. Der Schaden ist insb. bei Konkursverschleppung schwer nachweisbar. Die Gewichtung Schaden/Pflichtverletzung wird im Kontext Kausalzusammenhang immer unterschiedlich sein. Klagemöglichkeiten: m.E. sollten im Konkursfall die Anforderungen eher erhöht und dafür die Anforderungen für Verantwortlichkeitsklagen ausserhalb Konkurs eher erleichtert werden. Aktionärseigenschaft: Grundsätzlich ja, sofern gesperrt für mind. 5 Jahre, nicht aber bei Familiengesellschaften.
- Die meisten Verantwortlichkeitsklagen gehen fehl, weil sie darauf abzielen, nachträglich geschäftliche/wirtschaftliche Fehlleistungen zu «kriminalisieren».

Anzahl Teilnehmer: 2

Frage 10: Wenn Sie an den Umfrageergebnissen interessiert sind, können Sie im Textfeld unterhalb Ihre E-Mailadresse eintragen:

Anzahl Teilnehmer: 15

Anhang 4: Übersichtstabelle Verantwortlichkeitsklagen

Nr.	Bezeichnung	Verfahrens-art	Resultat	Verfah-rens-dauer	Verfahrensk. / Strafe / SchaE Vorwerfbarkeit	Vorwerfbarkeit	Hauptfehler	Nachlass-forderun-gen CHF	Konkurs-divi-dende
1	Swissair	Strafrechtlich Zivilrechtlich	Freispruch Freispruch	11 Jahre	VK: CHF 41,9 Mio.	Fahrlässiges Handeln	Strategiefehler Führungsproblem Überinvestition Branchen-Kompetenz	15 Mrd.	Ø18,5%
2	Erb-Gruppe	Strafrechtlich	Verurteilung	14 Jahre	VK: n.a. Str.: 7 Jahre Freiheitsstrafe	Grobfahrlässiges bis kriminelles Handeln	Fehlende Transparenz Führungsproblem Überinvestition Nachfrageeinbruch	2 Mrd.	Ø5-12%
3	Omni Holding	Strafrechtlich	Verurteilung	10 Jahre	VK: CHF 4,3 Mio. Str.: 4 Jahre Freiheitsstrafe	Kriminelles Handeln	Betrug Fehlende Transparenz Informationsproblem	1,7 Mrd.	11,16%
4	Biber Holding	Strafrechtlich Zivilrechtlich Vergleichsverhandlung	Verurteilung Freispruch Vergleich: Ja	6 Jahre	Str.: CHF 18'000 - SchaE: xx Mio.	Grobfahrlässiges bis kriminelles Handeln	Fehlende Transparenz Führungsproblem Informationsproblem	358 Mio.	Ø75%
5	Spar- und Leihkasse Thun	Strafrechtlich Vergleichsverhandlung	Freispruch Vergleich: Ja	n.a. 6 Jahre	- SchaE: CHF 243'800 und CHF 6,2 Mio.	Grobfahrlässiges Handeln	Überinvestition Klumpenrisiko Führungsproblem	259 Mio.	60,4%
6	Trans K-B	Zivilrechtlich Strafrechtlich	Verurteilung Verurteilung	n.a. 8 Jahre	VK: n.a. SchaE: CHF 4,5 Mio.	Grobfahrlässiges bis kriminelles Handeln	Führungsproblem Informationsproblem Fehlgeschl. Akquisition	> 300 Mio.	n.a.

Nr.	Bezeichnung	Verfahrens-art	Resultat	Verfah-rens-dauer	Verfahrensk. / Strafe / SchaE Vorwerfbarkeit	Vorwerfbarkeit	Hauptfehler	Nachlass-forderun-gen CHF	Konkurs-divi-dende
7	Suter + Suter AG	Vergleichsver-handlung	Vergleich: Ja	n.a.	SchaE: CHF 11 Mio.	Grobfahrlässiges Handeln	Führungsproblem Überinvestition Branchen-Kompetenz	220 Mio.	16%
8	AFG Arbonia Forster Hol-ding AG	Zivilrechtlich Vergleichsver-handlung	- Vergleich: Ja	Ca. 5 Jahre	- ScahE: n.a.	Grobfahrlässiges Handeln	Fehlende Transparenz Führungsproblem Informationsproblem	Kein Konkurs	n.a.
9	Kreditanstalt Grabs	Zivilrechtlich	Verurteilung	8 Jahre	VK: CHF 692'000 SchaE: CHF 10 Mio.	Grobfahrlässiges Handeln	Führungsproblem Klumpenrisiko Fehlende Transparenz	23.2 Mio.	43,1%
10	Sparkasse der Administ-ration	Vergleichsver-handlung	Vergleich: Ja	Ca. 1 Jahr	SchaE: CHF 2,25 Mio.	Fahrlässiges Handeln	Führungsproblem Zu späte Hilfeanford. Nachfrageeinbruch	13 Mio.	Über-schuss: 10,5 Mio.
11	Sasea Holding	Strafrechtlich	Verurteilung	3 Jahre	Str.: 6 Jahre Frei-heitsstrafe	Kriminelles Han-deln	Führungsproblem Überinvestition Branchen-Kompetenz	2 Mrd.	5,5%
12	BVK – Daniel Gloor	Strafrechtlich	Verurteilung	10 Jahre	Str.: 6 Jahre Frei-heitsstrafe Str.: CHF 360'000	Kriminelles Han-deln	Führungsproblem Fehlende Transparenz Betrug/riskante Ge-schäfte	Kein Konkurs	n.a.

Nr.	Bezeichnung	Verfahrensart	Resultat	Verfahrensdauer	Verfahrensk. / Strafe / SchaE Vorwerfbarkeit	Vorwerfbarkeit	Hauptfehler	Nachlassforderungen CHF	Konkursdividende
13	Distefora Holding	Strafrechtlich Vergleichsverhandlung	Verurteilung Vergleich: Ja	n.a. 4 Jahre	Str.: 4 Jahre Freiheitsstrafe SchaE: CHF 360'000	Grobfahrlässiges bis kriminelles Handeln	Betrug/riskante Geschäfte Führungsproblem Fehlgeschl. Diversifik.	n.a.	n.a.
14	Swisslife/Rentenanstalt – LTS	Zivilrechtlich Strafrechtlich	Ger. Vergleich Verurteilung	2 Jahre Ca. 6 Jahre	SchaE: CHF 350'000 Str.: 22 Mon. Freiheitsstrafe SchaE. CHF 1,07	Grobfahrlässiges bis kriminelles Handeln	Führungsproblem Betrug/riskante Geschäfte	Kein Konkurs	n.a.
15	BCV – Waadtländer Kantonalbank	Strafrechtlich	Verurteilung in Nebenpunkten	5 Jahre	Str.: CHF 51'000	Grobfahrlässiges bis kriminelles Handeln	Führungsproblem Zu späte Hilfeanford. Zu knappe EK-Basis Fehlende Transparenz	Kein Konkurs	n.a.
16	Raschein – Praxis	Zivilrechtlich	Verurteilung	7 Jahre	SchaE: CHF 500'000	Grobfahrlässiges bis kriminelles Handeln	Führungsproblem Betrug/riskante Geschäfte Fehlende Transparenz	CHF 22 Mio.	71%
17	Raichle – Entscheid	Zivilrechtlich	Verurteilung	3 Jahre	VK: CHF 208'500 SchaE: 521'870	Grobfahrlässiges Handeln	Nachfrageeinbruch Zu knappe EK-Basis	n.a.	n.a.
18	X. Corpoation – Entscheid	Zivilrechtlich	Freispruch	9 Jahre	-	n.a.	n.a.	n.a.	n.a.

Nr.	Bezeichnung	Verfahrensart	Resultat	Verfahrensdauer	Verfahrensk. / Strafe / SchaE Vorwerfbarkeit	Vorwerfbarkeit	Hauptfehler	Nachlassforderungen in CHF	Konkursdividende
19	Business Judgement Rule	Zivilrechtlich	Verurteilung	2 Jahre	SchaE: CHF 1 Mio.	Grobfahrlässiges Handeln	Führungsproblem Mangelnde Datenaufbereitung	n.a.	n.a.
20	Lorze AG vs. VR RB AG	Zivilrechtlich	Verurteilung	8 Jahre	SchaE: CHF 1,2 Mio.	Fahrlässiges Handeln	Führungsproblem	Kein Konkurs	n.a.

Anhang 5: Häufigste Ursachen für Unternehmenskrisen

Ursache / Fehler	Häufigkeit		
	Selten	Manchmal	Oft
Führungsvakuum / fehlende Führung			
Überinvestition (Gebäude, Anlagen)			
Zu knappe Eigenkapitalbasis			
Ungenügende Verkaufskapazität			
Einseitige Markt-/Kundenabhängigkeit			
Ungenügendes Contr. ausl. Konzerngesellschaft			
Fehlgeschlagene Diversifikation			
Fehlgeschlagene Akquisition			
Ungenügende Ersatzinvestition			
Nachfrageeinbruch			
Mangelnde Branchen-Kompetenz			
Überhöhte Bestände (Lager, Ware in Arbeit)			
Fehlende Transparenz der Verlustquellen			
Zu später Heranzug externer Unterstützung			
Betrug / Verdecken riskanter Geschäfte			
Unrentabler Umzug			
Mangelnde Kosten- / Ausgabendisziplin			
Zu späte Reaktion der Revisionsstelle			
Exorbitante Qualitätsmängel / Ausschussrate			

Quelle: MÜLLER RETO, Krisen-Management, Referat vom 16. Dezember 2016 (nicht veröffentlicht).

Recht in privaten und öffentlichen Unternehmen

Band 1 Ute Buschmann / Salome Krummenacher
Eignerstrategien für Spitäler als Teil der Hospital Governance
2012. XXVIII, 125 Seiten, broschiert, CHF 45.–

Band 2 Stefan Rieder
Whistleblowing als interne Risikokommunikation
Ausgestaltung eines unternehmensinternen Whistleblowing-Systems aus arbeits- und datenschutzrechtlicher Sicht
2013. LIX, 362 Seiten, broschiert, CHF 88.–

Band 3 Manuel Stengel
Der Vertrauensarzt im privatrechtlichen Arbeitsverhältnis
2014. XVI, 348 Seiten, broschiert, CHF 88.–

Band 4 Simone Küng
Taschenkontrolle in Theorie und Praxis aus arbeitsrechtlicher Sicht
2015. XXIV, 107 Seiten, broschiert, CHF 43.–

Band 5 Alexander J. P. Ertl
Das befristete Arbeitsverhältnis in Theorie & Praxis
Unter Berücksichtigung des Arbeitsvermittlungsgesetzes
2015. XXXI, 259 Seiten, broschiert, CHF 78.–

Band 6 Johannes Sokoll
Referenzen im Arbeitsrecht
2016. XXVII, 113 Seiten, broschiert, CHF 45.–

Band 7 Manuel Vogler
Haushaltshilfen im schweizerischen Arbeitsrecht
2016. XIX, 98 Seiten, broschiert, CHF 45.–

Band 8 Belinda Bieli
Mobbing aus Sicht des Schweizer Arbeitsrechts
2016. XXIII, 129 Seiten, broschiert, CHF 46.–

Band 9 Mathias Fernandez
Entschädigung und Genugtuung wegen missbräuchlicher Kündigung
2017. XXV, 97 Seiten, broschiert, CHF 45.–

Band 10 Carina Oehri
Arbeitsunfähigkeit, Ferienunfähigkeit und Stellensuchunfähigkeit im Arbeitsrecht
2017. XXI, 84 Seiten, broschiert, CHF 40.–

Band 11 Selina Kämpfer
Überwachung des E-Mailverkehrs von Mitarbeitern
2017. XXIX, 119 Seiten, broschiert, CHF 45.–

Band 12 Nicolas Scheibler
Pflichten des Arbeitgebers bei Drohungen unter Arbeitnehmern
2017. XXI, 99 Seiten, broschiert, CHF 43.–

Recht in privaten und öffentlichen Unternehmen

Band 13 Silvia Baschung
Praktikantenverträge aus arbeitsrechtlicher Sicht
2017. XXII, 120 Seiten, broschiert, CHF 45.–

Band 14 Sandro Gauch
Grundlage und Bedeutung der Business Judgment Rule in der Schweiz
2018. XXIV, 166 Seiten broschiert, CHF 50.–

Band 15 Alexander Wiederkehr
Arbeitszeiterfassung in Spitälern und Kliniken
2018. In Vorbereitung